Votre maison Feng Shui

SIMON BROWN

hachette
LOISIRS

À mon père Michael John Hilton Brown

Traduction : Marie-Claire Seewald
Mise en pages : Nord Compo
Maquette de couverture : Nicole Dassonville

Photographies : David Murray, Jules Selmes

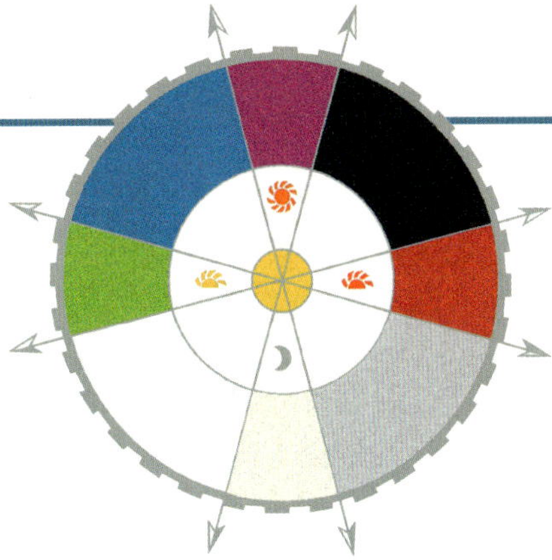

Sommaire

Avant-propos

En 1992, je rencontrai pour la première fois Simon Brown et son associée Dragana Sudzum, venus m'interviewer pour un magazine consacré à la macrobiotique. Le contact fut immédiat, et je ne tardai pas à les bombarder de questions, car c'étaient de véritables experts en la matière. En fait, je ne m'étais jamais intéressé à ce type de choses ; j'émergeai alors tout juste d'une période difficile et j'avais mangé à peu près n'importe quoi toute ma vie durant. Simon et Dragana devinrent mes guides spirituels sur « la voie du riz brun » ; ils comptent désormais parmi mes meilleurs amis.

Les sources du Ch'i
Les fleurs fraîches et l'eau claire diffusent leur énergie revigorante dans la pièce. L'eau du bol est changée chaque matin.

Je devais découvrir par la suite que la macrobiotique dépassait largement l'ingestion de riz brun et de tofu. Il s'agissait en fait d'une philosophie de la vie. Simon m'initia bientôt à l'art délicat du Feng Shui, qu'il définissait comme « un massage shiatsu de tout l'être ». Il professait en outre une étrange théorie selon laquelle la manière dont était agencé mon appartement avait le pouvoir d'influer sur le cours de mon existence…

Muni d'une boussole, il parcourut ma maison, s'affairant à « redistribuer mes énergies ». Concrètement, il changea mes meubles de place, remplaça mes lampes et ajouta partout miroirs et plantes vertes. Dans mon salon, il installa un énorme figuier, un cristal scintillant et un miroir au cadre doré, censés symboliser mon désir de meilleurs contacts avec autrui. Me prenant au jeu, je suspendis l'un de mes disques d'or dans la pièce de réception et me débarrassai de toute la pagaille qui envahissait les couloirs. Ces quelques gestes eurent un effet immédiat sur mon état mental. Je commençai alors à réfléchir au sens de ma vie. En arrosant mon figuier, je me souvenais d'amis, d'amours, de gens que je croyais oubliés. Chacun venait désormais chez moi avec plaisir : j'avais enfin une vraie maison… Grâces en soient rendues au Feng Shui !

Cet ouvrage constitue une vibrante introduction à cet art millénaire qui vous aidera, je l'espère, à vivre en harmonie avec les énergies de l'univers. Bonne chance !

BOY GEORGE

Le Feng Shui

Né en Chine il y a quatre millénaires, le Feng Shui s'est largement développé en Extrême-Orient. Son principe de base, à savoir l'idée que l'endroit où est bâtie une maison a une influence sur le bien-être de ceux qui y vivent, est d'ailleurs apparu à diverses périodes dans d'autres parties du monde. Avec le Feng Shui, ce concept s'inscrit dans un cadre plus vaste qui englobe tous les aspects de l'existence.

L'idée fondamentale du Feng Shui repose sur la certitude que tout ce qui nous entoure, jusqu'aux plus petits détails de l'ameublement ou du décor, peut nous aider à réussir ou au contraire nous desservir. En prenant conscience du subtil courant d'énergie qui parcourt à la fois votre corps et tout ce qui vous entoure, vous pourrez modifier l'environnement où vous vivez de façon à atteindre vos buts.

« Feng Shui » signifie littéralement « vent et eau ». C'est l'art de dessiner votre maison pour connaître le bonheur, la santé et la prospérité.

Les principes directeurs ont évolué au fil des siècles. Les concepts du yin et du yang (voir p. 16 à 23) définissent deux grands courants d'énergie qui unissent les êtres humains à leur environnement. Les Cinq Éléments (voir p. 24 à 29) et les Huit Directions (voir p. 30 à 33) affinent cette approche ; ils constituent des outils sophistiqués pour comprendre de quelle manière l'énergie qui baigne toute chose peut influer sur notre vie.

Fort de ce savoir, vous disposez de nouvelles armes dans l'existence : peut-être trouverez-vous plus facilement un emploi, ou comprendrez-vous mieux la raison pour laquelle vos recherches n'aboutissent pas. Le Feng Shui peut vous aider à décider du meilleur moment pour partir en voyage,

CE QUE PEUT VOUS APPORTER LE FENG SHUI

- Un bien meilleur sommeil
- La vente de votre maison
- Davantage de motivation
- Une meilleure santé
- Un bon départ dans une nouvelle carrière
- Une affaire qui marche
- Un nouveau travail
- La conception d'un enfant
- Une vie sexuelle plus active
- Une vie familiale plus harmonieuse
- Honneurs et respect
- Amour et romance
- Une efficacité accrue au travail
- Des loisirs agréables
- Une vie sociale plus stimulante
- Le contrôle de soi

pour vous lancer dans un projet ou pour nouer de nouveaux contacts. Les conflits familiaux seront plus vite surmontés, et peut-être trouverez-vous plus facilement l'âme sœur ou de bons partenaires en affaires. Vous serez plus efficace dans votre vie professionnelle et vos loisirs seront plus gratifiants.

Je suis moi-même un grand adepte du Feng Shui ; depuis que je le pratique, j'ai le sentiment de mieux contrôler ma vie. Par exemple, lorsque je me trouve confronté à un problème dans mon travail, je suis désormais capable de comprendre pourquoi et de trouver rapidement une nouvelle approche. En fait, grâce au Feng Shui, on ne se laisse plus mener par les circonstances : on est bel est bien assis dans le siège du pilote.

LES DIFFÉRENTS VISAGES DU FENG SHUI

Le Feng Shui s'est développé parallèlement dans des pays de cultures différentes et nombre d'éminents philosophes ont participé à la genèse de cet art millénaire. Rien d'étonnant à ce qu'il ait pris divers visages qui s'expriment au travers d'autant d'écoles dont les enseignements peuvent parfois sembler contradictoires ; aussi vaut-il mieux les aborder une à une. Quatre grands courants prédominent en Occident : le premier repose sur

Une cuisine conviviale
On y prépare les repas, c'est pourquoi elle est très importante en termes de Feng Shui. Le bois naturel et la cuisinière ancienne réchauffent l'atmosphère (voir p. 103 à 106).

la théorie des Huit Directions (méthode de la Boussole), le second est la méthode des Huit Maisons, le troisième celle de l'Étoile Filante, enfin l'on trouve la Secte du Chapeau Noir. Les trois premiers utilisent une boussole pour déterminer les courants d'énergie dans une construction ; les champs magnétiques terrestres, l'énergie du soleil et celles des différentes planètes sont considérés comme les plus influents. Ces théories s'inspirent d'une méthode d'astrologie orientale, le Nine Ki. La Secte du Chapeau Noir retient comme critères le relief, les alentours et la direction dans laquelle est orientée l'entrée des maisons.

LES QUATRE GRANDES ÉCOLES

Ces quatre écoles appuient leurs théories sur l'existence de flux d'énergie gouvernés par le yin et le yang, les Cinq Éléments et les Huit Directions.

La méthode de la Boussole repose sur l'idée qu'à chaque direction correspond un flux d'énergie spécifique. Ainsi, en plaçant une boussole à l'intérieur d'une pièce il est possible de déterminer l'influence des différents éléments en fonction de leur position par rapport au centre. L'astrologie Nine Ki est utilisée quant à elle pour déterminer quel est le meilleur moment pour emménager ou pour rénover une maison,

Une salle de bains de rêve
Un bon éclairage, des plantes vertes, des surfaces carrelées et l'harmonie du blanc et du vert limitent l'influence négative de cette pièce dans une habitation (voir p. 107 à 110).

Activer les bonnes énergies
Dans une maison, les meubles et les éléments de décor favorisent un bon Feng Shui. Les miroirs, les plantes vertes et les bougies y participent (voir p. 119 à 153).

la position des planètes dans la carte du ciel étant prise en compte. Avec la méthode des Huit Maisons, le relevé à la boussole de l'orientation de la maison permet de déterminer huit zones d'influence plus ou moins positives pour différentes activités ; chacun devrait s'y référer pour savoir où dormir, où travailler ou passer le plus de temps de la manière la plus profitable.

La méthode de l'Étoile Filante utilise également la boussole, pour définir l'orientation de la façade avant même la construction de la maison ; la date de cette dernière est importante, ainsi que l'environnement de l'édifice. Grâce à ces éléments, il est possible de prévoir les événements dans les années qui vont suivre.

La Secte du Chapeau Noir est née dans les régions montagneuses et tient compte de la configuration du terrain alentour comme de l'orientation de la porte pour évaluer le flux d'énergie qui baignera la maison. Une grille comprenant neuf carrés, appelée Ba Gua, permet de déterminer les influences des différentes zones.

J'ai pour ma part comparé cette méthode à celle de la boussole ; c'est la seconde qui m'a donné le plus de satisfactions et que j'ai donc choisi d'exposer dans cet ouvrage, ainsi que l'astrologie Nine Ki telle qu'elle nous a été transmise par la tradition japonaise.

LES APPROCHES DU FENG SHUI

Il existe diverses approches possibles du Feng Shui. Peut-être avez-vous l'intention d'emménager dans une nouvelle maison ou d'en faire construire une ; dans ce dernier cas, vous avez toute latitude dans vos choix. Plus probablement, vous habitez déjà une maison et vous souhaitez en améliorer l'atmosphère ou résoudre un problème particulier de votre vie. À cet égard, sachez qu'il vaut mieux aborder les problèmes un par un que de mettre votre maison sens dessus dessous. Soyez sûr toutefois que faire entrer le Feng Shui chez vous ne vous apportera aucun souci supplémentaire. Si tout va bien, limitez vos interventions à la décoration. Modifiez une chose à la fois, prenez le temps de juger du résultat, puis tentez une autre amélioration.

Cependant, n'attendez pas du Feng Shui qu'il résolve parfaitement toutes vos difficultés. Ce n'est qu'une des composantes de votre vie. La manière dont vous vous nourrissez, vos racines familiales et votre expérience générale de la vie, pour ne prendre que ces exemples, ont aussi leur importance. Les effets positifs du Feng Shui dépendent en grande partie du réalisme de vos attentes. Dans tous les cas, il seront infiniment plus probants si vous pouvez rattacher un problème à votre environnement et apporter le ou les changements nécessaires.

Une salle à manger spacieuse
La lumière, l'espace, les pièces ouvertes procèdent de la philosophie Feng Shui. La grande table ronde pour huit également. La juxtaposition des couleurs pâles, du bois naturel et des parois opalescentes crée une atmosphère paisible. La vigueur de la plante est source d'énergie mais elle n'est pas placée trop près de la table pour ne pas perturber le Ch'i.

Un salon confortable
La disposition des sièges incite à l'harmonie familiale et à la conversation. L'effet des couleurs pastel et des coussins douillets est équilibré par celui des rayures verticales, des plantes et du miroir au-dessus de la cheminée qui diffuse dans la pièce l'énergie stimulante du feu (voir p. 79 à 86).

Les meubles
Le style et la composition du mobilier ont une influence directe sur l'atmosphère d'une pièce. Les matériaux naturels comme le bois, le bambou ou l'osier ont une vertu apaisante. Les surfaces lisses et brillantes - les carrelages, le verre, le marbre - et les formes anguleuses sont plus stimulantes (voir p. 128-129).

La première étape est bien sûr d'identifier le problème. Si vous habitez le même endroit depuis un certain temps, essayez de vous souvenir de quelle manière votre vie a changé lorsque vous avez emménagé. Souvent, lorsque les gens déménagent, leur existence se transforme dans un sens positif ou négatif. Dressez une liste des choses que vous souhaiteriez améliorer. Les problèmes relationnels, les difficultés financières et la situation professionnelle y figurent souvent en bonne place. Vous devez ensuite essayer de définir comment sont survenus ces problèmes. Si vous connaissez des soucis financiers, par exemple, est-ce parce que vos revenus ont décliné ou parce que vos dépenses ont augmenté ? Si vous ne trouvez pas l'amour, est-ce parce que vous ne rencontrez personne, ou parce que vous collectionnez les aventures ? Votre carrière est-elle au point mort parce que l'on ne reconnaît pas vos efforts, ou avez-vous perdu toute ambition ?

Les réponses à ces questions portent en elles un début de solution : gagner davantage d'argent ou limiter vos dépenses, être plus sociable ou moins « papillonnant », s'efforcer de devenir plus dynamique, montrer sa motivation et mettre la barre plus haut. À vous ensuite de mettre en pratique le Feng Shui pour que votre environnement vous aide à atteindre vos buts plutôt que de contrarier vos efforts.

COMMENT UTILISER CET OUVRAGE

LE CHAPITRE 1 expose les principes de base du Feng Shui. Vous pouvez être tenté de passer directement à la partie pratique des chapitres suivants, mais je vous engage vivement à vous y arrêter. Lorsque vous les aurez bien appréhendés, vous serez réellement capable de les utiliser en fonction de vos goûts et de la configuration de votre maison. Ce chapitre constitue également une introduction à l'astrologie Nine Ki, qui vous aidera à déterminer quel est le meilleur moment pour déménager ou pour envisager de transformer votre maison, ainsi que les orientations les plus favorables de vos pièces.

LE CHAPITRE 2 montre quelle est l'influence de l'architecture de votre maison et de son environnement sur les flux d'énergie qui y circulent.

LE CHAPITRE 3 vous conseille sur la répartition des pièces dans votre maison, ainsi que sur le choix du décor et du mobilier.

LE CHAPITRE 4 s'intéresse à certains éléments comme les portes, les fenêtres et les escaliers ; y sont également définis les rôles des miroirs et des plantes.

Note : dans les illustrations comme dans les schémas représentant la boussole, le nord figure en bas, comme sur les cartes orientales traditionnelles.

1

Les principes du Feng Shui

Les concepts du Ch'i, du yin et du yang, des Cinq Éléments et des Huit Directions vous aideront à comprendre comment transformer votre existence en modifiant votre cadre de vie ; l'astrologie Nine Ki règle la chronologie de cette entreprise.

Le Ch'i fondamental

Depuis des millénaires, les hommes savent qu'il existe un courant d'énergie universel qui unit toutes choses, comme le feraient les rouages d'un gigantesque ordinateur.

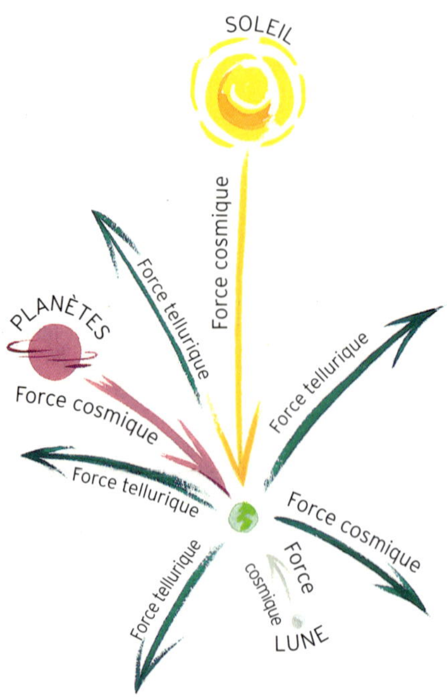

Forces tellurique et cosmique
Le Ch'i des planètes baigne notre Terre ; en retour, cette dernière diffuse sa propre énergie vers le cosmos.

Ce qu'il est convenu d'appeler le Ch'i est un subtil courant d'énergie qui relie tout ce qui compose l'univers. Les peuples anciens étaient probablement conscients de son existence. Des sites comme Stonehenge en Angleterre, Carnac en Bretagne et la nécropole de Nazca au Pérou semblent construits selon des axes dont on pense qu'ils suivent des réseaux telluriques d'énergie. Certaines théories affirment même qu'ils canaliseraient cette dernière : peut-être leurs bâtisseurs étaient-ils en symbiose avec le Ch'i et savaient-ils comment le contrôler.

En Extrême-Orient, le contrôle de l'énergie est à la base de certaines pratiques thérapeutiques traditionnelles comme l'acupuncture ou le shiatsu, aussi bien que d'arts martiaux comme le taï ch'i, le qi kong et l'aïkido. En Chine, on nomme cette énergie Ch'i, au Japon Ki (ou Qi), et en Inde Prana. Il n'existe pas d'appellation précise pour la désigner en Occident ; on parle indifféremment « d'atmosphère », « d'humeur » de « force vitale » ou « d'âme », selon la manière dont on la perçoit. Dans cet ouvrage, nous parlerons du Ch'i ; il est en effet à la base de l'astrologie orientale et du Feng Shui.

Le Ch'i relie diverses entités comme les corps des êtres humains, les plantes, les constructions, mais la source de cette énergie est multiple. Vous êtes en permanence baigné dans le flux de Ch'i qui vous entoure et donc relié à l'univers tout entier. Certaines personnes particulièrement réceptives sont d'ailleurs capables « d'entendre » les messages véhiculés par ce courant ; on parle alors de prémonition ou de télépathie.

LE VENT ET L'EAU

Le Ch'i fondamental qui circule d'une entité à l'autre est à la base du Feng Shui. L'énergie qui provient de votre environnement a une influence sur votre humeur, vos émotions, votre tonus musculaire et, bien évidemment, sur votre santé. Le Ch'i vous parvient par le vent, l'eau, l'énergie solaire, les ondes lumineuses et sonores. Il emprunte en fait les mêmes canaux que les énergies naturelles, à ceci près qu'il n'est pas arrêté par la matière. Il entre et sort des habitations par les portes et les fenêtres, mais il traverse aussi les murs. Il est comme le flux et le reflux de l'eau au rythme des marées, comme l'air qui baigne notre planète. Le terme Feng Shui (« vent-eau »), exprime bien cette mouvance, cette fluidité. Le but fondamental de cette philosophie est d'aider l'individu à prendre conscience de sa place dans cet immense courant pour atteindre une meilleure réalisation personnelle.

LE CH'I UNIVERSEL

Mais le Ch'i ne se limite pas à notre planète. Il s'étend au système solaire et à la galaxie tout entière. Notre Terre irradie cette énergie et absorbe parallèlement celle des planètes qui l'entourent. Il s'établit ainsi un équilibre qui expliquerait le phénomène de l'attraction terrestre. Ainsi, le Ch'i qui baigne notre monde, nos habitations et la moindre cellule vivante provient-il à la fois de notre planète et de l'univers tout entier. Mais les positions des planètes ne sont pas immuablement fixes : elles changent sans cesse, d'où les fluctuations perpétuelles du courant d'énergie. L'astrologie Feng Shui nous aide à comprendre de quelle manière se déplace le Ch'i et nous permet de prévoir ses effets sur les individus (voir p. 34 à 41).

Le Ch'i terrestre est plus puissant au niveau de l'Équateur qu'aux pôles. À l'inverse, les régions polaires sont soumises de manière plus intense à l'énergie des planètes. Ainsi, le Ch'i tel qu'il s'équilibre au niveau de l'écorce terrestre n'est-il nullement homogène d'une zone à l'autre, en fonction des positions respectives de la région considérée et des différentes planètes ; ce phénomène explique l'existence des courbes de niveau que l'on peut relever en surface.

De son côté, l'énergie cosmique qui baigne la Terre est altérée par le relief (collines, montagnes, vallées), la végétation (arbres, cultures, prairies, savanes), et la nature du sol (roc, argile, terre, calcaire), ce qui explique qu'elle n'ait pas la même intensité en différents points du globe. L'énergie terrestre et celle des planètes s'unissent à la surface de notre planète en un flux unique et tourbillonnant de Ch'i, qui varie en fonction de multiples paramètres. La nature n'est pas seule responsable de ces fluctuations : dans les villes, les blocs, les gratte-ciel, les toits, les dômes, les avenues, tout participe à la manière dont l'énergie fondamentale investit notre environnement.

LE CH'I DANS LES MAISONS

Comme les montagnes, les constructions altèrent le Ch'i. Leur forme, leurs ouvertures et les matériaux qui les composent conditionnent la manière dont l'énergie les investit (voir chapitre 2). Elle pénètre facilement par les portes et les fenêtres, mais l'orientation d'un immeuble par rapport au soleil et aux différentes planètes détermine le type d'énergie dont il bénéficie. En outre, le Ch'i est redistribué en permanence, en fonction de cycles dont le plus important procède d'un rythme annuel (voir p. 34 à 41). Les éléments de l'environnement immédiat, comme les cours d'eau ou les routes, déterminent également le type d'énergie qui circule dans un édifice. Dans l'idéal, ce courant doit baigner sans entraves l'intérieur des pièces. La répartition de ces dernières et le mobi-

LE CH'I DU PASSÉ

Les anciennes constructions sont imprégnées de l'atmosphère des événements, heureux ou non, qui s'y sont déroulés. Bien qu'elle se dissipe à la longue, certaines traces peuvent en subsister des siècles durant.

L'énergie négative qui stagne dans les endroits sombres et humides peut affecter l'esprit des lieux. Si des générations successives d'occupants ont connu le même type d'infortune (maladies, divorces, faillites...), il faut suspecter l'influence du Feng Shui.

Renseignez-vous sur l'histoire de votre maison et celle de ses précédents habitants ; s'ils ont connu des ennuis semblables aux vôtres, vous pouvez utiliser le Feng Shui pour briser la chaîne d'événements malheureux.

Les champs d'influence
Les précurseurs du Feng Shui avaient une connaissance intuitive des champs d'influence électrique, magnétique et gravitationnel qui régissent l'univers.

FAITES LE MÉNAGE

La poussière représente en elle-même une forme négative d'énergie qui a tendance à stagner lorsqu'elle reste confinée. Quant au désordre, il constitue un stock d'énergies anciennes qui empêchent les flux nouveaux de s'écouler. Ces deux facteurs diminuent votre vitalité, vous empêchent d'être productif et d'aller de l'avant.

Faites régulièrement votre ménage, vous vous en porterez mieux. Aérez tapis et literie ; videz et nettoyez vos placards, passez l'aspirateur sur vos moquettes et lavez ou faites nettoyer vos rideaux. Enfin, une fois par an, organisez un grand tri pour éliminer les choses dont vous ne vous servez plus. Rangez-les dans un débarras, vendez-les ou donnez-les.

lier seront donc conçus pour favoriser la circulation d'énergie positive pour les habitants, ou pour minimiser les effets des courants négatifs.

LES ÉNERGIES CONTRAIRES

Dans certaines situations, le Ch'i peut se révéler néfaste et constituer une source de problèmes pour les habitants d'une maison, voire être responsable de maladies physiques ou mentales.

LE CH'I NÉGATIF Certaines constructions et éléments du décor peuvent avoir des effets négatifs sur le Ch'i : c'est le cas notamment des fibres synthétiques, de certains matériaux modernes, de l'éclairage électrique et de l'air conditionné qui génèrent une énergie artificielle ; cette dernière peut contrarier celle des habitants d'une maison et avoir des conséquences néfastes sur leur santé.

L'ÉNERGIE STAGNANTE L'obscurité, les pièces confinées et l'humidité peuvent provoquer une ralentissement ou une stagnation du Ch'i, ce qui a pour conséquence une altération de votre tonus vital, de votre forme et de votre humeur.

L'EXCÈS D'ÉNERGIE Le Ch'i circulant rapidement en ligne droite peut déstabiliser l'équilibre énergétique à l'intérieur de votre maison ; évitez les longs couloirs, les passages étroits et les pièces en enfilade. Face à un excès d'énergie, vous vous mettrez instinctivement en état de défense et dépenserez vos forces vitales en pure perte (voir encadré ci-dessous, voir aussi p. 62).

Ondes négatives

Lorsque le Ch'i rencontre un angle vif, il se scinde en ondes concentriques comme le fait un courant marin heurtant un récif. Cela peut sérieusement perturber l'atmosphère de votre maison. Vos propres flux énergétiques vont s'agiter, vous vous sentirez désorienté et mal à l'aise. Il existe cependant des remèdes à ce type de problèmes (voir p. 62 et 85).

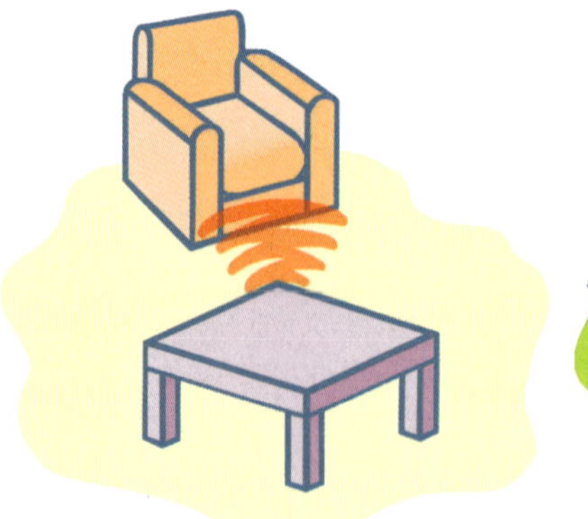

Les meubles
Les angles de certains meubles peuvent créer des ondes négatives. À éviter dans les chambres et dans le coin-salon.

La maison des voisins
Il est néfaste que l'angle de la maison voisine pointe vers la vôtre. Plantez une haie pour protéger votre entrée.

VOTRE CH'I PERSONNEL

Pour comprendre quels sont les effets du Ch'i, vous devez savoir de quelle manière celui-ci transite dans votre organisme. On peut comparer sa diffusion à la circulation sanguine. Du sommet de votre crâne à l'extrémité de votre moelle épinière sont alignés sept centres d'énergie ou chakras (voir ci-contre) qui correspondent aux organes les plus irrigués. De ces points partent quatorze canaux, les méridiens, qui étendent leurs ramifications le long de vos bras et de vos jambes, dans tous vos organes et dans votre crâne. Comme le fait le sang dans les capillaires, le Ch'i emprunte des voies de plus en plus étroites pour atteindre et baigner chacune de vos cellules.

Alors que le sang a besoin d'oxygène et de nutriments, le Ch'i se nourrit de vos pensées, de vos émotions et de vos aspirations. Il puise aussi aux sources de votre environnement. Ainsi, vos pensées, mais aussi l'endroit où vous les formulez, ont un impact direct sur l'énergie qui parcourt votre corps. L'influence du mental sur la forme physique n'est plus à prouver, ainsi que les bienfaits de la pensée positive, fondamentale dans bien des cas pour retrouver la santé après une maladie. On sait aussi qu'un simple dépaysement soulage les maux de certaines personnes, ce qui explique sans doute en partie le succès des cures thermales et des séjours en centres de thalassothérapie.

Cependant, le principe fonctionne dans les deux sens : alors même que votre pensée conditionne la vigueur de votre Ch'i personnel, ce dernier influence votre pensée. Ainsi, votre environnement peut-il avoir un réel impact sur votre moral et vos prises de décision. Comme des arbres enracinés dans une terre fertile, vous vous épanouissez lorsque les flux d'énergie vous sont bénéfiques. En changeant de maison, de ville, de pays, vous pouvez transformer la nature de ces derniers et changer le cours de vos pensées et de vos émotions. Si l'atmosphère correspond à ce dont vous avez besoin pour vous épanouir, l'influence positive sur votre vie sera incontestable. Mais il est aussi possible que votre environnement aille à l'encontre de votre bien-être.

D'autres facteurs peuvent affecter vos flux d'énergie interne, comme la façon dont vous vous nourrissez, le temps qu'il fait ou les gens qui vous entourent. Cependant, l'influence de votre environnement est primordiale ; cela inclut votre habitation, mais aussi votre lieu de travail et le quartier où vous vivez. L'aspect extérieur d'une construction a en lui-même son importance : un édifice imposant, comme un musée ou une cathédrale, peut vous motiver et vous stimuler ; toutefois, un endroit plus intime, comme une petite maison ou un café discret, vous aidera à vous détendre. Enfin, selon que vous vous trouvez en ville ou à la campagne, le Ch'i sera différent et vous affectera de diverses manières.

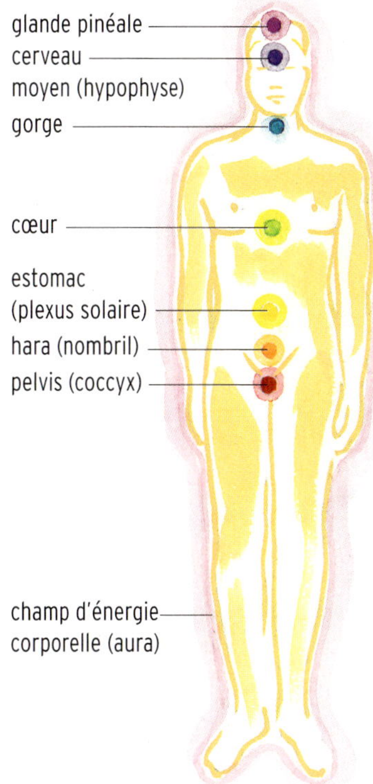

Les chakras
L'énergie circule dans le corps humain par des sortes de canaux nommés méridiens qui fonctionnent à peu près de la même manière que les vaisseaux sanguins.
Ils prennent leurs sources en sept points de l'organisme, les chakras, où se trouve concentrée l'énergie. Votre aura corporelle peut atteindre entre 10 cm et 1 mètre.

Le yin et le yang

Toute chose dans l'univers peut être considérée en fonction de l'énergie passive ou active qu'elle dispense, ou en termes de yin et de yang. C'est l'un des principes fondamentaux du Feng Shui.

Le concept du yin et du yang nous permet d'appréhender l'univers et la place que nous y tenons. Cet enseignement nous aide à adapter notre comportement vis-à-vis d'autrui et de notre environnement et nous dicte les bonnes réactions au bon moment. Grâce à lui, nous sommes capables de mieux nous réaliser, au prix de moins d'efforts.

À la période de la pleine lune, par exemple, les gens deviennent plus yang que yin ; cela se traduit généralement par une activité accrue, le désir de sortir davantage et une plus grande sociabilité. À l'opposé, au moment de la nouvelle lune, ils sont plus yin – plus calmes, plus réfléchis, détendus et portés à l'introspection. Si vous voulez organiser une fête, vous avez donc intérêt à choisir la pleine lune ou les jours qui la précèdent. Vos amis seront plus enthousiastes et plus chaleureux. À la nouvelle lune, vous risquez de vous retrouver avec des invités apathiques ou qui voudront s'isoler.

Les mêmes principes s'appliquent à votre maison, à votre alimentation, aux sports que vous pratiquez, à votre travail et à vos loisirs. Tous les domaines de votre existence connaissent des périodes plus yin ou plus yang et vous devez en tenir compte.

Les principes de base

TOUTE CHOSE TEND SOIT VERS LE YIN, SOIT VERS LE YANG

Le yin et le yang existent toujours de manière relative. Par exemple, se reposer est plus yin que travailler, mais plus yang que dormir. Le yin et le yang concernent aussi bien les choses concrètes que les abstractions, c'est pourquoi il faut toujours bien préciser le contexte lorsque l'on utilise ces concepts. Ainsi, une flamme est plus yang qu'une pierre dans la mesure où elle produit de la chaleur et de la lumière ; cependant, la structure de la pierre est plus yang que celle de la flamme : elle est plus dure, plus solide.

TOUTE CHOSE TEND VERS L'ÉQUILIBRE

Bien que tout élément de l'univers soit plus yin que yang ou l'inverse, il recherche l'état d'équilibre. Cependant, la balance parfaite entre ces deux extrêmes n'existe pas, et il arrive parfois que ce qui tend habituellement vers le yin bascule complètement vers le yang, comme s'il s'agissait des deux versants d'une même montagne. Très souvent, les deux états sont alternés.

LES GRANDES INFLUENCES

En fonction des positions de la lune et du soleil, ainsi que du rythme des saisons, vous vous sentirez tour à tour yin ou yang et devrez aménager votre mode de vie en conséquence.

LE JOUR ET LA NUIT Le matin, la vue du soleil qui monte dans le ciel vous place sous l'influence du yang et cette sensation atteint son apogée à la mi-journée. À mesure que le soleil redescend, vous vous sentez de plus en plus yin jusqu'à minuit, où son influence est maximale. Si vous devez mener à bien des tâches difficiles, entreprenez-les plutôt le matin lorsque vous vous sentez plus actif, que dans l'après-midi, où vous serez dominé par le yin.

LES PHASES DE LA LUNE Au cours des jours qui précèdent la pleine lune, vous deviendrez progressivement plus yang. C'est la bonne période pour entreprendre de nouvelles activités ; cependant, méfiez-vous des accidents. Après la pleine lune, à mesure que vous irez vers la lune nouvelle, vous serez de plus en plus yin. Ce sera le moment de cultiver votre jardin intérieur.

LES SAISONS Froids et humides, l'automne et l'hiver sont des saisons yin. Vous avez envie de nourritures chaudes, de soupes épaisses et de plats roboratifs. En revanche, au printemps et en été, vous serez dominé par le yang. Vos préférences iront alors aux fruits, aux crudités, aux boissons rafraîchissantes.

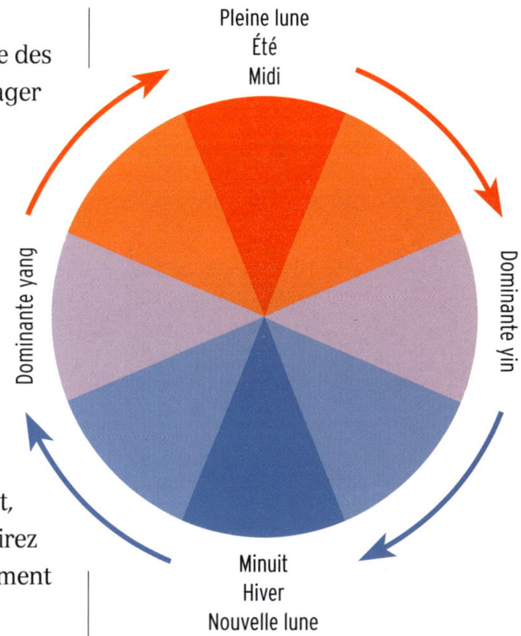

L'heure, la lune et les saisons
L'environnement est plus yang à midi, au cœur de l'été et à la pleine lune. Il est plus yin à minuit, en hiver et à la nouvelle lune.

LE YIN ET LE YANG S'ATTIRENT L'UN L'AUTRE

Ce qui tend vers le yin attire ce qui tend vers le yang comme le font les pôles d'un aimant. Si vous avez un comportement yin, le yang s'imposera à vous et vice versa. Par exemple, si vous mangez une nourriture très yang, comme une friture bien salée, vous boirez beaucoup de liquide, ce qui est une attitude yin. De même, un comportement extrême, soit yin, soit yang, suscitera l'extrême opposé : par exemple, un comportement agressif ou téméraire peut avoir pour conséquence un séjour à l'hôpital, où le plus grand calme est de règle.

RIEN N'EST TOTALEMENT YIN OU TOTALEMENT YANG

Toute chose a du yin et du yang en elle. Il est impossible d'être tout l'un ou tout l'autre. On pourrait représenter le yin et le yang sous l'aspect d'une palette de gris plus ou moins soutenus, plutôt qu'en noir et blanc. Même les plus grands criminels ont un fond de tendresse, tout comme les personnes les plus généreuses connaissent la jalousie ou la colère. On trouve toujours quelque chose de positif dans une situation négative, et inversement.

TOUT ÉVOLUE

Les relations entre le yin et le yang sont en perpétuel changement. Les choses basculent sans cesse d'une tendance à l'autre, sans que l'on en soit toujours conscient. Ainsi, une personne très yang - irritable, jalouse et arrogante - devient-elle parfois progressivement plus yin - détendue, apaisée et calme. À long terme, la voie que l'on emprunte est plus importante que le moment présent.

Paysage yin
Ce beau paysage vallonné est yin ; on aspire à y couler des jours heureux, en toute tranquillité.

Paysage yang
Cette grande métropole brillant de tous ses feux est yang ; elle est stimulante pour une personne dynamique.

LE YIN, LE YANG ET LES PAYSAGES

Les campagnes et les villes sont soumises à l'influence du yin et du yang. De manière générale, les paysages empreints de sérénité – par exemple un bocage au bord d'une rivière paresseuse ou encore une prairie verte et ombragée – ont une influence yin. Ce genre d'endroit vous est tout indiqué si vous prenez votre retraite et souhaitez vivre tranquillement. Les grandes villes sont plus yang et conviennent aux personnes qui aspirent à une vie active. L'énergie y circule rapidement et l'atmosphère vous stimulera si, par exemple, vous voulez faire carrière ou lancer une entreprise.

Les sites ensoleillés sont également yang, comme le versant sud d'une montagne ou d'une vallée, ou encore un appartement ou un bureau bien exposés. Les coins ombragés sont plus yin et sont propices à la réflexion ; cependant il n'est pas bon de vivre dans un endroit qui ne reçoit jamais le soleil.

Dans la mesure où tout ce qui est vertical est yin, les points les plus élevés d'un paysage sont généralement yin.

LES MONTAGNES, LA MER ET LES VILLES

La montagne a pour réputation d'inciter à la méditation. L'atmosphère invite au retour sur soi et favorise l'introspection. Les montagnes bénéficient tout particulièrement de l'énergie cosmique (voir p. 13) qui favorise la spiritualité. Ce type de Ch'i génère une attitude très yin. Cependant, un subtil équilibre est créé par les forces yang qui viennent du centre de la terre.

La mer est également un environnement très yin et incite au repos et à la relaxation. Paradoxalement, les forces telluriques qui trouvent leurs sources au centre de la terre sont à leur maximum au niveau de la mer. Cependant, bien qu'il s'agisse à l'origine d'une énergie yang, le mouvement ascendant du courant le transforme en facteur yin.

Il est à cet égard intéressant de constater que les plus grandes révélations spirituelles sont le fait de personnes qui se sont isolées sur la montagne pour méditer – songez aux prophètes ou aux moines bouddhistes du Népal et du Tibet ; à l'inverse, les doctrines d'ordre plus pratique, comme le Feng Shui ou l'astrologie orientale ont été formulées dans les plaines, souvent sur les berges d'une rivière, au niveau de la mer.

Toutefois, les paysages de plaine sont yang. L'énergie qui y circule est favorable au développement des activités humaines et c'est d'ailleurs là que sont construites les villes et les grandes voies de communication. Les forces cosmiques et telluriques s'équilibrent ; la rencontre de ces deux énergies contraires favorise à la fois l'émergence de nouvelles idées et leur mise en pratique.

LE YIN ET LE YANG DANS LES HABITATIONS

La course du soleil dans le ciel a une influence sur les flux énergétiques qui baignent votre maison. Pendant que le soleil s'élève dans le ciel, de l'aube à midi, le sud-est et le sud de votre habitation sont sous l'influence du yang. Après midi, lorsque le soleil amorce sa descente, l'ouest, le nord-ouest et le nord de votre maison sont soumis à l'énergie yin.

Pour bien repérer ces différentes orientations, munissez-vous d'une boussole et postez-vous au centre de votre maison. L'aiguille va pointer vers le nord. Observez l'emplacement du soleil dans le ciel ; lorsqu'il est à son plus haut niveau (à midi), il est au sud de votre habitation.

Le côté ensoleillé d'une maison est celui que vous devez réserver aux activités yang. À l'inverse, le côté le plus à l'ombre est favorable à tout ce qui est yin. Si votre tempérament est trop yin ou trop yang, essayez de passer plus de temps dans la partie de votre appartement placée sous l'influence inverse, de façon à vous équilibrer. Par exemple, si vous vous mettez en colère facilement et avez du mal à vous relaxer, vous êtes probablement trop yang et vous avez intérêt à rester dans les pièces yin. Transportez votre lit dans l'une d'entre elles et vous trouverez plus facilement le sommeil.

En revanche, si vous vous sentez fatigué ou déprimé, il est possible que vous soyez trop yin. Dans ce cas, passez davantage de temps dans la partie ensoleillée de votre habitation pour bénéficier de l'énergie yang. Cette influence du yin et du yang sur les différentes pièces de votre maison vous guidera d'ailleurs pour décider de leurs fonctions respectives (voir p. 70-71).

Immeubles yin et yang
Les hautes constructions sont plus yin, alors que les petits immeubles compacts de forme carrée, octogonale ou circulaire sont plus yang.

LES IMMEUBLES

L'énergie Ch'i d'un immeuble est également affectée par sa forme. Par exemple, les hauts immeubles élancés comme les gratte-ciel sont chargés d'énergie yin, alors que les constructions basses et plus trapues sont sous l'influence du yang. Au sommet des grands buildings, le rayonnement cosmique est beaucoup plus fort et le soleil vient renforcer son influence ; en revanche, au bas des immeubles, c'est la force tellurique qui dispense son influence dominante. Sans généraliser, on peut en conclure que les étages élevés sont plus favorables aux idées « de génie » et les niveaux les plus bas à leur mise en pratique.

La forme de la surface au sol est également très importante : si elle est longue et étroite, l'immeuble est plutôt yin ; si elle est carrée ou octogonale, il est davantage yang. Plus le dessin est compact, plus la construction est yang. Enfin, une maison ou un appartement qui dispose d'ouvertures dans toutes les directions est généralement chargé d'énergie yin.

Les aliments yin et yang
Votre alimentation peut vous aider à trouver un équilibre entre le yin et le yang. Ces produits sont disposés du plus yang (sel, viande) au plus yin (liquide, sucre).

LES PERSONNALITÉS YIN ET YANG

Certains individus sont plus yin, d'autres plus yang. Les sujets yin sont souvent décontractés, dotés d'une bonne souplesse physique, sensibles, créatifs, imaginatifs. À l'extrême, ils peuvent être apathiques, lents et portés à la dépression. En revanche, les personnalités yang ont tendance à être rapides, actives, et à apporter davantage d'attention aux détails ; mais elles peuvent devenir irritables, coléreuses, raides au moral comme au physique.

Si vous comprenez bien le principe du yin et du yang, vous pouvez exploiter votre tendance naturelle à votre avantage. Il vous est possible par exemple de modifier votre régime alimentaire (la macrobiotique est tout indiquée pour cela) pour améliorer votre forme ou résoudre un problème de santé. Si vous avez des difficultés à vous concentrer et que votre travail s'en trouve affecté, demandez-vous si vous êtes yin ou yang. La concentration est a priori une qualité yang, donc vos problèmes viennent peut-être de ce que vous êtes trop yin. Peut-être avez-vous intérêt à éviter les nourritures yin (comme l'alcool, le sucre et le café) et à préférer une nourriture yang, plus riche en sels minéraux (légumes-racines, poisson, sauce au soja).

ÊTES-VOUS TROP YIN OU TROP YANG ?

L'un des moyens pour répondre à cette question est de vous comparer aux personnes de votre entourage. Si vous êtes trop yin, les autres vous semblent agressifs, irritables et sans patience à votre égard. Vous avez l'impression qu'ils passent leur temps à vous dire de vous dépêcher, alors que vous n'avez envie que de vous reposer et de prendre les choses comme elles viennent. Si vous êtes trop yang, vous trouvez sans doute les gens lents, indécis et mous. Ils suscitent chez vous irritation et colère. En fait, certaines personnes penchent du côté yin, d'autres du côté yang, et d'autres encore sont relativement équilibrées.

Pour savoir à quelle catégorie vous appartenez, reportez-vous d'abord au tableau figurant en haut de la page ci-contre. Sans doute avez-vous les caractéristiques des deux types de personnalité, et peut-être aurez-vous du mal à vous faire une opinion. Pour affiner votre jugement, réfléchissez à ce qui vous pose problème dans l'existence ; si vous ne parvenez pas à vous détendre, par exemple, vous êtes probablement trop yang ; si vous êtes souvent apathique ou déprimé, c'est le yin qui domine. La seconde étape consiste à étudier les listes des préférences respectives des personnes yin et yang, au bas de la page ci-contre. Si vous êtes trop yin, essayez de manger, de bouger et de penser un peu plus yang. Et bien sûr, faites l'inverse si vous êtes trop yang.

LES PERSONNALITÉS YIN ET YANG

YANG TYPE PHYSIQUE

Trapu
Petit
Doigts et orteils courts
Paupières mi-closes
Lèvres fines
Tête ronde
Petits yeux
Proportions harmonieuses
Pilosité peu importante
Grands yeux
Lèvres épaisses
Doigts et orteils longs
Grand
Mince

YIN TYPE PHYSIQUE

YANG TYPE ÉMOTIONNEL

Coléreux
Insatisfait
Irritable
Pugnace
Ambitieux
Enthousiaste
Confiant
Détendu
Conciliant
Gentil
Sensible
Émotif
Vulnérable
Dépressif

YIN TYPE ÉMOTIONNEL

YANG QUALITÉS MENTALES

Rapidité d'esprit
Sens du détail
Précision
Logique
Ordre
Créativité
Souplesse d'esprit
Largeur de vues
Imagination
Lenteur

YIN QUALITÉS MENTALES

YANG QUALITÉS PHYSIQUES

Peau fine
Raideur
Force
Rapidité
Bonnes réactions
Souplesse
Aisance gestuelle
Relâchement
Mollesse
Lenteur
Fatigabilité
Apathie
Faiblesse

YIN QUALITÉS PHYSIQUES

YIN ET YANG : À CHAQUE TYPE SES PRÉFÉRENCES

YANG ALIMENTS

Sel
Viande
Œufs
Poisson
Céréales
Légumes-racines
Légumineuses
Légumes verts
Tofu
Salades
Fruits
Liquides
Crèmes glacées
Sucre

YIN ALIMENTS

YANG ACTIVITÉS PHYSIQUES

Boxe
Karaté
Football
Tennis
Gym aérobique
Course à pied
Jogging
Marche à pied
Natation
Stretching
Taï Ch'i
Yoga
Méditation

YIN ACTIVITÉS PHYSIQUES

YANG LOISIRS

Ski
Surfing
Équitation
Voile
Danse
Jardinage
Balades en campagne
Massage
Bains de soleil
Repos
Sommeil

YIN LOISIRS

YANG VIOLON D'INGRES

Spéculation financière
Études
Échecs
Informatique
Jeux de cartes
Peinture
Conversation
Musique (écoute)
Lecture
Télévision

YIN VIOLON D'INGRES

NOTE : Ces listes sont établies de façon que les tendances yang apparaissent en haut et les tendances yin en bas.

Le yin et le yang dans votre maison

Les formes, les couleurs et les matériaux des objets dont vous vous entourez ont une influence sur le type de Ch'i qui dominera chez vous. En les choisissant, vous pouvez faire en sorte de privilégier les objets yin ou yang, selon vos besoins.

Certains restaurants « fast food » utilisent d'ailleurs ce procédé avec beaucoup d'efficacité. Les couleurs prédominantes y sont souvent le rouge, l'orange ou le jaune, les surfaces sont lisses et brillantes, les plans stricts, anguleux et rigides. Tous ces éléments constituent un environnement très yang, qui attire les clients ; cependant, l'atmosphère n'incite guère à la détente, et ils repartent dès la dernière bouchée avalée, ce qui est le but recherché. En revanche, dans la plupart des chambres à coucher, les tissus sont doux et moelleux, les couleurs pastel : tout est yin. L'ambiance incite à la détente et au sommeil.

LES FORMES

Les formes courbes sont généralement considérées comme plus yin que les lignes droites : ainsi, une table ovale est plus yin qu'une table rectangulaire. Le cercle constitue une exception, car même s'il est rond, il offre une surface très compacte et tend à ce titre vers le yang. Il va sans dire que les objets de forme ramassée aux lignes droites et anguleuses sont également yang.

LES COULEURS

Elles ont beaucoup d'influence sur le yin et le yang, car elles réfléchissent la lumière de manière différente. Chaque individu a sa propre perception des couleurs, mais généralement, les rouges, les oranges et les jaunes lumineux nous stimulent, alors que les verts et les bleus nous apaisent. De plus, la version pastel de chaque couleur est plus yin que sa version vive. Enfin, plus la zone colorée est étendue, plus grande est son influence, bien qu'une simple touche d'écarlate, par exemple, puisse inverser l'énergie dominante de toute une pièce.

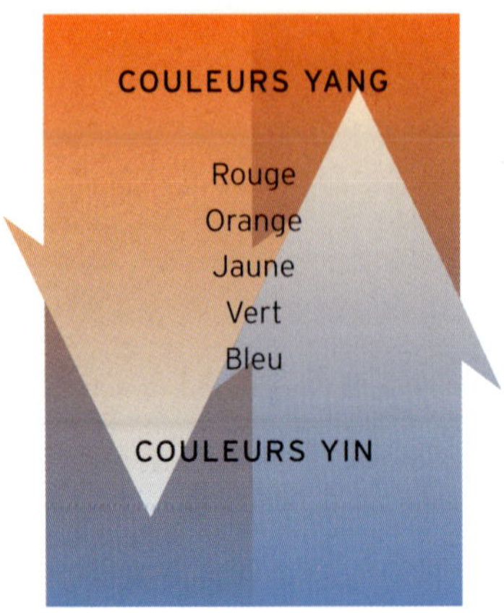

LES MATÉRIAUX

La matière dont sont faits les objets – et particulièrement celle qui en constitue la surface – a une influence sur la dominante yin ou yang d'un endroit. De manière générale, les surfaces dures, brillantes ou réfléchissantes comme le verre, le marbre ou l'acier ont un effet excitant, alors que les matériaux doux, mats et texturés comme le bois naturel sont plus lénifiants.

Les objets yin et yang
Selon leur couleur, les objets peuvent être yin (bleu, vert) ou yang (rouge, orange, jaune).

TEXTURES ET MATÉRIAUX YANG

Verre
Marbre
Granit
Pierre polie
Pierre dépolie
Métal poli
Métal mat
Bois dur verni
Bois dur naturel
Bois tendre verni
Bois tendre naturel
Osier
Tissu

TEXTURES ET MATÉRIAUX YIN

SOLS (REVÊTEMENTS) YANG

Marbre
Pierre
Bois dur
Bois tendres
Dalles de liège
Nattes de jonc
Tapis
Moquette

SOLS (REVÊTEMENTS) YIN

FENÊTRES (HABILLAGE) YANG

Volets
Stores à lattes métalliques
Stores à lattes de bois
Écran de papier
Écran de tissu
Rideaux
Voilages
Tentures drapées

FENÊTRES (HABILLAGE) YIN

MEUBLES ET DÉCOR YANG

Sculptures de pierre
Miroirs
Peintures laquées
Meubles métalliques
Meubles de bois dur
Meubles de bois tendre
Écrans de papier
Meubles capitonnés
Tapisseries
Gros coussins

MEUBLES ET DÉCOR YIN

Les Cinq Éléments

Le concept des Cinq Éléments vient compléter celui du yin et du yang. Le Ch'i prend ici cinq formes : celles de l'arbre, du feu, du sol, du métal et de l'eau.

Le concept des Cinq Éléments est couramment utilisé en médecine orientale, mais il peut aussi s'appliquer à votre maison et à son environnement. Comme le yin et le yang, les Cinq Éléments sont liés aux saisons et aux différents moments de la journée. L'année est divisée en cinq parties au lieu de quatre, une cinquième saison venant s'intercaler entre l'été et l'automne ; on l'appelle « été tardif » ou « automne précoce » (voir encadré page ci-contre).

LES CINQ ÉLÉMENTS DANS VOTRE MAISON

Les Cinq Éléments sont associés à cinq directions qui sont en relation avec la position du soleil à différents moments de la journée. Le matin, l'est de votre maison est baigné du Ch'i de l'arbre. À mesure que le jour s'écoule, le soleil progresse vers le firmament et inonde le sud de votre habitation du Ch'i du feu. Plus tard, lorsque le soleil redescend, il fait entrer le Ch'i du sol au centre et au sud-ouest de la construction. Au soleil couchant, c'est au tour de l'énergie du métal d'agir. Enfin, durant la nuit, le nord de votre maison sera sous l'influence de l'eau.

L'énergie de chacun des Cinq Éléments est à son apogée lorsque le soleil atteint un point précis du ciel et la partie de votre maison qui en est baignée à ce moment-là le restera jusqu'au jour suivant. Par exemple, l'est de votre habitation reste toujours chargé de l'énergie de l'arbre, quelle que soit l'heure du jour.

Chacun des Cinq Éléments trouve en outre sa résonance dans votre maison : sous la forme de bois, de papier et de plantes pour l'arbre ; dans le poêle, la cheminée et les lampes pour le feu ; dans les porcelaines, poteries et récipients de terre cuite pour le sol ; dans les objets en acier et en fer pour le métal ; enfin, dans les bassins, éviers, salles de bains et aquariums pour l'eau.

FORMES, COULEURS ET MATÉRIAUX

Les Cinq Éléments sont en correspondance avec les formes, les couleurs et les matériaux (voir tableau p. 26) ; à ce titre, ils font partie intégrante de votre maison, tant en ce qui concerne son architecture que sa décoration intérieure.

Par exemple, un papier mural aux rayures verticales introduira dans une pièce le Ch'i de l'arbre, faisant paraître le plafond plus haut et agrandissant l'espace. Un papier étoilé favorisera le Ch'i du feu, et l'atmosphère sera plus excitante. Des lignes horizontales ou des motifs en damier seront bénéfiques au Ch'i du sol, rendant la pièce plus douillette. Les formes rondes appelleront le Ch'i du métal, donnant une sensation de plénitude, de sécurité. Ondulations et motifs irréguliers correspondront au Ch'i de l'eau, induisant une ambiance paisible.

De même, les couleurs des murs, des plafonds et des meubles ont leur importance. Les teintes fortes comme le rouge et le noir ont une grande influence, même en très petite quantité. Un simple vase de fleurs écarlates peut par exemple transformer l'atmosphère d'une pièce. De la même façon, la matière dont sont constitués vos meubles – bois ou métal, par exemple – change l'ambiance d'une pièce.

Ces effets se trouvent décuplés si vous juxtaposez certaines couleurs avec des motifs et des matériaux particuliers. Par exemple, un papier peint vert aux rayures verticales appelle à l'évidence le Ch'i de l'arbre. L'art de combiner les différents Ch'i est à la base du Feng Shui.

Le Ch'i des Cinq Éléments

L'arbre
Imaginez une allée printanière bordée d'arbres au petit matin. Le soleil levant pointe à l'horizon. Vous vous sentez porté par un flux d'énergie, comme les branches d'un arbre s'étirant vers le ciel. L'arbre est encore en bourgeons, c'est l'aube d'un jour naissant et le début d'une nouvelle année.

Le feu
Au cœur d'une chaude journée d'été, la nature est en pleine floraison. Le feuillage est à son apogée, la lumière est vive et les couleurs des fleurs resplendissent. L'énergie semble irradier comme au cœur d'un foyer incandescent.

Le sol
Par un bel après-midi lumineux du début de l'automne, les feuilles, qui ont changé de couleur, commencent à tomber et à recouvrir le sol. Le soleil redescend dans le ciel. Le flux d'énergie semble regagner doucement la terre.

Le métal
À la tombée du jour, à la fin de l'automne, le disque rouge du soleil disparaît à l'horizon. L'énergie semble se condenser. La nature thésaurise ses forces pour entamer le long sommeil de l'hiver. Comme un minéral, elle va se ressourcer dans la terre dont est issu le métal.

L'eau
Enfin, par une nuit d'hiver froide et humide, tout est calme et semble endormi, mais sous la glace couvent les nouvelles énergies qui vont resurgir à l'avènement du printemps. Comme l'eau qui va jaillir à la belle saison, le Ch'i se prépare à renaître.

ÉLÉMENTS	FORMES	COULEURS	MATÉRIAUX	FAVORISE
ARBRE Est/sud-est 	rectangulaires hautes fines verticales	vert	bois osier paille bambou papier	la vitalité la croissance le dynamisme l'activité
FEU Sud 	pointues découpées en dents de scie triangulaires pyramidales en diamants en zigzag	rouge	(le plastique est le matériau associé au feu, cependant, il vaut mieux éviter de l'introduire dans votre maison car il a des effets négatifs sur le Ch'i, voir p. 129)	la passion la chaleur humaine la sensualité l'expressivité
SOL Sud-ouest/centre/ nord-est 	carrées basses plates larges en damier horizontales	jaune marron	plâtre porcelaine argile céramique brique fibres naturelles (coton, lin, soie) pierres friables (ex. : calcaire)	le confort la sécurité la stabilité la prudence
MÉTAL Ouest/nord-ouest 	rondes en dômes en arcs de cercle ovales circulaires sphériques	blanc doré argenté	acier airain argent bronze cuivre fer or pierres dures (ex. : marbre, granit)	la richesse la solidarité l'autorité l'organisation
EAU Nord 	irrégulières courbes imprécises ondulées molles	noir	verre	la profondeur le pouvoir la souplesse la tranquillité

LES CINQ ÉLÉMENTS ENTRE EUX

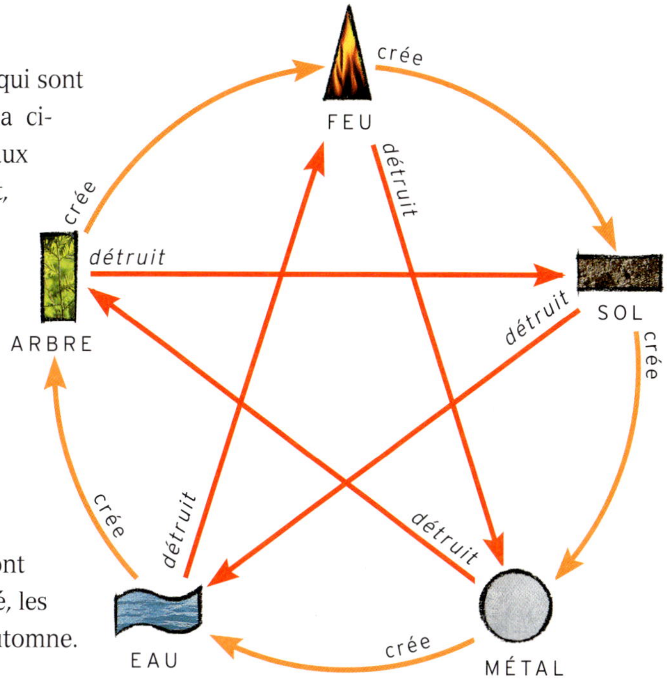

Le Ch'i gouverne les relations entre les Cinq Éléments qui sont liés par un cycle production/destruction (voir schéma ci-contre). On peut comparer ce cycle à celui des travaux agricoles tels qu'ils se déroulent sur une année. En effet, chacun des Cinq Éléments correspond à une saison : l'eau à l'hiver, l'arbre au printemps, le feu à l'été, le sol au début de l'automne et le métal à la fin de l'automne.

L'EAU En hiver, on prépare le sol et on plante les graines. Si le printemps est clément, elles germeront sans problème. Mais en cas de gelées tardives, les jeunes pousses seront détruites et les récoltes de l'été suivant seront affectées. L'eau est à la fois capable de nourrir les arbres et d'éteindre le feu.

L'ARBRE Si le printemps est beau, les récoltes seront bonnes en été. Mais si l'été est pluvieux et peu ensoleillé, les plantes pourriront dans les champs au début de l'automne. L'arbre nourrit le feu mais il peut détruire le sol.

LE FEU Après un bel été, les récoltes sont prêtes au début de l'automne. Mais si cette période est pluvieuse, elles ne seront pas mûres pour la moisson. Le feu est favorable au sol car les cendres l'enrichissent ; il est aussi capable de faire fondre le métal.

LE SOL Un beau soleil au début de l'automne garantit de bonnes récoltes. Mais des gelées précoces ou les grosses précipitations de la fin de l'automne retarderont les semailles. Le sol protège le métal des minéraux et absorbe l'eau.

LE MÉTAL Si les semailles se sont déroulées normalement et que les conditions climatiques sont bonnes, la germination se fera au printemps suivant. Mais un hiver trop rude peut tout remettre en cause. Le métal produit l'eau, mais il détruit l'arbre.

ÉLÉMENT	CRÉE	DÉTRUIT	TEMPÈRE
EAU	l'arbre	le feu (si l'arbre est déficient)	le métal
ARBRE	le feu	le sol (si le feu est déficient)	l'eau
FEU	le sol	le métal (si le sol est déficient)	l'arbre
SOL	le métal	l'eau (si le métal est déficient)	le feu
MÉTAL	l'eau	l'arbre (si l'eau est déficiente)	le sol

Le cycle des Cinq Éléments
Dans le cercle extérieur (en orange), le Ch'i circule dans le sens des aiguilles d'une montre d'un élément au suivant. Chaque élément engendre celui qui lui succède, mais son influence est tempérée par ce dernier, par exemple, l'eau qui crée l'arbre est tempérée par le même arbre. Ainsi, ce cycle peut être utilisé pour dynamiser une énergie, mais aussi pour l'atténuer.
En ce qui concerne le cycle figuré par les flèches rouges, le Ch'i se déplace en ligne droite d'un élément à un second, détruisant ce dernier si celui qui l'a engendré est déficient.
Une bonne maîtrise du Feng Shui permet d'utiliser ce cycle destructeur, mais de manière générale, on essaie plutôt de renforcer les énergies trop faibles.
Les relations qui régissent les Cinq Éléments sont schématisées dans le tableau ci-contre.

HARMONISER LES CINQ ÉLÉMENTS

Les correspondances entre les Cinq Éléments (voir p. 27) doivent vous servir de guide pour harmoniser les flux d'énergie dans votre maison. Elles sont à la base du Feng Shui et à la source de son enseignement. En fonction du type de problème que vous souhaitez résoudre, vous pouvez favoriser la forme de Ch'i qui vous sera bénéfique de façon à progresser vers une solution ; il vous faudra donc occulter les éléments qui vous sont défavorables, pour parvenir au juste équilibre qui vous est nécessaire en associant les objets entre eux et en créant l'environnement approprié (voir ci-dessous).

Par exemple, si vous souhaitez renforcer le Ch'i dans une pièce située au sud de votre maison, vous devez savoir que cette direction est associée au feu. Or, l'élément bénéfique pour ce dernier est l'arbre. Vous avez donc intérêt à disposer dans votre pièce des objets ou des couleurs porteurs du Ch'i du feu, et à renforcer ce dernier grâce à l'énergie de

Objets associés aux Cinq Éléments

Les Cinq Éléments peuvent être présents chez vous sous leur forme naturelle (plantes, feu, terre, métal ou eau) ou être figurés par les objets qui leur correspondent. Parmi ces derniers, les plus efficaces sont ceux qui combinent la forme, la couleur et le matériau de l'élément considéré (par exemple un cercle métallique argenté pour le métal ou un pot de terre vernissé de brun pour le sol). D'autres correspondances peuvent être définies grâce à la boussole (voir p. 31) ; par exemple, le rouge, l'ouest et le métal, ou le violet, le sud et le feu.

L'eau
L'eau fraîche, les objets de verre, les formes irrégulières et la couleur noire correspondent à l'eau. Ci-dessus, plats en verre, galets, branches noires et sinueuses.

L'arbre
Les plantes d'appartement, les formes élancées, le bois et le papier correspondent à l'arbre. Ci-dessus, pot et vase de couleur verte, lampe à abat-jour de papier.

l'arbre. Le feu est présent dans les angles vifs, dans la couleur rouge, et bien sûr dans les flammes elles-mêmes ; dans ce cas, choisissez un papier peint aux motifs très découpés, privilégiez le rouge et les éclairages puissants et achetez des bougies.

Le Ch'i de l'arbre est associé aux formes basses et rectangulaires, à la couleur verte et aux matériaux comme le bois ou le papier. Ainsi, les plantes de bonne taille, les rayures verticales dans les tons de vert, les planchers de bois ou les écrans de papier favoriseront l'influence de cet élément dans une pièce.

Pour réduire le Ch'i dans une pièce située au sud, introduisez l'élément qui succède au feu, à savoir le sol. Les poteries massives, la couleur jaune et les plantes basses favorisent le Ch'i du sol. Vous pouvez vous servir du cycle des Cinq Éléments pour moduler le Ch'i dominant dans n'importe quel endroit de la maison. Dans une pièce donnant au nord, par exemple, favorisez le Ch'i de l'arbre, qui atténuera celui de l'eau.

Le feu
Le rouge et les formes très découpées correspondent au feu. Ci-dessus, bougies, lampe à huile, étoiles, œillets dans un vase rouge, draperies de même couleur.

Le sol
L'argile, la terre, le marron et le jaune, les formes rectangulaires correspondent au sol. Ci-dessus, jardinière de fleurs jaunes, cendrier carré, cadre et set en osier.

Le métal
Il est associé aux objets ronds, aux tons argent, or ou blanc. Ci-dessus, sphères de métal rondes, pot argenté, dessous-de-plat de fer forgé, large cadre d'acier.

Les Huit Directions

Le concept des Huit Directions découle de ceux du yin et du yang et des Cinq Éléments. Il permet de définir huit sortes différentes de Ch'i.

Chacune des Huit Directions de la boussole est associée à une forme différente de Ch'i. Elle dépend également d'un trigramme du *I Ching* (voir ci-après), d'un des Cinq Éléments, d'un symbole du monde naturel, de la numérologie japonaise (Nine Ki), d'une couleur, d'une heure de la journée et d'une saison. Toutes ces données réunies définissent le Ch'i de chaque direction. Le Ch'i du centre possède ses propres caractéristiques, extrêmement puissantes (voir encadré ci-dessous).

LES TRIGRAMMES Dans le très ancien texte du *I Ching* (ou *Livre des mutations*) sont définis les trigrammes, séries de trois lignes continues ou discontinues représentant le yin et le yang. Leurs diverses combinaisons correspondent à différents types d'énergie. Par exemple, le trigramme de l'eau consiste en une ligne pleine entre deux lignes discontinues : les lignes extérieures représentent le yin (souplesse et fluidité), la ligne centrale le yang (la force).

LES CINQ ÉLÉMENTS Chaque élément, ainsi que le centre, est relié au suivant (voir p. 24 à 29). Le nord et le sud possèdent chacun leur élément, et les autres directions se répartissent entre les trois éléments restants.

LES SYMBOLES Lorsque deux directions ont un élément commun, on leur attribue un symbole différent. Par exemple, l'est et le sud-est se partagent l'élément du bois : pour cette raison, l'est est symbolisé par la foudre et le sud-est par le vent.

LES MEMBRES DE LA FAMILLE Chaque direction est associée à un membre de la famille. Cette classification est basée sur la famille orientale traditionnelle et ne correspond guère à nos normes, mais il est possible de l'adapter.

LE NINE KI Il s'agit de l'ancienne numérologie japonaise qui définit les traits dominants d'un individu en fonction de sa date de naissance (voir p. 34 à 41). Chaque direction et le centre sont associés à un chiffre du Nine Ki.

LES COULEURS Chaque direction et le centre sont associés à une couleur. Ces dernières sont également en relation avec le Nine Ki. Les couleurs attribuées à l'est, au sud-est et au centre sont les mêmes que pour les Cinq Éléments. Les autres sont différentes.

LE MOMENT DU JOUR Il prend en compte la position du soleil à l'heure considérée. Par exemple, à midi, le Ch'i sera plus fort dans les pièces exposées au sud.

LES SAISONS Chaque direction est associée à une saison. Par exemple, le Ch'i sera le plus fort dans les pièces exposées au sud de votre habitation au milieu de l'été.

LE CH'I DU CENTRE

Il existe un neuvième type de Ch'i - celui du centre. Cette énergie est la plus puissante de toutes et peut être à la fois très efficace et très dangereuse. Elle est associée au sol, au chiffre 5 et à la couleur jaune ; contrairement aux Huit Directions, elle n'a aucun lien avec le *I Ching*, pas plus qu'avec un symbole, un membre de la famille, le moment du jour ou la saison. Lorsque vous aménagez votre intérieur, il est préférable d'encombrer le moins possible le centre de votre maison, de même que celui de chaque pièce.

Les huit visages du Ch'i

On distingue un type de Ch'i pour chaque zone d'une maison, d'une pièce ou d'un terrain. Chaque direction est déterminée en fonction de sa situation par rapport au centre, définie à l'aide d'une boussole (voir p. 42 à 46). Une pièce située au nord de votre habitation, par exemple, sera soumise au Ch'i du nord, mais certaines de ses zones seront influencées par le Ch'i d'autres directions. Le Ch'i de chacune des Huit Directions est également teinté d'énergies plus ou moins yin ou yang et de celles des Cinq Éléments, ainsi que d'autres influences énumérées page ci-contre. Le schéma ci-dessous établit une synthèse de ces caractéristiques ; le tableau des deux pages suivantes en approfondit la description.

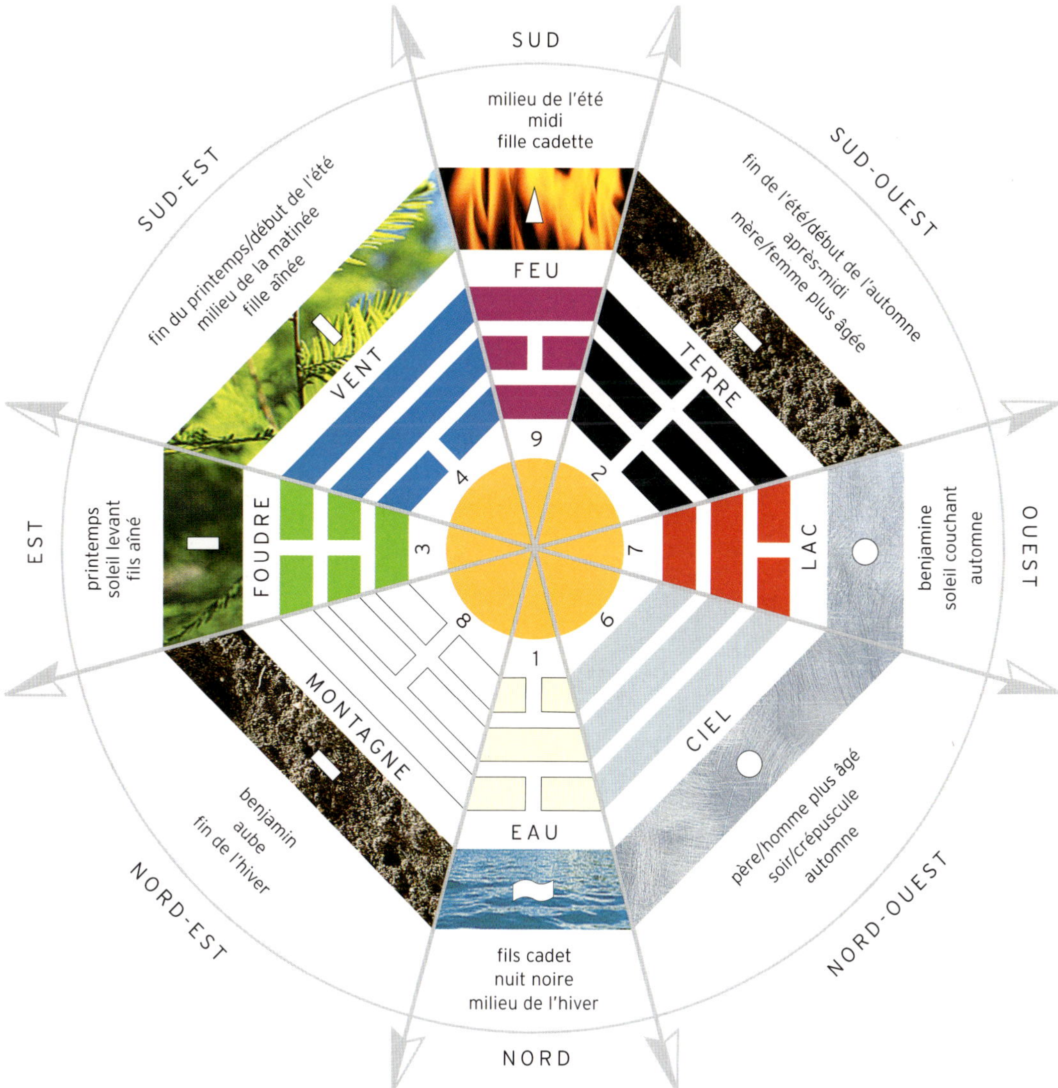

DIRECTION	CARACTÉRISTIQUES DU CH'I
NORD **Trigramme** yin/yang/yin **Élément** eau **Symbole** eau **Membre de la famille** fils cadet **Nine Ki chiffre** 1 **Couleur** blanc cassé **Moment du jour** nuit noire **Saison** milieu de l'hiver	Le nord représente la conception - le début de la vie - lorsque le fœtus commence à se développer dans le ventre de sa mère à l'abri du monde extérieur. Rien n'est encore perceptible, mais une formidable énergie couve sous la cendre. Le Ch'i reste faible, bien qu'il soit plus actif la nuit et au milieu de l'hiver. Il est en relation avec la vie sexuelle, la spiritualité et la solitude. Les lignes yin du trigramme indiquent la souplesse et correspondent aux natures superficielles et passives. La ligne du yang représente le pouvoir et la force. Le Ch'i de l'eau implique à la fois la profondeur et la mouvance : il peut changer de direction, mais moins franchement que d'autres types de Ch'i. Traditionnellement, le fils cadet symbolise l'affection, mais aussi l'indépendance d'esprit.
NORD-EST **Trigramme** yang/yin/yin **Élément** sol **Symbole** montagne **Membre de la famille** benjamin **Nine Ki chiffre** 8 **Couleur** blanc lumineux **Moment du jour** aube **Saison** fin de l'hiver	C'est le moment où l'enfant commence à appréhender le monde qui l'entoure. Il développe sa personnalité, découvre les autres et réunit ses forces vitales. Le nord-est est dans l'axe du sud-ouest, et ces deux directions dépendent de celui des Cinq Éléments qui gouverne aussi le centre - la terre. L'énergie circule très rapidement, car elle n'a pas besoin de se transformer pour agir : cette direction est donc instable. Le Ch'i du nord-est est puissant et change facilement de direction. Il est plus actif juste avant l'aurore et à la fin de l'hiver. Le trigramme représente la force et l'activité. La montagne symbolise une certaine rigidité. Les benjamins sont souvent turbulents et dotés de l'esprit de compétition, très motivés, incisifs. La couleur blanche crée une atmosphère lumineuse.
EST **Trigramme** yin/yin/yang **Élément** arbre **Symbole** foudre **Membre de la famille** fils aîné **Nine Ki chiffre** 3 **Couleur** vert **Moment du jour** soleil levant **Saison** printemps	Au cours de cette phase, les enfants sont sur le point d'embrasser une carrière. Toutes les voies leur semblent ouvertes. Le Ch'i est puissant et concentré, particulièrement au soleil levant. Le trigramme présente une solide ligne du yang au-dessous de deux lignes du yin, ce qui permet au yang de s'exprimer sous le yin et de modérer ainsi son influence. L'arbre apporte sa force ascendante, le soleil levant accentuant l'idée générale de renaissance. La foudre symbolise le pouvoir et l'urgence. Traditionnellement, le fils aîné prend la famille en charge lorsque les parents se font vieux ; il représente l'avenir de la famille et à ce titre, le Ch'i est porté par l'ambition et le pragmatisme. Le vert de l'est est vif, tonique, frais et revitalisant.
SUD-EST **Trigramme** yang/yang/yin **Élément** arbre **Symbole** vent **Membre de la famille** fille aînée **Nine Ki chiffre** 4 **Couleur** vert foncé/bleu **Moment du jour** milieu de matinée **Saison** fin du printemps/début de l'été	C'est la phase de la maturité et du progrès, celle où l'on entreprend des projets à long terme et où l'on fonde un foyer. Le Ch'i reste très actif, mais il s'est un peu atténué par rapport à celui de l'est. Il culmine au tout début de l'été, quand le soleil s'élève dans le ciel en milieu de matinée. Le trigramme se caractérise par une ligne de yin située sous deux lignes de yang. La douceur sous-jacente est masquée par une grande activité de surface. Le symbole du vent représente la force et la pérennité de cette énergie mais il est moins puissant que celui de la foudre. La fille aînée est plus douce que son homologue masculin et le Ch'i privilégie l'ordre et l'harmonie en toute chose. Le vert foncé est plus profond que celui de l'est ; il symbolise également la croissance et la vitalité mais de manière moins exubérante. Certaines nuances de bleu possèdent les mêmes qualités.

DIRECTION	CARACTÉRISTIQUES DU CH'I
SUD **Trigramme** yang/yin/yang **Élément** feu **Symbole** feu **Membre de la famille** fille cadette **Nine Ki chiffre** 9 **Couleur** violet **Moment du jour** midi **Saison** milieu de l'été	Cette phase représente le moment de la vie où l'on est récompensé de ses efforts et où l'on connaît réussite et reconnaissance sociale. Le Ch'i du sud est ardent et passionné : il est particulièrement actif à midi et au milieu de l'été quand le soleil est au firmament. S'il circule librement dans la partie de la maison située dans cette zone, il peut apporter le succès en toutes choses. Le trigramme se caractérise par une ligne de yin située entre deux lignes de yang. Le Ch'i est actif en surface, mais plus modéré en profondeur. La fille cadette symbolise la sociabilité, l'intelligence et la beauté. La couleur du sud est le violet - très exactement la teinte que l'on peut observer à la base d'une flamme. Elle correspond à la passion, à l'expression des émotions, à la chaleur humaine.
SUD-OUEST **Trigramme** yin/yin/yin **Élément** sol **Symbole** terre **Membre de la famille** mère/femme la plus âgée **Nine Ki chiffre** 2 **Couleur** noir **Moment du jour** après-midi **Saison** fin de l'été/début de l'automne	Cette phase symbolise l'accomplissement de l'âge mûr et l'harmonie familiale en est le thème dominant. Le sud-ouest est situé dans l'axe du nord-est, mais les changements sont ici moins heurtés. Le Ch'i est plus lent, pondéré, et s'exprime surtout dans l'après-midi et à la fin de l'été quand le soleil redescend dans le ciel. C'est le moment où l'on consolide ses acquis et où l'on assure sa sécurité future. Le trigramme présente trois lignes de yin, ce qui favorise une énergie essentiellement passive, souple et féminine. Le symbole de la mère, garante de l'harmonie familiale, vient conforter ces caractéristiques. De même, la terre est l'élément nourricier par excellence. Le noir, qui est la couleur du sol, achève de faire de cette phase une période de paix et d'équilibre.
OUEST **Trigramme** yin/yang/yang **Élément** métal **Symbole** lac **Membre de la famille** benjamine **Nine Ki chiffre** 7 **Couleur** rouge **Moment du jour** soleil couchant **Saison** automne	C'est le début de la vieillesse, l'âge de la retraite, le moment où l'on relâche ses efforts et où l'on profite du travail accompli. Le Ch'i de l'ouest correspond à la période des récoltes, celle où le labeur porte ses fruits ; il est plus puissant au soleil couchant et en automne. Le trigramme présente une ligne de yin au-dessus de deux lignes de yang. Le calme de la surface masque un courant d'énergie parfois imprévisible. Le symbole du lac, à la fois paisible et traître, vient souligner cette dualité, et le Ch'i du métal est associé à la fortune. La benjamine de la famille accentue le côté fantaisiste de l'énergie, dirigée en partie vers la recherche du plaisir. Le rouge est la couleur du soleil couchant et favorise l'amour, la gaîté, et la satisfaction des désirs.
NORD-OUEST **Trigramme** yang/yang/yang **Élément** métal **Symbole** ciel **Membre de la famille** père/homme le plus âgé **Nine Ki chiffre** 6 **Couleur** argent **Moment du jour** crépuscule **Saison** fin de l'automne	C'est la phase finale du cycle de la vie - la vieillesse. C'est l'âge où les expériences se commuent en sagesse et où l'on tente d'aider ses proches. Le Ch'i du nord-ouest se traduit par des efforts d'organisation et de planification et s'exprime tout particulièrement au crépuscule, à la fin de l'automne et au début de l'hiver. Les trois lignes yang du trigramme symbolisent une énergie puissante, essentiellement masculine. Le symbole du ciel représente la dignité, la sagesse et la supériorité. On reconnaît en outre au père l'autorité, la responsabilité et le droit au respect. Cette direction est en effet importante pour le père ou les personnes âgées des deux sexes dans une famille. Leurs cheveux argentés, couleur associée au nord-ouest, accentuent la dignité et la sagesse que chacun leur reconnaît.

Le Nine Ki

L'astrologie Nine Ki permet de déterminer le moment autant que l'endroit d'un déménagement ou d'une transformation dans la maison. Elle vous permet en outre de connaître vos années fastes et celles qui vous seront moins favorables.

La révélation de Fu Hsi
Ce motif est connu sous le nom de Carré Magique. À la base de l'astrologie Nine Ki et du Feng Shui, il fut découvert voici des milliers d'années par l'empereur chinois Fu Hsi, auquel on attribue la transcription de l'ancien système de divination du I Ching.

Il existe des périodes plus ou moins favorables pour procéder à certains changements, même minimes, dans votre maison. Ainsi, si vous déplacez votre lit, vous devez le faire au meilleur moment possible. C'est à ce prix que vous tirerez réellement parti des préceptes du Feng Shui.

La vie des gens change souvent de manière significative après un déménagement, et cette évolution dépend en grande partie du moment où s'effectue le déplacement, ainsi que de la direction dans laquelle il s'opère. Si l'on se réfère à ce qui se passe dans la nature, ce phénomène semble d'ailleurs logique. Par exemple, lorsque vous changez une plante de place, vous avez grand soin de conserver sa motte, vous l'installez dans une terre qui lui convient et vous procédez à la meilleure période de l'année pour qu'elle prospère dans son nouvel habitat.

Le principe est le même pour les êtres humains. Quel que soit l'endroit où vous vivez, votre Ch'i personnel se mêle à celui de votre environnement : ainsi, lorsque vous quittez une maison, vous agissez littéralement comme si vous vous déraciniez de la terre qui vous nourrit. Si votre nouveau lieu d'habitation vous convient, vous vous acclimaterez sans problème, mais dans le cas contraire, vous vous sentirez mal à l'aise. Cependant, un changement de résidence peut également se révéler une chance d'améliorer votre existence et notamment votre santé, votre prospérité et votre bonheur, de la même manière qu'une plante qui dépérit peut revivre si elle est transplantée dans un sol plus fertile.

LE CARRÉ MAGIQUE

De même que vous ne vous embarqueriez pas pour traverser l'océan sans vous munir de cartes et d'instruments nautiques, programmer un déménagement pour être en concordance avec les forces de la nature peut vous éviter un échec.

Le Carré Magique (voir ci-contre) fonctionne à la fois comme une carte et comme un précieux indicateur qui vous aidera à déterminer les mouvements du Ch'i pour chaque année, chaque mois, chaque jour et même chaque heure. Les adeptes du Feng Shui l'utilisent pour calculer le moment et la direction les plus favorables pour changer de lieu de résidence, mais aussi la meilleure période pour apporter des modifications à leur habitation. Il sert aussi à choisir la date d'un voyage important, par exemple dans le but de signer un contrat.

Une très ancienne légende dit que Fu Hsi découvrit le Carré Magique en observant une tortue – animal sacré en Chine – escalader la berge du fleuve Lo ; il fut alors frappé par le motif dessiné par les craquelures de sa carapace. À la suite d'une longue méditation, il acquit la certitude qu'il pouvait expliquer le mouvement universel de l'énergie grâce à ce motif dans lequel il distinguait un damier de neuf cases ; celle du centre contenait cinq taches, et les autres une, deux, trois, quatre, six, sept, huit et neuf taches, de telle manière que l'addition des différentes cases, dans le sens vertical, horizontal et en diagonale donnât toujours quinze. Rappelons que selon le Feng Shui, chaque nombre est attribué à une direction.

LE NINE KI

Le Nine Ki est le nom japonais du Feng Shui. Nine renvoie au nombre des cases du Carré Magique et Ki est l'équivalent nippon du Ch'i. Les chiffres du Carré Magique se retrouvent dans le Nine Ki et représentent les énergies dominantes des différentes années. Leur disposition change cependant chaque année, les cases du carré permutant entre elles.

Il existe donc neuf configurations possibles qui se succèdent tous les neuf ans. Au début de chaque année, un nouveau chiffre occupe le centre et les autres se répartissent à la périphérie (notons que l'addition des chiffres dans toutes les directions ne donne 15 qu'avec le carré originel). Chaque année, le chiffre du centre diminue d'une unité : il était de 3 en 1997, il est de 2 en 1998 et ainsi de suite.

Vous pouvez ainsi déterminer le chiffre correspondant à l'année de votre naissance (voir p. 37) ; il s'agit du chiffre central du carré magique à ce moment. Il reflète le Ch'i dominant de l'année où vous êtes venu au monde et vous est personnel, au même titre que vos empreintes digitales ou que votre formule ADN. Il influe sur vos relations avec les autres sources d'énergie, qu'elles émanent des individus ou des lieux, et peut vous aider à définir les périodes bénéfiques pour votre bien-être et la réalisation de vos objectifs.

LES ASSOCIATIONS

LES CINQ ÉLÉMENTS Cette association repose sur la position des différents chiffres dans le carré originel (voir ci-contre). Par exemple, dans le Carré Magique, 1 est placé au nord, direction qui est associée à l'eau ; les personnes dont le Nine Ki est le chiffre 1 sont sous la dépendance du cinquième Élément (l'eau), ce qui peut leur poser des problèmes les années de Nine Ki 9, qui sont dominées par le feu. En revanche, elles se sentiront bien lorsque l'Élément correspondant au Nine Ki sera l'arbre (par exemple 1997, 1998) ou le métal (2001 ou 2010) qui sont en harmonie avec l'eau.

LES DOUZE ANIMAUX Les douze animaux symboliques de l'astrologie chinoise sont associés à des directions spécifiques de la

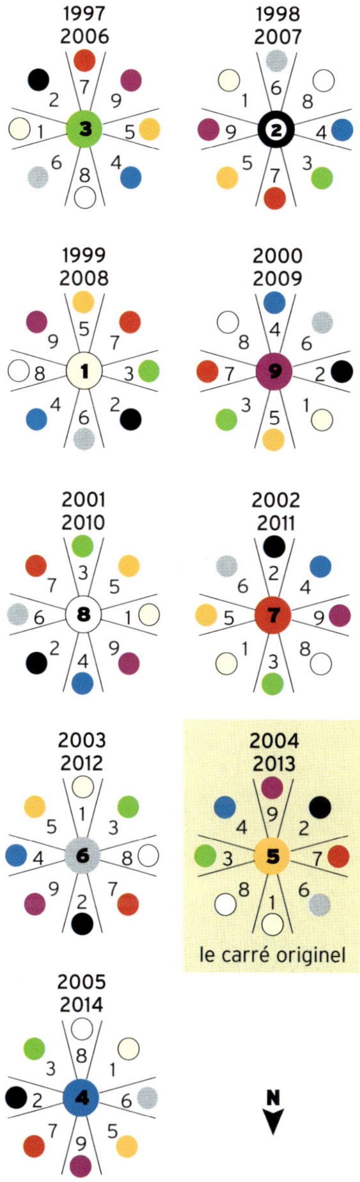

Le Nine Ki de l'année
Il existe neuf répartitions possibles du Ch'i selon les années. La position de votre Nine Ki personnel vous place sous des influences différentes. Par exemple, si votre Nine Ki est 5 (centre), votre élément est le sol, mais en 1999, vous serez influencé par le Ch'i du feu car le 5 sera alors dominé par cet élément (au sud).

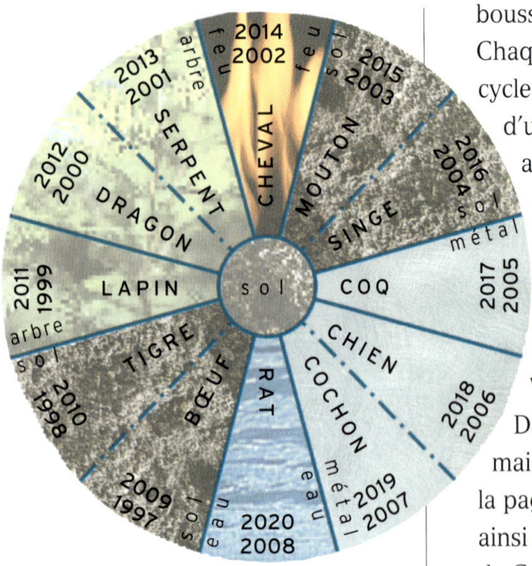

Les associations
Les positions sur la boussole du Nine Ki, des Cinq Éléments et des animaux de l'astrologie chinoise doivent être prises en compte avant d'envisager un déménagement ou des travaux dans votre maison (voir p. 38 à 41).

boussole (laquelle est pour la circonstance divisée en douze parties). Chaque année, l'empreinte de l'un des animaux est prédominante, le cycle de leurs influences successives tournant dans le sens des aiguilles d'une montre pendant douze ans. En 1998, par exemple, le tigre est activé (direction est/nord-est) ; il sera remplacé en 1999 par le lapin (direction est) et ainsi de suite. De ce fait, l'énergie est plus concentrée dans la direction de l'animal dominant au cours des années considérées. Cette relation doit être attentivement étudiée lorsque l'on décide de déménager.

VOTRE NINE KI PERSONNEL

Dans le calendrier occidental, l'année commence le premier janvier, mais pour le Nine Ki, elle débute le 3, le 4 ou le 5 février. Le tableau de la page ci-contre vous indique les Nine Ki pour les années 1910 à 2017, ainsi que les date et heure de début de chaque année (heure du méridien de Greenwich, ou temps GMT).

Utilisez-le pour déterminer votre Nine Ki personnel. Si vous êtes né en janvier 1950, par exemple, votre Nine Ki est le 6 – le chiffre qui est attribué à l'année 1949 ; en revanche, si vous êtes né en mars, votre Nine Ki est le 5. Si vous êtes né le 3, 4 ou 5 février les années dont ces dates constituent le premier jour, vous devez tenir compte du décalage entre le temps GMT figurant sur le tableau et l'heure de l'endroit où vous avez vu le jour. Par exemple, la ville de New York retarde de cinq heures par rapport au temps GMT, donc la nouvelle année commence cinq heures plus tôt qu'en Grande-Bretagne. Ainsi, en 1958, l'année a débuté à 14 h 57, à laquelle on enlève 5, ce qui donne 9 h 57 heure locale.

Le même principe s'applique pour calculer la date d'un déménagement. Si vous projetez de partir de votre maison le 4 février 1999 avant 13 h 51 GMT, reportez-vous à la case 1998 du tableau. À New York, l'année commencera le 4 février 1999 à 8 h 51 heure locale.

Les couleurs figurant sur ce tableau correspondent à celles des Huit Directions (voir p. 31) et sont associées aux nombres figurant sur le Carré Magique originel. La couleur de votre Nine Ki vous est favorable. Le vert portera chance à toutes les personnes dont le Nine Ki est 3, par exemple. Les symboles correspondent quant à eux à ceux des Huit Directions (voir p. 30 à 33).

Certains calculent le Nine Ki de manière différente pour les femmes, celui-ci augmentant d'année en année au lieu de diminuer, mais restant le même pour les deux sexes quand il s'agit d'un 3. Nous n'appliquons pas ce système dans cet ouvrage.

VOTRE NINE KI

La connaissance de votre Nine Ki personnel vous permettra de maîtriser les données suivantes.

- Vous saurez quel était le Ch'i dominant le jour de votre naissance, ce qui vous aidera à mieux vous connaître.
- Vous déterminerez le Ch'i dominant et la position de votre Nine Ki pour chaque année.
- Vous éviterez de déménager dans une région néfaste.
- Vous connaîtrez le meilleur moment pour effectuer des transformations chez vous.

NINE KI	9	8	7	6	5	4	3	2	1
COULEUR									
SYMBOLE	feu	montagne	lac	ciel		vent	foudre	terre	eau
ÉLÉMENT	feu	sol	métal	métal	sol	arbre	arbre	sol	eau
Année 1er jour de l'année Temps (GMT)	1910 4 fév. 23:41	1911 5 fév. 05:33	1912 5 fév. 11:11	1913 4 fév. 17:01	1914 4 Fév. 22:53	1915 5 Fév. 04:34	1916 5 Fév. 10:31	1917 4 Fév. 16:18	1918 4 Fév. 22:06
	1919 5 Fév. 04:00	1920 5 Fév. 09:43	1921 5 fév. 15:34	1922 4 fév. 21:28	1923 5 Fév. 03:13	1924 5 Fév. 09:06	1925 4 Fév. 14:58	1926 4 Fév. 20:49	1927 5 Fév. 02:46
	1928 5 Fév. 08:31	1929 4 Fév. 14:19	1930 4 Fév. 20:11	1931 5 Fév. 01:53	1932 5 Fév. 07:42	1933 4 Fév. 13:28	1934 4 Fév. 19:13	1935 5 Fév. 01:03	1936 5 Fév. 06:47
	1937 4 Fév. 12:36	1938 4 Fév. 18:32	1939 5 Fév. 00:20	1940 5 Fév. 06:15	1941 4 Fév. 12:07	1942 4 Fév. 17:57	1943 4 Fév. 23:51	1944 5 Fév. 05:39	1945 5 Fév. 11:26
	1946 4 Fév. 17:18	1947 4 Fév. 23:03	1948 5 Fév. 04:50	1949 4 Fév. 10:40	1950 4 Fév. 16:29	1951 4 Fév. 22:29	1952 5 Fév. 04:07	1953 4 Fév. 09:52	1954 4 Fév. 15:42
	1955 4 Fév. 21:29	1956 5 Fév. 03:15	1957 4 Fév. 09:07	1958 4 Fév. 14:57	1959 4 Fév. 20:47	1960 5 Fév. 02:38	1961 4 Fév. 08:29	1962 4 Fév. 14:24	1963 4 Fév. 20:17
	1964 5 Fév. 02:08	1965 4 Fév. 07:57	1966 4 Fév. 13:46	1967 4 Fév. 19:32	1968 5 Fév. 01:19	1969 4 Fév. 07:04	1970 4 Fév. 12:50	1971 4 Fév. 18:37	1972 5 Fév. 00:23
	1973 4 Fév. 06:13	1974 4 Fév. 12:08	1975 4 Fév. 17:56	1976 4 Fév. 23:48	1977 4 Fév. 05:38	1978 4 Fév. 11:28	1979 4 Fév. 17:21	1980 4 Fév. 23:10	1981 4 Fév. 04:59
	1982 4 Fév. 10:53	1983 4 Fév. 16:38	1984 4 Fév. 22:27	1985 4 Fév. 04:18	1986 4 Fév. 10:05	1987 4 Fév. 15:57	1988 4 Fév. 21:42	1989 4 Fév. 05:28	1990 4 Fév. 09:20
	1991 4 Fév. 15:04	1992 4 Fév. 20:51	1993 4 Fév. 02:42	1994 4 Fév. 08:27	1995 4 Fév. 14:18	1996 4 Fév. 20:10	1997 4 Fév. 02:00	1998 4 Fév. 08:01	1999 4 Fév. 13:51
	2000 4 Fév. 19:39	2001 4 Fév. 01:35	2002 4 Fév. 07:20	2003 4 Fév. 13:08	2004 4 Fév. 18:57	2005 4 Fév. 00:38	2006 4 Fév. 06:31	2007 4 Fév. 12:16	2008 4 Fév. 17:59
	2009 3 Fév. 23:55	2010 4 Fév. 05:40	2011 4 Fév. 11:31	2012 4 Fév. 17:28	2013 3 Fév. 23:05	2014 4 Fév. 05:05	2015 4 Fév. 10:55	2016 4 Fév. 16:40	2017 3 Fév. 22:37

LES BONNES POSITIONS

Pour déterminer les années favorables aux engagements importants de votre vie, consultez le tableau ci-dessous, puis recherchez la position de votre Nine Ki personnel en page 35. Par exemple, pour fonder une famille, les bonnes années seront celles où il sera situé au sud-est, à l'ouest ou au sud-ouest

ÉVÉNEMENT	POSITION FAVORABLE
Mariage ou établissement de nouvelles relations	Vent/sud-est Lac/ouest Terre/sud-ouest
Changement d'emploi ou début d'une nouvelle carrière	Foudre/est Vent/sud-est Feu/sud Lac/ouest Ciel/nord-ouest
Concours et compétitions	Montagne/nord-est
Fondation d'une famille	Eau/nord Terre/sud-ouest
Retraite	Lac/ouest Ciel/nord-ouest

VOS BONNES ANNÉES

Chaque année, le Ch'i fondamental change d'orientation et influe sur votre Nine Ki personnel. Si ce dernier est le chiffre 1, par exemple, vous êtes né sous le symbole de l'eau, mais en 1998, votre Ch'i est dominé par le vent (direction sud-est). En considérant les éléments qui symbolisent les années à venir, il vous est possible de prendre les bonnes décisions pour atteindre vos objectifs.

En pratique, vous devez chercher dans le tableau de la page 37 le Nine Ki de votre année de naissance. Ensuite, repérez parmi les schémas de la page 35 dans quelle position se trouvera notre Nine Ki personnel l'année qui vous intéresse. Par exemple, supposons que votre Nine Ki est 7 ; en 1998, le Nine Ki de l'année est 2 et 7 est placé sous le symbole de l'eau (nord). Si vous vous reportez au tableau de la page 39, vous constaterez que 1998 doit être une année plutôt tranquille pour vous, favorable pour concevoir un enfant si tel est votre projet. C'est également une période propice à l'étude, mais il est possible que vous connaissiez des problèmes de santé ou des difficultés financières.

Pour plus de facilité, vous pouvez consulter le tableau ci-contre (à gauche) pour déterminer les conjonctions qui vous sont favorables.

OÙ DÉMÉNAGER ?

Chaque année, votre Nine Ki personnel est donc influencé par le Ch'i dominant et change de position dans le Carré Magique ; or, nous avons vu que les cases de ce dernier correspondent aux Huit Directions du Feng Shui (voir schéma p. 31). C'est la raison pour laquelle le moment, mais aussi la direction dans laquelle vous vous déplacez sont très importants pour la réussite de votre nouvelle installation. Grâce au Nine Ki, vous pouvez éviter avant même votre départ de commettre des erreurs dommageables pour l'avenir.

Tout d'abord, procurez-vous une carte sur laquelle vous marquerez l'endroit où vous vivez actuellement et la région où vous envisagez de déménager. Puis tracez une ligne verticale allant du point signalant votre lieu de résidence vers le nord. Ensuite, reproduisez sur votre plan le schéma des Huit Directions (voir p. 46) en prenant pour centre votre ville de départ. L'étape suivante va consister à éliminer les régions « à risques » (voir p. 40).

Il vous restera alors différentes options que vous devez examiner en fonction des conséquences probables de votre choix sur votre existence. En effet, chaque direction en elle-même peut vous être plus ou moins favorable selon l'année considérée. Le tableau de la page ci-contre vous aidera à prendre une décision, qui tiendra bien évidemment compte des souhaits et des impératifs qui sont les vôtres.

POSITION DE VOTRE NINE KI PERSONNEL	LES GRANDES TENDANCES DE L'ANNÉE	RISQUES
FOUDRE (est)	Bonne année pour commencer de nouvelles activités ou aborder un nouveau travail. Période favorable à la réalisation des ambitions et à la promotion professionnelle, particulièrement pour les Nine Ki 3, 4 et 9. Si votre Nine Ki est le 1, laissez les opportunités venir à vous plutôt que de forcer le destin.	Décisions trop hâtives, surmenage et sentiment de frustration.
VENT (sud-est)	Bonne année pour progresser ou pour envisager une nouvelle carrière. Période favorable à la création et à la communication, ainsi qu'au mariage, surtout si l'élu(e) de votre cœur est aussi dans une position propice. Année particulièrement faste pour les Nine Ki 1, 4 et 9. Si votre Nine Ki est le 3, vos relations avec autrui risquent d'être orageuses.	Obstination, décisions trop personnelles.
CENTRE	Année de transition, qui ne constitue pas une bonne période pour vous lancer dans de nouveaux projets. Laissez-vous porter par les événements plutôt que de les provoquer. Songez que toutes vos décisions pourraient bien être remises en cause l'année suivante. Année moins défavorable pour les Nine Ki 2, 5, 6, 7, 8 et 9.	
CIEL (nord-ouest)	Bonne année pour planifier de nouveaux projets. Les cadres auront l'occasion d'affermir leur position. Période favorable pour exercer son intuition et apprendre à mieux se connaître, en particulier pour les Nine Ki 1, 2, 5, 6 et 8. Si votre Nine Ki est le 7, vous aurez peut-être des problèmes de communication et vous ne progresserez que difficilement.	Arrogance, rigidité et autorité.
LAC (ouest)	Bonne année pour profiter de la vie, tomber amoureux et arrondir ses revenus. Période favorable pour engager une relation sentimentale ou pour se marier, pour prendre sa retraite ou vendre une affaire, particulièrement pour les Nine Ki 1, 2, 5, 6, 7 et 8. Si votre Nine Ki est le 9, vous aurez peut-être quelques problèmes côté finances ou côté romance…	Manque de motivation et poursuite exagérée du plaisir.
MONTAGNE (nord-est)	Bonne année pour les entreprises qui demandent motivation et sens de la compétition. Vous réaliserez vos ambitions grâce à un travail acharné. Cependant, soyez prudent et réfléchissez avant de prendre vos décisions. Période très favorable pour les Nine Ki 5, 6, 7, 8 et 9. Si votre Nine Ki est le 2, pas de précipitation, surtout pour ce qui touche à la famille.	Précipitation due au désir de réussir à tout prix.
FEU (sud)	Bonne année pour les relations sociales et amoureuses. Votre valeur sera reconnue et vous connaîtrez peut-être la célébrité. Période faste pour les Nine Ki 2, 3, 5, 8 et 9. Si votre Nine Ki est le 4, pas de rupture intempestive.	Agressivité verbale qui peut heurter votre entourage.
EAU (nord)	Année calme, vouée à l'étude et à la relaxation. C'est une bonne période pour concevoir un enfant, et de manière générale pour s'occuper de sa santé et améliorer sa vitalité, y compris son tonus sexuel. Année très favorable pour les Nine Ki 1, 3, 4 et 7. Si votre Nine Ki est le 6, restez discret car vous êtes exposé au scandale.	Le contraste avec l'année précédente peut provoquer problèmes de santé ou déboires financiers.
TERRE (sud-ouest)	Bonne année pour progresser et consolider vos avoirs. Période favorable à l'amitié, à l'harmonie familiale, à la construction d'une maison, à la naissance d'un enfant : vous tirerez le meilleur parti de vos possibilités. Année faste pour les Nine Ki 2, 5, 6, 7 et 9. Si votre Nine Ki est le 8, vous aurez peut-être du mal à vous motiver.	Repli sur soi, timidité, dépendance vis-à-vis d'autrui.

NOTE Dans ce tableau, les différentes directions se succèdent en fonction des positions de votre Nine Ki au fil des années. En respectant l'ordre de lecture, vous pouvez donc prendre connaissance des tendances des années à venir.

Où et quand déménager

Certaines périodes et destinations ne sont pas favorables à un déménagement. Les schémas ci-dessous couvrent les années 1997 à 2011. Les directions qui vous sont propices sont signalées par la couleur de votre Nine Ki (voir p. 37). Si votre couleur est le blanc cassé, par exemple, les directions sud et nord-est vous étaient bénéfiques en 1997, et le sud ainsi que le nord le sont en 1998. Chaque année, certaines directions sont déconseillées quel que soit votre Nine Ki.

LES DIRECTIONS NÉFASTES

ZONE DU 5 C'est celle du Ch'i dominant, qui peut être bénéfique, mais aussi très destructeur. Votre santé et votre carrière peuvent s'en trouver ruinées.

ZONE OPPOSÉE AU 5 Elle est située loin des énergies dominantes et votre Ch'i serait affaibli ; risques d'accidents et de cambriolages.

ZONE DE VOTRE NINE KI S'y installer revient à essayer de rapprocher les pôles positifs de deux aimants ; risques de mauvaise santé, de stress, de tension.

ZONE OPPOSÉE À CELLE NINE KI Elle est située au plus loin du Ch'i qui vous gouverne. Vous deviendrez incapable de conduire votre vie.

ZONE OPPOSÉE À CELLE DE L'ANIMAL DOMINANT Vous manqueriez d'énergie et mettriez votre vie familiale et relationnelle en danger.

ZONE DE L'ÉLÉMENT QUI DÉTRUIT LE VÔTRE Dans ce cas, votre vie ne sera pas de tout repos.

ZONE OÙ LE NINE KI EST À L'OPPOSÉ DE LA POSITION DE BASE Problèmes impossibles à prévoir.

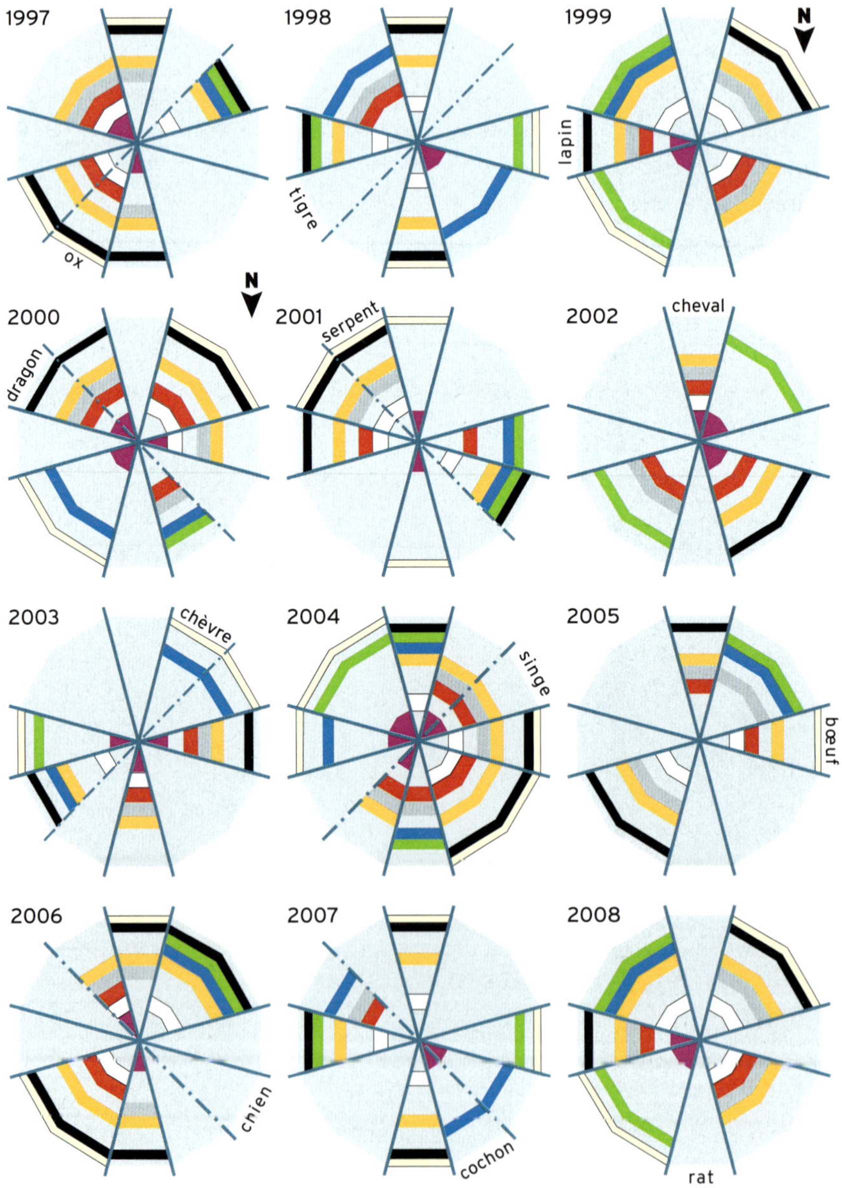

QUAND TRANSFORMER VOTRE MAISON ?

Les principes sont les mêmes que pour déterminer le moment d'un déménagement, le but étant de modifier le Ch'i fondamental dans certaines zones de votre habitation pour améliorer votre bien-être. Ils sont valables pour les gros travaux comme pour les petites rénovations. À l'aide de certains calendriers Feng Shui, il est possible de calculer les dates propices aux changements, mêmes minimes, comme repeindre une pièce ou installer un aquarium, par exemple. Cependant, nous n'avons pris en compte dans cet ouvrage que les années plus ou moins favorables aux travaux importants, comme ajouter une aile, une véranda ou une piscine, ou encore refaire entièrement la décoration.

Vous devez tout d'abord établir un plan le plus précis possible de votre maison, en trouver le centre et superposer la grille des Huit Directions à votre schéma (voir p. 42 à 46). Déterminez ensuite la position de votre Nine Ki pour l'année considérée (voir p. 35), ainsi que l'animal qui la domine (voir p. 36). Reportez toutes ces informations, ainsi que l'emplacement du chiffre 5, sur votre plan. Le schéma ci-dessous à droite concerne par exemple une personne de Nine Ki 9 pour 1999.

LES SECTEURS SENSIBLES

Nous détaillons ci-dessous les zones de la maison qui posent le plus de problèmes.

LA ZONE DU 5 Évitez les changements dans cette zone. Cela peut se traduire par de sérieuses difficultés au cours même des travaux, en particulier si la rénovation est importante. À long terme, l'atmosphère risque d'être stressante et peu sécurisante.

LA ZONE OPPOSÉE AU 5 Des changements dans cette zone peuvent amener des accidents. Par la suite, ils apportent faiblesse et vulnérabilité.

LA ZONE DE VOTRE NINE KI ET CELLE QUI LUI EST OPPOSÉE Des modifications dans ces zones peuvent déstabiliser la famille, amener des stress particuliers et un manque de motivation et de confiance en soi. Vous devez également considérer les Nine Ki des autres membres de la maisonnée. Si vous avez une grande famille, ne prenez en compte que les parents ou les personnes les plus responsables.

LA ZONE OPPOSÉE À L'ANIMAL DOMINANT Vous pouvez soit ne pas y toucher, soit essayer d'y favoriser les flux bénéfiques. Les plantes vertes et de bons éclairages peuvent vous y aider. Privilégiez les objets yang (voir p. 22 à 23) et introduisez à bon escient les matériaux, les formes et les couleurs correspondant aux Cinq Éléments (voir p. 26 et 27), notamment ceux qui sont associés à cette direction ou à la précédente.

SOLUTIONS

Si vous vous rendez compte que votre dernier déménagement s'est effectué dans une zone opposée à celle du 5 ou de votre Nine Ki personnel, il est possible de réorienter votre Ch'i de manière plus favorable.

- Faites-vous héberger pendant trois mois chez un ami, puis revenez chez vous en veillant à ce que le voyage de retour s'effectue dans une direction favorable. Si vous changez de continent, deux mois sont suffisants. Dormez chaque nuit chez vous pendant les deux ou trois mois qui suivent votre retour.
- Faites un tour du Monde en partant dans une direction favorable. Là encore, ne découchez pas pendant quelques mois à votre retour.

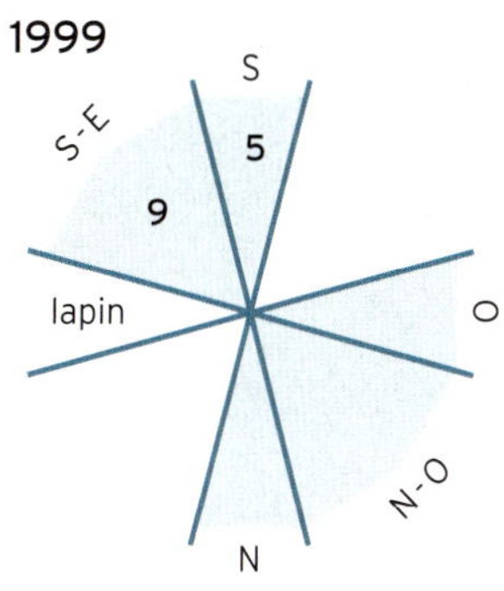

Les travaux dans la maison
En 1999, si votre Nine Ki est 9, vous devrez éviter les travaux au sud (position du 5), au nord (zone opposée au 5), au sud-est (position du 9), au nord-ouest (zone opposée au 9) et à l'ouest (zone opposée au lapin).

Les outils du Feng Shui

À l'aide d'un simple plan, que vous pouvez établir vous-même, il vous sera facile de mettre en pratique les principes du Feng Shui dans votre maison.

Pour mettre en application dans votre maison les principes du Feng Shui, vous devez savoir comment s'y répartissent les énergies ; il vous faut donc déterminer les différentes directions et les types de Ch'i qui y transitent. Pour ce faire, il vous est nécessaire d'établir un plan fidèle de votre habitation, sur lequel vous superposerez la « roue des Huit Directions ». Il est indispensable de porter sur ce plan toutes les indications utiles au Feng Shui (voir ci-contre).

Nous utilisons dans cet ouvrage les termes « votre maison », mais il peut bien évidemment s'agir d'un appartement. Dans ce cas, votre plan concernera uniquement la surface que vous occupez. Nous aborderons dans la suite de cet ouvrage les problèmes particuliers posés par les immeubles.

Le matériel

LE PLAN DE VOTRE HABITATION

Si votre maison possède plusieurs étages, établissez un plan pour chaque niveau. Pour vous faciliter le travail, utilisez du papier millimétré (voir ci-dessous). Dessinez tous les murs et cloisons intérieurs, les portes, les fenêtres, les cages d'escalier, les cheminées. Signalez également les détails importants (voir p. 76 à 78), comme les angles en saillie, les plafonds mansardés ou les poutres apparentes, et indiquez les emplacements de l'évier, de la cuisinière, de la baignoire, de la douche, des toilettes, etc. Enfin, positionnez les gros meubles (lits, bureaux, canapés, tables et chaises...).

L'étape suivante consiste à déterminer le centre de votre maison (voir p. 44) et celui des pièces principales (en particulier lorsqu'elles remplissent plusieurs fonctions, comme une cuisine/salle à manger).

Il vous reste à superposer correctement le calque portant la roue des Huit Directions (voir p. 45 et 46), de façon à définir la répartition des différentes énergies.

Établir un plan

MESURER LES PIÈCES

Utilisez un long mètre métallique à enrouleur et notez la longueur et la largeur de chaque pièce, des dégagements, des escaliers, etc. Mesurez le cas échéant les alcôves et vérandas.

Convertissez ces mesures en fonction d'une échelle simple (par exemple : 1 m = 1 cm). Ainsi, si l'une de vos pièces mesure 5,20 x 3,50 m, vous obtiendrez un rectangle de 5,20 x 3,50 cm.

Tracez votre plan sur papier millimétré. En respectant l'échelle, ajoutez les fenêtres, les portes, les débarras, les placards et les éléments de la cuisine. Indiquez le sens d'ouverture des portes.

N'oubliez pas les détails importants
Indiquez sur votre plan tous les éléments importants en termes de Feng Shui (voir ci-dessus). Utilisez des couleurs différentes pour distinguer ceux qui sont fixes et mobiles, et ceux qui posent des problèmes particuliers.

Trouver le centre

Pour déterminer les différentes directions dans votre maison, vous devez d'abord trouver le centre de chaque pièce. C'est simple lorsqu'il s'agit d'un rectangle ou d'un carré, mais cela s'avère beaucoup plus compliqué pour les surfaces irrégulières. Il existe une formule mathématique pour y parvenir, mais la solution la plus rapide consiste à rechercher le point d'équilibre à l'aide d'une longue épingle.

Trouver le centre d'un carré ou d'un rectangle
Il suffit de tracer les diagonales. Le centre se situe à leur point d'intersection.

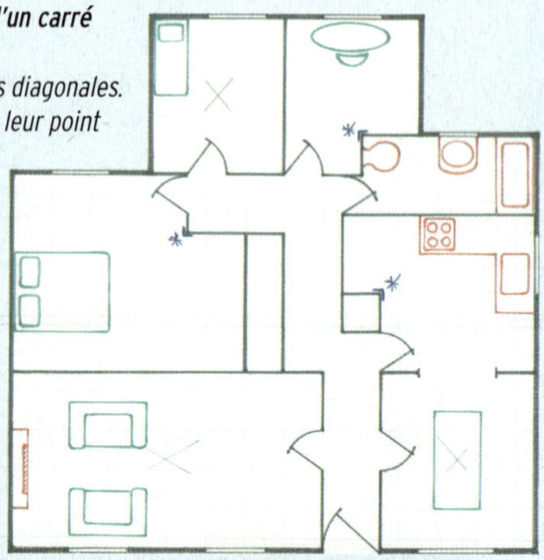

Trouver le centre d'une surface irrégulière
Photocopiez votre plan et collez-le sur une feuille de bristol avant d'en découper les contours. Tenez cette carte à l'horizontale, et essayez de trouver le point d'équilibre à l'aide d'une longue épingle. Lorsque vous y êtes parvenu, transpercez le bristol et reportez l'emplacement du centre sur votre plan.

Trouver le centre d'une surface en L
Si vous ne parvenez pas à trouver le centre, sans doute celui-ci est-il situé à l'extérieur de la surface. Collez un morceau de papier de faible grammage entre les deux branches du L et utilisez la technique de l'épingle. Le papier doit être suffisamment léger pour ne pas fausser le résultat.

Reporter la roue des Huit Directions

La roue des Huit Directions figure à la page suivante. La direction exacte du nord y est clairement indiquée. Reportez-la sur une feuille d'acétate ou de papier calque ou utilisez un rapporteur et un compas ; découpez-la, puis appliquez-la sur votre plan. Cherchez ensuite la direction du nord. Certaines écoles de Feng Shui usent d'une boussole spéciale, ou Lo'Pan. Nous nous contentons ici d'une boussole standard.

POUVEZ-VOUS FAIRE CONFIANCE À VOTRE BOUSSOLE ?

Les objets qui contiennent du fer, des métaux ou des composants électriques, les citernes ou les conduites de gaz perturbent le fonctionnement de la boussole. Choisissez une pièce « fiable » de votre maison pour reporter la roue des Huit Directions sur votre plan.

Trouver le nord sur un plan (ci-contre à droite)
Posez votre plan sur une surface plane de façon que les murs de la pièce soient parallèles à ceux de votre plan. Positionnez la boussole en faisant coïncider son centre avec celui du plan. Repérez la direction du nord et tracez une ligne de ce point jusqu'au centre.

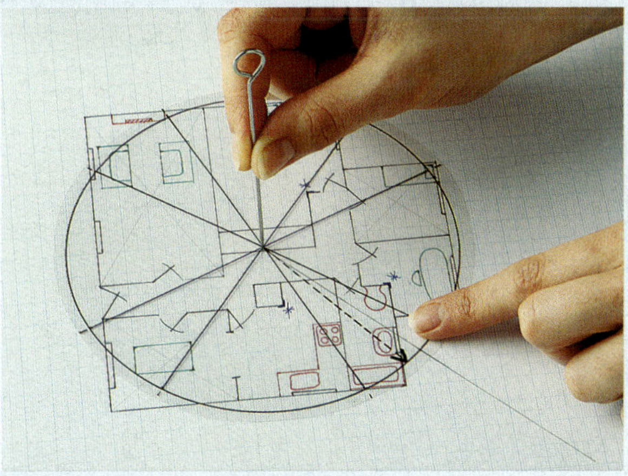

Positionner la roue des Huit Directions
Posez la roue des Huit Directions sur votre plan de façon que les centres coïncident. Plantez une aiguille à ce point, puis faites tourner la roue afin que les deux lignes du nord soient superposées.

Utilisez la même méthode pour définir les directions dans chacune de vos pièces principales.

Reporter les directions
Marquez au crayon les limites des Huit Directions sur votre plan, puis ôtez le support transparent. Tracez ensuite clairement les lignes délimitant les différentes directions en joignant le centre à vos repères.

La roue des Huit Directions

La roue qui figure ci-dessous vous permettra de déterminer les zones d'énergie Ch'i dans votre maison (voir p. 44 et 45). D'autres écoles de Feng Shui utilisent des méthodes différentes. Certaines divisent le cercle en 8 arcs de 45°, d'autres selon quatre angles de 30° et quatre de 60°, d'autres enfin font coïncider les Huit Directions avec les douze animaux de l'astrologie chinoise. Je vous propose ici ma méthode.

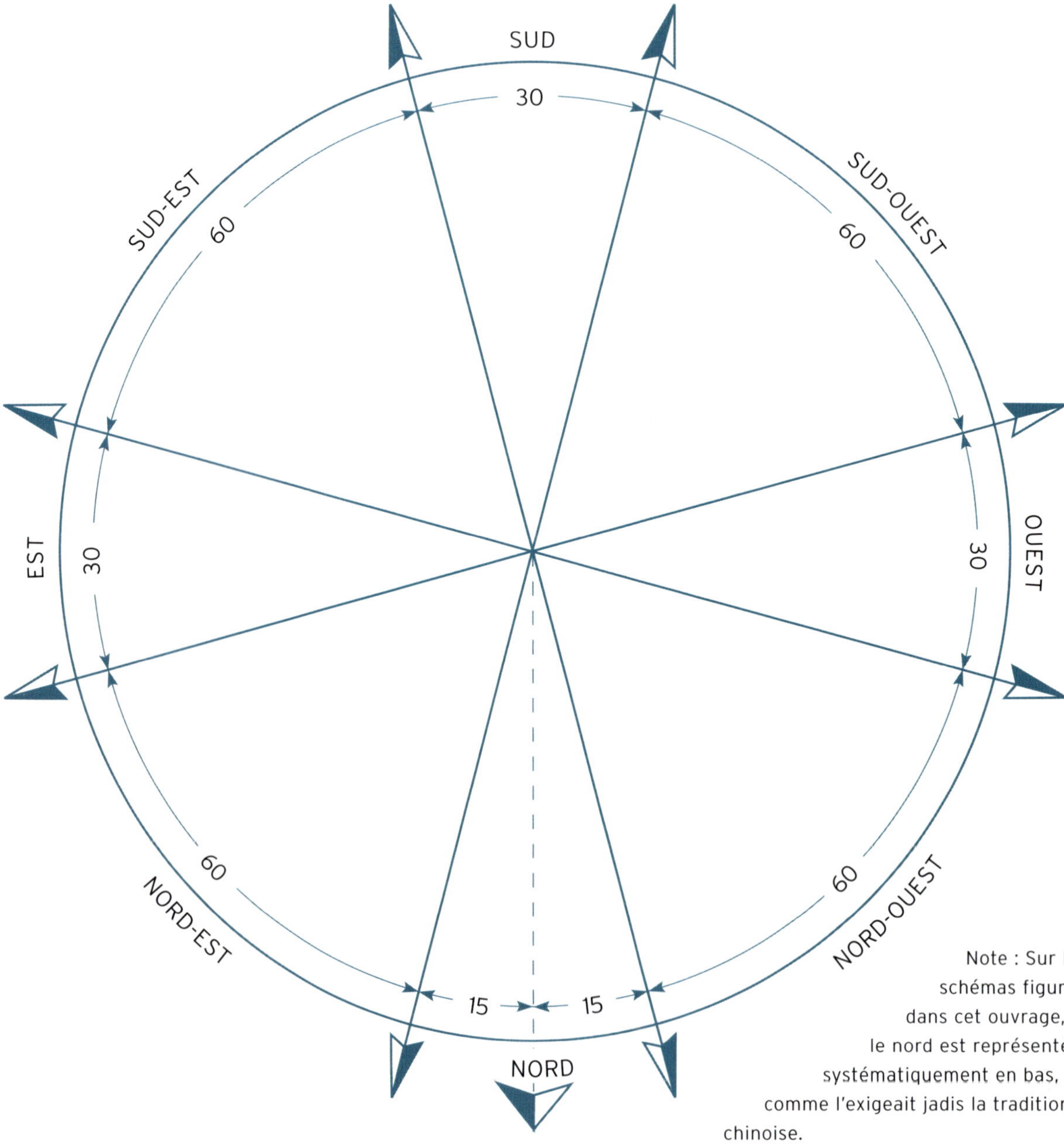

Note : Sur les schémas figurant dans cet ouvrage, le nord est représenté systématiquement en bas, comme l'exigeait jadis la tradition chinoise.

2

Votre maison et ses environs

L'architecture et l'environnement ont une grande influence sur la circulation du Ch'i à l'intérieur de votre maison ; ces facteurs peuvent avoir une influence bénéfique ou néfaste sur votre existence.

La forme et la structure d'une maison

La configuration et la structure de votre maison ont une influence sur les courants d'énergie qui affectent votre vie. Cette influence sera d'autant plus profonde que vous habiterez longtemps au même endroit.

Lorsque vous pénétrez dans une construction, quelle qu'elle soit, vous prenez rapidement conscience de l'atmosphère qu'elle dégage. Un immeuble long et étroit, par exemple, laisse une impression totalement différente de celle d'un bâtiment plus trapu. Cela est dû en grande partie au fait que le Ch'i n'y circule pas de la même manière, en raison de facteurs divers comme les matériaux qui ont servi à la construction, la forme plus ou moins régulière du plan, la façon dont s'équilibrent les huit types d'énergie et l'exposition au soleil.

La forme d'une maison a une grande importance en termes de Feng Shui. Comme tout autre objet, elle diffuse en effet sa propre énergie. Il existe des formes plus ou moins bénéfiques ; en général, une habitation en L est considérée comme néfaste, mais il reste possible de corriger les flux d'énergie négative par une disposition judicieuse des pièces : il est ainsi recommandé de réserver aux chambres à coucher la branche la plus courte du L. Des plantes vertes dans cette partie de la maison sont également considérées comme favorables à une vie harmonieuse. Il ne faut en outre pas ignorer que les facteurs culturels ont une grande influence sur la manière dont on perçoit une construction : certaines formes rédhibitoires dans un pays peuvent parfaitement sembler tout à fait harmonieuses dans d'autres parties du monde.

SURFACES ET MATÉRIAUX

Des matériaux dont sont constitués les murs dépend la vitesse à laquelle circule le Ch'i tant à l'intérieur qu'à l'extérieur d'une maison, ce qui a une influence directe sur l'atmosphère qui y règne. Signalons à cet égard que, dans certains quartiers, les façades de tous les immeubles portant un revêtement identique – brique, pierre ou bois –, l'énergie est donc relativement homogène sur tout un pâté de maisons.

Les surfaces très yang (voir ci-contre) accélèrent le flux d'énergie et sont surtout utilisées pour les constructions à vocation commerciale. Les maisons destinées aux habitations, quant à elles, sont plus yin.

Certains problèmes surgissent pourtant lorsqu'un immeuble de bureaux par exemple, aux façades entièrement revêtues de verre et d'acier, est édifié dans une zone résidentielle. Les habitants du quartier se sentent parfois tendus, irritables ou agressifs.

Les matériaux de construction

En termes de Feng Shui, les meilleurs matériaux sont ceux qui laissent pénétrer le flux bénéfique du Ch'i au sein des habitations sans favoriser la formation d'humidité qui empêche l'énergie de circuler librement. Comme tous les matériaux, ceux que l'on utilise couramment en construction possèdent à la fois des propriétés yin et yang.

Les matériaux les plus yang, comme la pierre, sont à la fois durs et très denses. Lorsqu'ils sont utilisés pour les murs extérieurs, le Ch'i les traverse difficilement. Les matériaux plus yin, comme le bois, laissent facilement passer l'énergie. Ainsi, une maison aux épais murs de pierre subira-t-elle moins l'influence de l'environnement qu'une autre à la légère façade de bois. Les briques constituent quant à elles un moyen terme entre ces deux extrêmes.

Enfin, les éléments synthétiques utilisés pour l'isolation constituent une barrière pour le Ch'i. Les plastiques sont chargés d'électricité statique qui contrarient les courants énergétiques. Évitez au maximum ce type de revêtements.

Le bois
C'est le plus yin des matériaux de construction. Il provient des arbres, et constitue le plus vivant des composants d'un bâtiment.
Les essences sombres, comme l'acajou, sont plus yang; celles qui sont moins denses et plus légères, comme le pin, sont plus yin.

La brique
Constituée d'argile, elle est moins dure et plus poreuse que la pierre et, de manière générale, plus yin.
Cependant, la brique nue à l'intérieur des bâtiments ralentit le flux de Ch'i et favorise sa stagnation. Enduite de plâtre, elle constitue une surface lisse qui facilite la circulation d'énergie.

Les panneaux préfabriqués
Couramment utilisés dans les constructions modernes, ils sont plus yang que la brique.
Sans être vraiment néfastes, ils contiennent souvent des matériaux isolants qui détournent le flux de Ch'i.
Dans les immeubles, ils sont constitués de béton à l'extérieur et de plâtre à l'intérieur, ce qui favorise la circulation d'énergie.

La pierre
Les pierres dures comme le granit sont plus yang que les pierres tendres comme le calcaire, par exemple. Un mur de surface trop inégale peut disperser l'énergie.
À l'intérieur, la pierre nue diffuse le Ch'i dans toutes les directions, ce qui évite la stagnation.
Les constructions doivent posséder de grandes portes et fenêtres pour faciliter la pénétration du Ch'i.

Le verre
À la fois dur, lisse et brillant, le verre possède beaucoup de qualités yang, mais il permet au Ch'i de pénétrer facilement dans les constructions grâce à la lumière qu'il laisse passer. Il a tendance à accélérer la circulation d'énergie. Dans les immeubles d'habitation, placez des rideaux et des plantes vertes derrière les vitres pour ralentir ce flux.

FENG SHUI PRATIQUE

Éviter les disputes

Si votre maison est le théâtre de fréquentes disputes, peut-être faut-il en chercher la raison dans l'existence d'une extension vers le sud. L'élément qui gouverne le sud est en effet le feu, symbole de passion, dont l'influence est atténuée par le Ch'i du sol. Disposez dans cette zone des objets en relation avec le sol, par exemple une longue jardinière d'argile emplie de plantes basses. Le jaune étant la couleur associée au sol, vous pouvez égayer la pièce de fleurs de cette teinte.

EXTENSIONS ET RENFONCEMENTS

Beaucoup de maisons sont de forme rectangulaire, mais nombreuses sont celles qui présentent une partie en saillie, ou encore un vide, par rapport à la surface de base. En termes de Feng Shui, il est important de déterminer si votre habitation présente un « plus » ou un « moins » vis-à-vis du rectangle parfait : mesurez la longueur du bloc surajouté : s'il occupe moins de 50 % du côté auquel il est accolé, il s'agit d'une extension ; dans le cas contraire, les architectes parlent d'endentement ou de renforcement. En fonction de leur taille et de leur orientation, l'un et l'autre peuvent être bénéfiques ou néfastes pour votre maison.

EFFETS POSITIFS ET NÉGATIFS

D'une manière générale, une extension accroît l'énergie dominante dans cette partie de la maison et un renfoncement la tempère. Ainsi, une extension trop importante risque de créer un déséquilibre ; en revanche, si elle reste de taille raisonnable, elle peut être bénéfique dans certaines conditions. Le tableau des pages 52 et 53 indique les principaux avantages et désavantages que vous pouvez attendre des extensions et renfoncements, en fonction de la direction dans laquelle ils sont situés. Si votre maison est orientée selon l'un des schémas qui y sont présentés, sans doute y trouverez-vous des solutions pour améliorer votre bien-être.

Ainsi par exemple, une extension au nord-ouest de votre habitation, renforcera le Ch'i du chef de famille. Si ce dernier a le vent en poupe et que ses relations avec les autres membres de la maisonnée sont bonnes, cette disposition se révélera bénéfique. En revanche, s'il est dans une mauvaise passe et que cela affecte le reste de la famille, l'extension est sans doute trop importante.

Les renfoncements ont généralement assez mauvaise réputation, mais ils peuvent avoir un effet positif s'ils restent de petites dimensions. Un renfoncement orienté au nord, par exemple, tempérera le Ch'i qui domine la vie spirituelle et conduit habituellement à rechercher la tranquillité ; cela peut dynamiser temporairement certaines personnes par trop léthargiques.

Il existe des solutions pour la majorité des problèmes ; un grand miroir sur le mur intérieur d'un renfoncement peut compenser visuellement le vide en reflétant le reste de la pièce ; ou encore, une profusion de plantes disposées à l'extérieur de la maison pour meubler le vide créé par l'endentement permettra d'évacuer en partie les énergies négatives ; une haie suffisamment compacte peut constituer un mur de verdure qui complétera symboliquement le rectangle tronqué. L'utilisation judicieuse des Cinq Éléments (voir p. 28 et 29) et des couleurs des Huit Directions (voir ci-contre) peut également être efficace.

Extensions et renfoncements : les solutions

Placez la roue des Huit Directions sur le plan de votre maison (voir p. 44 et 45) de façon à déterminer dans quelle zone se trouve votre extension ou votre renfoncement.
Le tableau des deux pages suivantes vous indiquera les effets que vous pouvez en attendre.
Si vous connaissez certains problèmes, le Ch'i est probablement trop puissant s'il s'agit d'une extension, et trop faible dans le cas d'un renfoncement.
Vous pouvez utiliser les Cinq Éléments pour contrebalancer ces déséquilibres. En vous reportant au schéma ci-contre, définissez quel est celui des éléments que vous devez atténuer ou au contraire renforcer pour rétablir un flux harmonieux du Ch'i (voir p. 27 les relations des éléments entre eux).
De plus, vous pouvez introduire dans le décor et l'ameublement de votre extension ou de votre renfoncement les couleurs associées à chacune des Huit Directions, de façon à atténuer l'influence trop stimulante ou au contraire lénifiante de la zone concernée (voir p. 123).

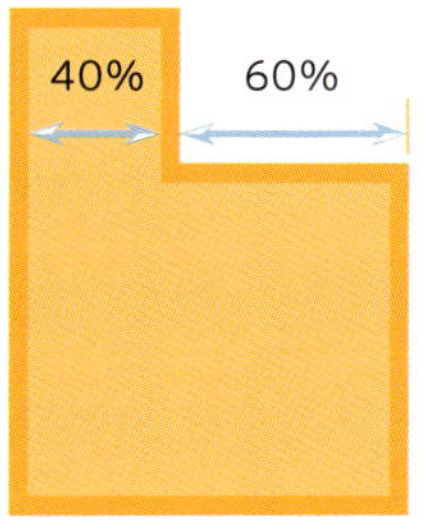

Les extensions
Si la pièce rapportée occupe moins de 50 % du côté auquel elle est accolée, il s'agit d'une extension.

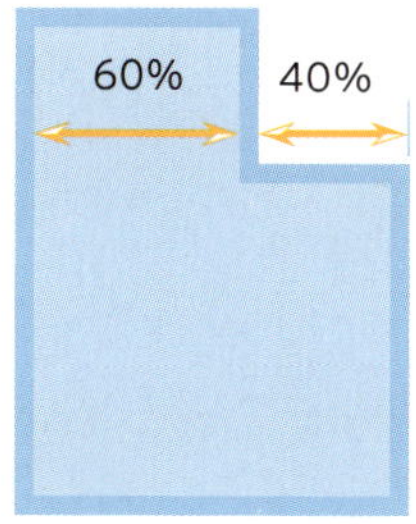

Les renfoncements
Si le « vide » créé par la pièce rapportée occupe moins de 50 % du côté qu'il jouxte, c'est un renfoncement.

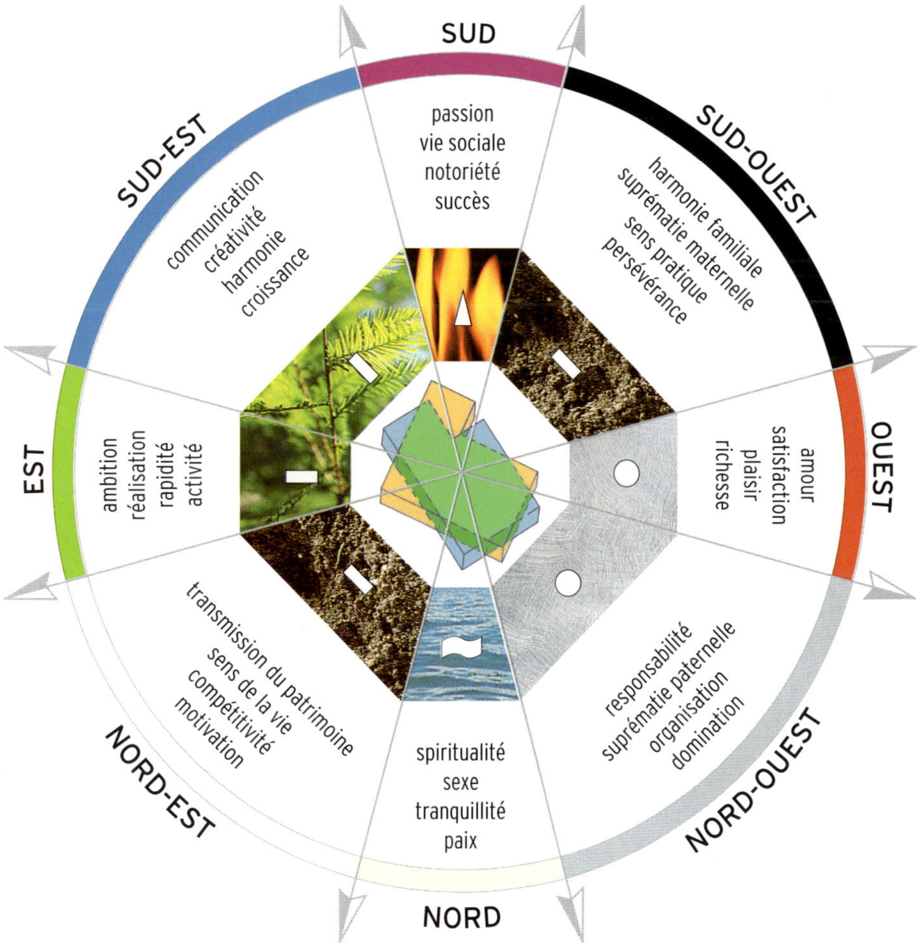

LES EXTENSIONS

NORD

Une petite extension renforce le Ch'i associé à l'eau, à la nuit et à l'hiver, créant une atmosphère paisible et favorisant la spiritualité. Elle peut vous aider à trouver le calme et un isolement salutaire, mais elle risque aussi de vous mettre en retrait du monde. Ce type de construction peut convenir aux personnes âgées qui ne sortent guère. Elle favorise aussi la fertilité.

Une grande extension peut vous plonger dans l'isolement et la morosité. Vous risquez de souffrir de la solitude, de connaître une diminution de vos revenus, de vous trouver mêlé à un scandale sexuel ou d'être atteint d'une MST.

NORD-EST

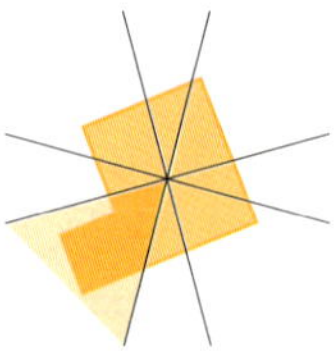

Une petite extension accentue votre motivation, augmente votre assurance et améliore votre capacité de travail. Mais des perturbations subites du Ch'i sont possibles, et cette direction n'est en principe guère favorable.

Une grande extension peut submerger la maison sous le Ch'i du nord-est, déstabilisant ainsi toute l'habitation. Cela peut être source d'infortune et vous rendre particulièrement vulnérable aux influences néfastes. Vous risquez en outre de devenir trop matérialiste, voire avare.

EST

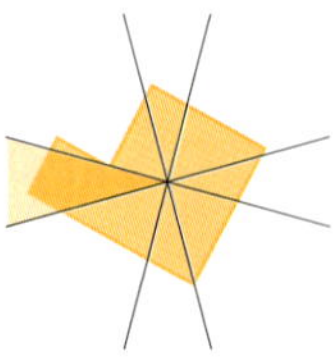

Une petite extension favorise l'activité et est bonne pour votre carrière ou vos affaires. Elle peut être particulièrement bénéfique pour les jeunes gens qui entrent dans la vie active, ainsi que pour les enfants, notamment le fils aîné.

Une grande extension peut vous rendre hyperactif, à tel point que vous serez incapable de vous relaxer. Dans votre soif de réussite, vous risquez de précipiter les choses, ou encore de devenir trop ambitieux et de vous fixer des objectifs irréalistes qui vous conduiront à la frustration et au désappointement.

SUD-EST

Une petite extension favorise le Ch'i qui préside à l'harmonie. Cette position est bénéfique pour l'activité, la réussite d'une carrière ou des affaires. Dans une famille, ce type d'extension est bon pour les filles, en particulier si elles ont des projets de mariage. De manière générale, la prospérité et le bien-être règne dans une telle construction.

Une grande extension peut conduire à un excès d'activité menant à l'épuisement et vous rendre incapable de préserver l'harmonie de votre vie. Vous risquez de devenir paresseux et de connaître des problèmes professionnels.

LES RENFONCEMENTS

NORD

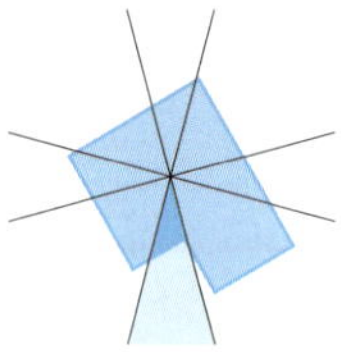

Ce type de renfoncement peut affecter la vitalité d'un individu, en particulier sur le plan sexuel. Il est également en relation avec les maladies de l'appareil reproducteur et peut causer des problèmes de fertilité.

NORD-EST

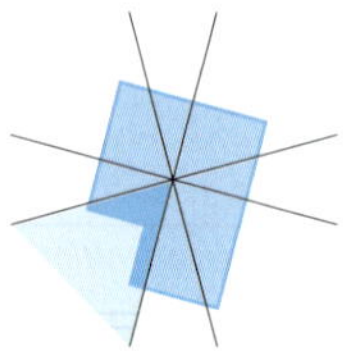

Un petit renfoncement peut constituer un avantage quoiqu'une forme pleine soit généralement plus favorable.

Un grand renfoncement peut être à l'origine d'une faible motivation et de problèmes pour fonder une famille. Il peut aussi causer des problèmes d'héritage.

EST

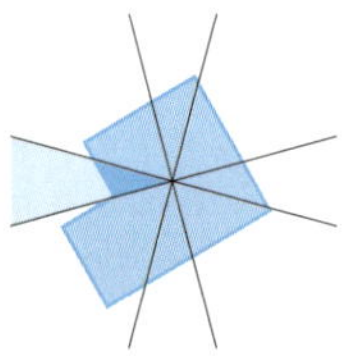

Ce type de renfoncement amène des problèmes chez les enfants de la famille, en particulier chez le fils aîné. Il peut susciter un manque d'ambition, un retrait sur soi-même, une incapacité à provoquer l'événement.

SUD-EST

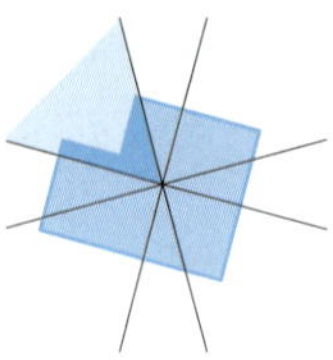

Un grand renfoncement peut provoquer une rupture totale de l'harmonie du foyer. Il est de très mauvais augure pour la pérennité de la vie familiale.

LES EXTENSIONS

SUD

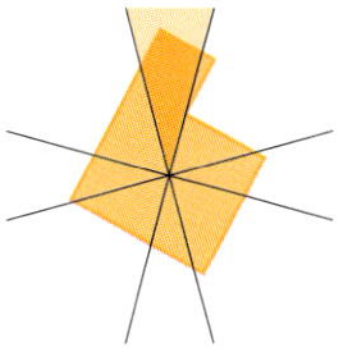

Une petite extension apporte le succès et la reconnaissance sociale. Elle peut aussi vous rendre plus actif et sociable, et vous aidera particulièrement dans les relations publiques.
Une grande extension conduit à des ambitions démesurées et vous apportera inévitablement des frustrations. Elle peut aussi vous amener à vous laisser dominer par vos émotions et à vous brouiller avec votre famille et vos amis. La vie n'est pas de tout repos dans une maison qui présente un excès de Ch'i dans cette zone.

SUD-OUEST

Une petite extension favorise l'harmonie familiale et vous rendra plus pratique et méthodique. Cependant, cette extension est située sur le même axe que le nord-est, ce qui peut perturber l'équilibre des flux d'énergie.
Une grande extension crée un puissant flux d'énergie qui profite surtout à la mère ou à la femme la plus âgée. Elle devient ainsi une figure dominante, parfois au détriment des autres membres de la famille. En Extrême-Orient, ce type d'habitation est parfois appelé « maison de la veuve », car le Ch'i de la femme est si important qu'il ne laisse nulle place pour un mari.

OUEST

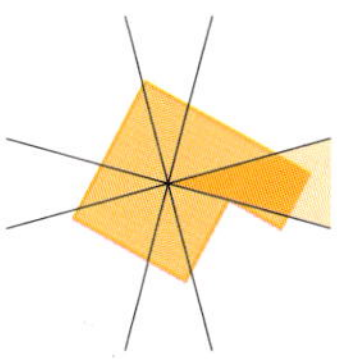

Une petite extension peut améliorer vos revenus ou vous permettre d'obtenir des prêts, car cette direction est associée au Ch'i de la moisson.
Cette configuration est également favorable au mariage, surtout pour les femmes, et contribue à entretenir une atmosphère conviviale et accueillante, surtout le soir.
Une grande extension peut conduire au gaspillage et aux conséquences qu'il implique, ainsi qu'à la recherche excessive du plaisir. La famille entière en sera affectée, mais ce sont surtout les jeunes femmes qui manifestent ces tendances.

NORD-OUEST

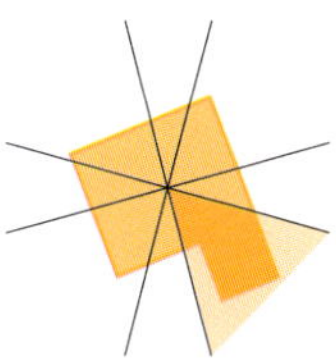

Une petite extension favorise le sens de l'organisation et la planification : elle est bénéfique pour se lancer dans les affaires ou une nouvelle carrière. Elle peut vous aider à gravir les échelons dans votre travail et à accéder à une position de direction, et est particulièrement positive pour le père ou la personne la plus âgée de la famille.
Une grande extension accroît le pouvoir du père - ou de la personne la plus âgée - sur les autres membres de la famille ; il peut alors devenir arrogant, désagréable et extrêmement autoritaire.

LES RENFONCEMENTS

SUD

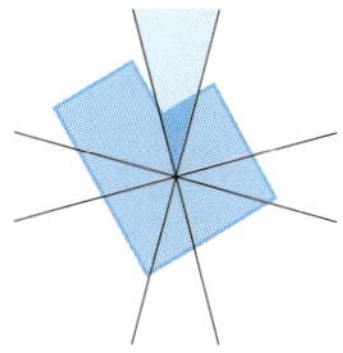

Un renfoncement de ce type peut vous mettre en butte aux poursuites juridiques et aux problèmes avec la loi. Il risque aussi de vous faire perdre toute spontanéité, toute flamme. Vous n'attirerez guère l'attention et la reconnaissance sociale.

SUD-OUEST

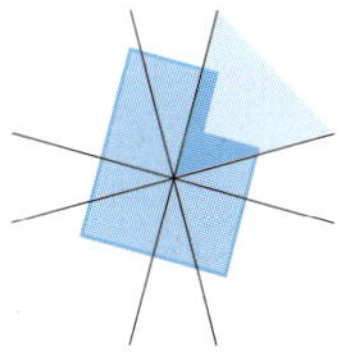

Ce renfoncement affaiblit le Ch'i associé à la mère ou à la femme la plus âgée. Il peut provoquer une sensation d'insécurité, favoriser la jalousie et perturber l'harmonie familiale.

OUEST

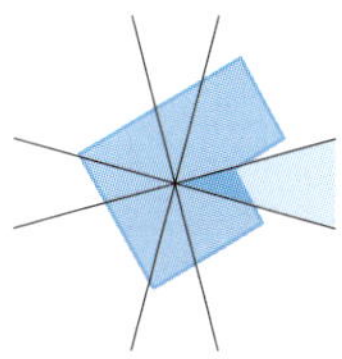

Un tel renfoncement peut susciter un sentiment de mécontentement, en particulier chez les jeunes filles et les femmes. Une femme célibataire aura sans doute des difficultés à engager une relation, car le Ch'i qui gouverne la vie sentimentale n'est guère puissant.

NORD-OUEST

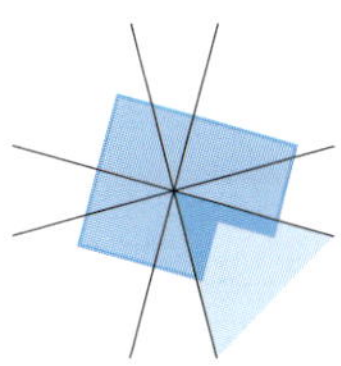

Un renfoncement dans cette zone n'est pas favorable au père ou à la personne la plus âgée. Ce type d'habitation mérite également le nom de « maison de la veuve », car le Ch'i affaiblit le mari et le rend vulnérable aux maladies.

FENG SHUI PRATIQUE

Manque de motivation ?
Si vous ne vous sentez guère motivé par ce qui vous arrive, reportez-vous au plan de votre maison. Si la zone nord-est n'en occupe qu'une faible partie, vous avez trouvé la source de votre apathie.
Vous pouvez renforcer le Ch'i du sol dans cette zone en y introduisant sa couleur (le blanc), son symbole (la montagne) et en privilégiant les éléments de la terre et du feu.
Pour cela, ornez la pièce d'une sculpture blanche, accrochez au mur une gravure représentant une montagne enneigée, achetez une plante aux fleurs immaculées ; si vous avez une cheminée - de préférence en pierre - faites de belles flambées ou disposez des éléments décoratifs de couleur rouge ou violette. Si vous manquez de place, une bougie blanche dans un chandelier violet à motifs étoilés constitue une solution à la fois simple et efficace.

ÉQUILIBRER LES HUIT TYPES DE CH'I

Il est souhaitable de réunir dans un équilibre harmonieux les différents types d'énergie au sein d'une maison. Pour cette raison, les constructions de forme circulaire ou octogonale sont en principe idéales, car elles absorbent de manière identique le Ch'i des Huit Directions. Il faut bien admettre cependant qu'elles ne sont pas légion, et que les bâtiments rectangulaires sont les plus courants ; plus leur forme se rapproche de celle du carré, plus les différentes sources d'énergie sont en harmonie. Quant aux constructions en L, il est fréquent que leur centre se situe à l'extérieur de leurs murs ; de ce fait, certaines formes d'énergie en sont totalement absentes. D'autres habitations, de forme longue et étroite, sont dominées par quelques types de Ch'i, les autres étant pratiquement inexistants.

Pour comprendre comment se répartit l'énergie dans votre maison, utilisez le plan sur lequel vous avez reporté la roue des Huit Directions. Vous repérerez d'un seul coup d'œil les zones où le Ch'i est en quantité insuffisante. Vous pouvez également réfléchir aux problèmes que vous rencontrez dans votre vie quotidienne. Si la solitude est l'un d'entre eux, par exemple, examinez la zone nord de votre plan ; si votre habitation y est située, votre sentiment d'isolement trouve sans doute là sa source. Enfin, essayez de rencontrer les précédents occupants de la maison pour leur demander quelles étaient leurs éventuelles difficultés.

Dans presque tous les cas, il est possible de corriger une mauvaise distribution du Ch'i dans une habitation. Les remèdes sont les mêmes que pour les extensions et les endentements (voir p. 50 à 53) ; là encore, vous pouvez jouer sur la répartition des objets auxquels sont associés les Cinq Éléments (voir p. 28 et 29).

L'EXPOSITION D'UNE MAISON

Les rayons du soleil font entrer l'énergie au cœur de votre maison et l'exposition de cette dernière peut favoriser ou réduire de manière conséquente cet apport. La taille, l'emplacement et le nombre des fenêtres ont également leur importance. Si une pièce de votre habitation ne reçoit jamais ou très rarement le soleil, l'énergie risque de stagner et l'humidité de s'installer.

QUESTION DE FORME

Si une construction en L est mal orientée, certaines pièces seront à l'ombre toute la journée. De même, si un renfoncement est tourné vers le nord, aucun de ses murs ne verra le soleil (voir ci-contre). À l'inverse, s'il est orienté plein sud, il constituera un « piège à soleil » où se concentrera l'énergie yang, favorable à l'activité. Il est évident que les façades les plus longues des constructions sont davantage exposées au rayonnement solaire, et qu'elles déterminent de manière significative le type d'énergie qui prédominera chez vous. Si elles sont à l'est et à l'ouest, votre habitation recevra l'énergie du lever et du coucher du soleil. Si vous avez assez de fenêtres et que rien n'entrave ses rayons, le soleil levant peut vous apporter le dynamisme indispensable pour former de nouveaux projets, et vous projeter dans le futur. Le couchant peut quant à lui vous aider à décompresser après une journée de travail.

SI VOUS REGARDEZ PLEIN NORD

Si toutes les fenêtres d'un appartement sont orientées au nord, il ne bénéficie sans doute d'aucun rayonnement direct du soleil et il y règne une atmosphère humide, où le Ch'i circule difficilement. Ses habitants risquent alors de connaître différents problèmes, dont la solitude, une carrière en dents de scie, un manque de vitalité ou une santé défaillante.

Si tel est votre cas, il est important de trouver des moyens d'optimiser le flux énergétique à l'intérieur de votre maison. Si cela vous est possible, faites percer des fenêtres au sud ou installez des verrières dans le toit. Sinon, privilégiez les cheminées, allumez des bougies, en particulier dans les pièces situées au nord-est, cultivez des plantes (choisissez des variétés qui se contentent de peu de lumière) et n'encombrez pas trop l'espace. Il est aussi conseillé de s'entourer de bois (planchers, meubles), de multiplier les miroirs et de suspendre des carillons métalliques qui tinteront au moindre souffle de vent à l'ouest, au nord-ouest et au nord.

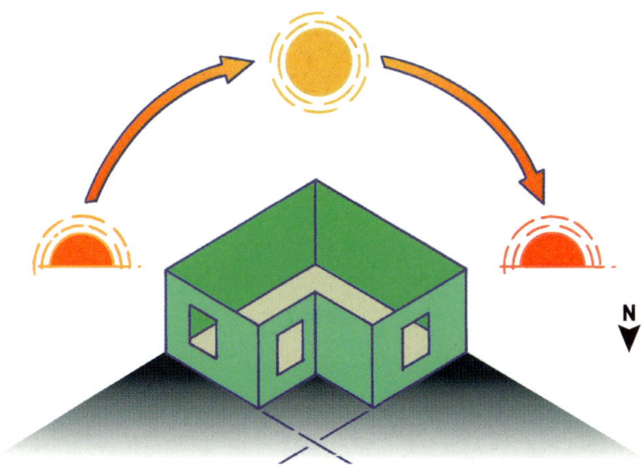

Mauvaise exposition au soleil
La forme en L de cette maison et l'orientation au nord des fenêtres se combinent pour interdire à la lumière d'y pénétrer durant la majeure partie de la journée.

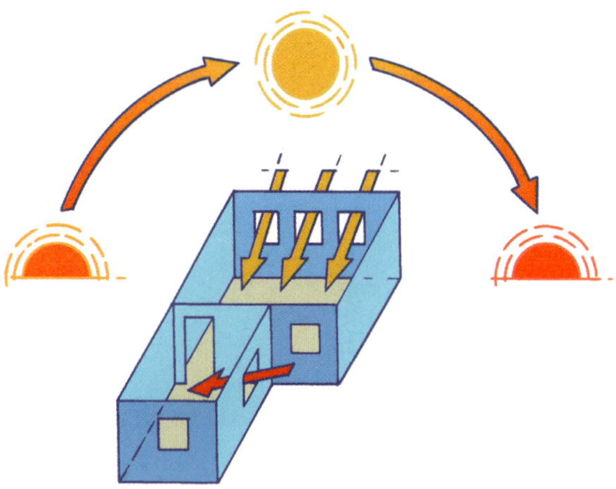

Bonne exposition au soleil
Ici, le soleil du sud pénètre directement dans la maison grâce à plusieurs fenêtres bien orientées. Le nord reste dans l'ombre la plus grande partie de la journée, mais les rayons du couchant inondent l'extension dans la soirée.

L'environnement

Le Ch'i qui circule dans une maison est affecté par l'environnement. Les bâtiments voisins, les routes et tous les éléments du paysage ont de ce fait une influence sur le cours de votre existence.

Votre environnement affecte votre maison de différentes manières. Les constructions du voisinage, mais aussi certains éléments du paysage comme les cours d'eau, les arbres, les collines, ou encore l'ensemble du quartier où vous vivez, sont à prendre en compte.

Même la disposition des rues a son importance. Dans les lotissements par exemple, les maisons sont toutes semblables et regardent dans la même direction. Beaucoup de leurs habitants disposent leurs meubles de la même manière. Cela explique sans doute la relative convivialité qui règne dans ce type d'habitat. De même, les constructions qui bordent certaines rues sont toutes orientées dans une direction favorable. Ainsi, dans les rues allant du nord au sud, les maisons font face soit à l'est, soit à l'ouest, ce qui est bénéfique dans les deux cas. En revanche, si la rue est mal orientée, tous ses habitants s'en ressentiront.

De plus en plus de programmes immobiliers offrent des maisons disposées dans diverses directions de façon que les habitants aient la possibilité d'exprimer leurs préférences. Cela nuit sans doute à l'esprit communautaire, mais le danger le plus important en termes de Feng Shui est le fait que le flux du Ch'i risque d'être perturbé par cette répartition arbitraire (voir p. 62).

Dans les zones rurales, les maisons sont suffisamment éparpillées et éloignées les unes des autres – de surcroît entourées de végétation – et de tels problèmes se posent rarement.

LES CONSTRUCTIONS DU VOISINAGE

Certains édifices ou infrastructures peuvent avoir une influence néfaste sur les maisons du voisinage. C'est le cas des églises, des cimetières, des crématoriums, des salons funéraires et des hôpitaux, qui dégagent un Ch'i associé à la souffrance, à la maladie ou à la mort. Cependant, les églises sont également les lieux où sont célébrés mariages, baptêmes et fêtes religieuses, ce qui en annihile l'effet déprimant.

D'autres constructions « à problèmes » sont les centrales nucléaires, les bâtiments qui émettent des radiations électriques de haut voltage (centrales électriques, pylônes à haute tension et certains immeubles qui consomment beaucoup d'électricité). Certaines sont d'ailleurs à la source de problèmes de santé dans leur environnement immédiat.

Dans l'idéal, aucun de ces bâtiments ne devrait être visible depuis votre maison. Cependant, beaucoup d'individus vivent à proximité de l'un d'entre eux sans connaître le moindre problème de santé.

LES ZONES RURALES

Les formes qui sont en relation avec les Cinq Éléments (voir p.57) se retrouvent dans la nature. Nous en donnons la liste ci-dessous. Reportez-vous au tableau des p. 58 et 59 pour en découvrir les effets

EAU Lacs, rivières, ruisseaux, marais, mers.
ARBRE Arbres, bois, forêts.
FEU Montagnes escarpées, sommets élevés.
SOL Plaines, plateaux, coteaux et paysages de faible relief.
MÉTAL Collines aux formes molles et arrondies.

Les Cinq Éléments et l'architecture

Les constructions peuvent être classées en fonction du type d'énergie qu'elles dégagent (voir ci-dessous). Certains immeubles mélangent pourtant les formes, et combinent différents types de Ch'i. Un édifice plat au toit pointu, par exemple, procède à la fois du sol et du feu ; de même, un grand immeuble surmonté d'un dôme cumule les Ch'i de l'arbre et du métal.

Les Cinq Éléments peuvent avoir une influence positive ou non les uns sur les autres (voir p. 27) ; ainsi, la forme des bâtiments qui entourent votre maison se révélera, selon les circonstances, favorable ou négative pour votre vie. Si votre habitation a les mêmes caractéristiques que ses voisines, elle sera en harmonie avec elles. Des formes différentes peuvent être sources de problèmes que vous devrez tenter de résoudre. Déterminez auquel des Cinq Éléments se rattache la forme de votre maison, puis faites de même pour les constructions qui l'entourent. Le tableau des pages 58 et 59 vous permettra de définir en quoi votre environnement vous sert ou vous défavorise.

Si votre voisinage risque de vous poser certains problèmes, il existe des solutions qui font appel aux relations entre les Cinq Éléments. Choisissez la vôtre dans le tableau des pages suivantes ou reportez-vous aux pages 28 et 29. À défaut de précision, vous devez disposer l'objet qui détournera le Ch'i négatif entre votre maison et le bâtiment dont l'architecture ne vous est pas favorable.

L'eau *C'est l'élément des édifices qui réunissent différentes formes (hautes structures, bâtiments bas, dômes, etc.) ou qui présentent beaucoup de lignes courbes. Ce sont souvent des bâtiments construits à des époques successives.*

L'arbre *C'est l'élément des hautes constructions de forme élancée, comme les gratte-ciel. Certaines églises flanquées de tours élevées peuvent entrer dans cette catégorie.*

Le feu *C'est l'élément des édifices au toit pointu comme les églises avec leur clocher, ou les constructions pyramidales comme celle que l'on peut admirer dans la cour du Louvre à Paris.*

Le sol *C'est l'élément des bâtiments bas, au toit plat ou à double pente. C'est en fait la forme de beaucoup de maisons individuelles ou de petits immeubles d'habitation.*

Le métal *C'est l'élément des édifices surmontés d'un dôme, de ceux qui présentent des structures circulaires ou des arcades, comme celles que l'on peut voir dans certains cloîtres.*

ÉLÉMENTS SYMBOLES	EFFETS	SOLUTIONS
EAU élément associé : arbre	Le Ch'i de l'eau peut être atténué par celui de l'arbre provenant des constructions voisines. Cela se traduit par baisse de vitalité, anxiété et manque d'appétit sexuel.	Renforcez le Ch'i du métal et celui de l'eau (objet de métal ou de verre à l'est ou au sud-est).
EAU élément associé : feu	Le Ch'i de l'eau détruit celui du feu qui est présent dans votre environnement. Vous ne serez pas directement affecté, mais l'harmonie alentour peut être perturbée.	Renforcez le Ch'i de l'arbre (grandes plantes vertes, arbres).
EAU élément associé : sol	Le Ch'i de l'eau est détruit par celui du sol qui provient de votre environnement. Vous risquez de connaître l'anxiété, la peur et d'être constamment sur la défensive.	Renforcez le Ch'i du métal (sphères de métal doré ou argenté).
EAU élément associé : métal	Le Ch'i de l'eau est valorisé par celui du métal provenant de votre environnement. Vous vous sentirez en harmonie avec le voisinage, indépendant, spirituel et plein d'énergie. Cela peut aussi améliorer votre force intérieure et votre souplesse intellectuelle.	
ARBRE élément associé : feu	Le Ch'i de l'arbre est atténué par celui du feu. Cela peut perturber votre énergie personnelle, vous rendre moins actif, moins ambitieux et freiner votre carrière.	Renforcez le Ch'i de l'eau à l'est, ainsi que celui de l'arbre (plantes et arbustes).
ARBRE élément associé : sol	Le Ch'i de l'arbre détruit celui du sol. Vous n'en serez pas affecté directement mais cela peut susciter une certaine instabilité dans votre environnement.	Renforcez le Ch'i du feu (éclairages à l'extérieur de votre maison).
ARBRE élément associé : métal	Le Ch'i de l'arbre est détruit par celui du métal. Vous risquez d'avoir des difficultés sur le plan professionnel où à vous projeter dans le futur de manière positive.	Renforcez le Ch'i de l'eau à l'est et au sud-est.
ARBRE élément associé : eau	L'énergie de l'arbre est renforcée par le Ch'i de l'eau. Cette conjoncture est particulièrement favorable au développement de votre carrière. Elle vous aidera à atteindre vos ambitions, vous serez plus actif et plus efficace.	
FEU élément associé : sol	Le Ch'i du feu est atténué par celui du sol. Cela risque de limiter vos chances de trouver le succès ou de voir votre valeur personnelle reconnue par votre entourage.	Renforcez le Ch'i de l'arbre (plantes vertes) et du feu (éclairages extérieurs).
FEU élément associé : métal	Le Ch'i du feu détruit celui du métal émis par les bâtiments voisins. Vous n'en serez pas personnellement troublé, mais cela peut affecter la prospérité alentour.	Renforcez le Ch'i du sol (jardinière pleine de terre et plantes rampantes).

ÉLÉMENTS SYMBOLES	EFFETS	SOLUTIONS
 **FEU** élément associé : eau	Le Ch'i du feu est détruit par celui de l'eau. Vous êtes exposé aux humiliations publiques et vous risquez de faire l'objet de poursuites légales.	Accentuez le Ch'i de l'arbre (végétaux ou plantes vertes).
 **FEU** élément associé : arbre	Le Ch'i du feu de votre maison se nourrit de celui de l'arbre des constructions environnantes. Vous attirerez facilement l'attention d'autrui, et connaîtrez la notoriété et la reconnaissance pour votre travail et vos réalisations.	
 **SOL** élément associé : métal	Le Ch'i du sol est atténué par celui du métal. Vous vous sentirez en insécurité, peu sûr de vous, et vous risquez de vous quereller avec votre famille.	Accentuez le Ch'i du feu et du sol (lampes à l'extérieur et plantes basses dans un bac d'argile).
 **SOL** élément associé : eau	Le Ch'i du sol détruit celui de l'eau. Vous n'en serez guère affecté, mais la vitalité de votre environnement peut en être généralement perturbée.	Accentuez le Ch'i du métal (sphères dorées ou argentées).
 **SOL** élément associé : arbre	Le Ch'i du sol est détruit par celui de l'arbre. Vous risquez de vous sentir en insécurité et de connaître des problèmes de santé, surtout si vous êtes mère de famille.	Accentuez le Ch'i du feu dans votre maison (feu de cheminée, poêle et lumières).
 **SOL** élément associé : feu	Le Ch'i du sol est renforcé par celui du feu qui émane de votre environnement. Cette conjoncture est particulièrement favorable à une vie familiale harmonieuse dans la maison que vous avez choisie.	
 **MÉTAL** élément associé : eau	Le Ch'i du métal est atténué par celui de l'eau. Cela vous met dans une position défavorable et vous expose à certains problèmes financiers.	Accentuez le Ch'i du sol et celui du métal.
 **MÉTAL** élément associé : arbre	Le Ch'i du métal détruit celui de l'arbre. Vous n'en souffrirez pas directement, mais vos voisins connaîtront peut-être des problèmes dans leur vie professionnelle.	Accentuez le Ch'i de l'eau à l'est et au sud-est de votre maison.
 **MÉTAL** élément associé : feu	Le Ch'i du métal est détruit par celui du feu. Vous risquez de connaître de sérieuses déconvenues financières et des problèmes d'endettement liés au jeu, par exemple.	Accentuez le Ch'i du sol (jardinière pleine de plantes basses).
 **MÉTAL** élément associé : sol	Le Ch'i du métal est renforcé par celui du sol. De manière générale, cette conjoncture est favorable à tout ce qui touche l'argent et les finances.	

L'OMBRE

Le soleil inonde votre maison de lumière, de chaleur, de radiations et bien sûr de Ch'i. À mesure qu'il se déplace dans le ciel, il touche les différents côtés de votre habitation, y pénétrant par les fenêtres. Si votre maison ou votre appartement ne bénéficie jamais des rayons du soleil, le Ch'i y stagnera, ce qui rendra très difficile la mise en pratique des principes du Feng Shui. Votre maison peut être privée de soleil du fait de sa forme ou encore de la mauvaise exposition de vos fenêtres (voir p. 54 et 55). De même, si elle est située à l'ombre d'un grand immeuble, le flux d'énergie solaire ne parviendra pas jusque chez vous.

Tous ces facteurs sont importants à considérer lorsque vous envisagez d'acheter ou de louer une maison. Faites le tour du quartier à différents

D'où vient l'ombre ?

Lorsqu'une partie de votre maison est à l'ombre, cette zone manque d'un type particulier de Ch'i, qui dépend de la direction dont provient l'ombre. Par exemple, si vous avez un grand immeuble à l'est de votre maison, vous n'aurez guère de soleil le matin et vous ne bénéficierez pas du Ch'i de l'est. Fort heureusement, il existe des solutions pour remédier à ce type d'inconvénient. L'une d'entre elles est de privilégier chez vous la couleur associée à la direction concernée (voir p. 31), une autre est de renforcer la présence de celui des Cinq Éléments qui lui correspond (voir p. 28 et 29).

L'ombre vient de l'est
Le Ch'i qui favorise l'activité, l'ambition et la réussite professionnelle est perturbé.

Solutions Renforcez le Ch'i de l'arbre en installant un point d'eau - une fontaine, un bassin, à défaut un aquarium - du côté est de votre maison, soit à l'intérieur, soit dans le jardin. De grandes plantes vertes et des revêtements de bois peuvent venir en appoint.

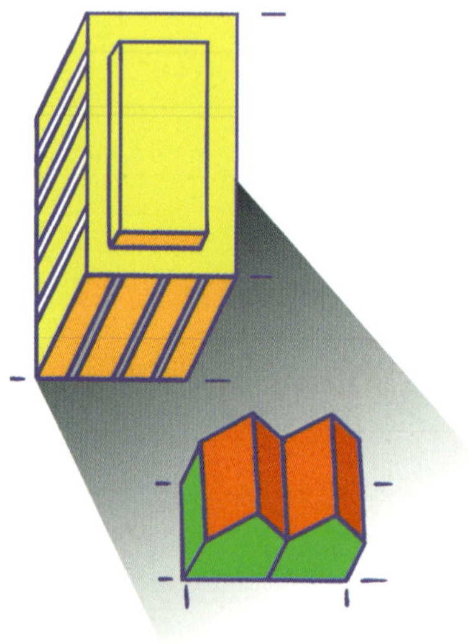

L'ombre vient du sud-est
Le Ch'i qui favorise la communication, la créativité et qui vous permet de progresser est perturbé.

Solutions L'élément associé au Ch'i du sud-est est le même que pour l'est et les solutions sont identiques, à savoir des points d'eau au sud-est de votre habitation. Les couleurs bleue et vert foncé peuvent venir en complément. Les plantes de haute taille et les revêtements de bois également.

moments de la journée pour déterminer quel sera l'ensoleillement le matin, le soir, etc.

Les critères à prendre en compte sont la hauteur des bâtiments voisins de votre maison, leur orientation et leur distance par rapport à celle-ci. Un immeuble situé à l'est ou à l'ouest est davantage susceptible de vous apporter de l'ombre, car le soleil est plus bas dans le ciel quand il transite par ces directions ; vous risquez ainsi d'avoir de l'ombre même si le bâtiment est assez éloigné de chez vous. En revanche, une construction s'élevant au sud ne devrait pas vous poser de problème, car lorsque le soleil est haut dans le ciel, l'ombre est très peu étendue. Enfin, ne vous préoccupez pas des édifices bâtis au nord, ils ne risquent pas de vous faire de l'ombre.

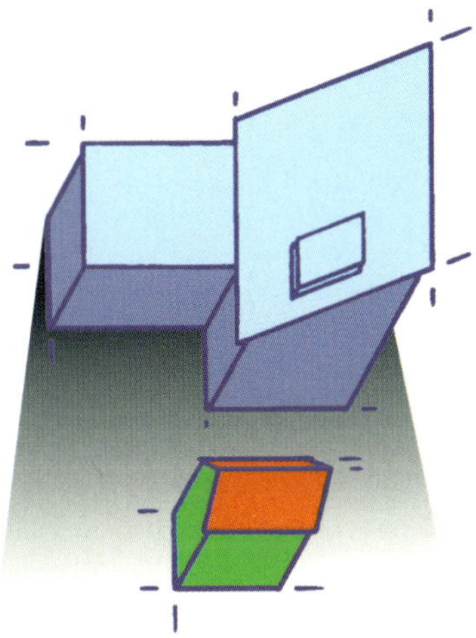

L'ombre vient du sud
Le Ch'i qui favorise l'expression des sentiments, la reconnaissance sociale et la notoriété est perturbé.

Solutions Renforcez le Ch'i du feu, grâce à une cheminée, voire des chandeliers, et des objets de couleur violette au sud de votre maison. Les grandes plantes aux feuilles découpées, de préférence de couleur pourpre, et les revêtements de bois sont bénéfiques. Les objets pointus dans le décor et le petit mobilier également.

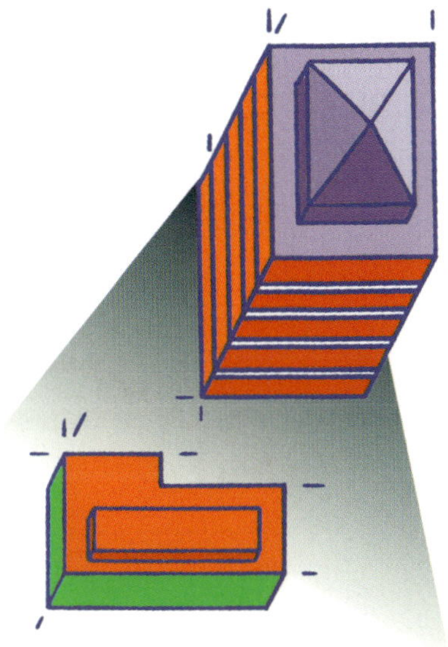

L'ombre vient du sud-ouest
Le Ch'i qui favorise la stabilité, la maternité et l'harmonie familiale est perturbé.

Solutions Renforcez le Ch'i du sol en disposant des bougies ou en installant une cheminée au sud-ouest de votre habitation. Les matériaux aux couleurs du sol peuvent participer au décor, ainsi que les plantes rampantes ou les objets de terre cuite.

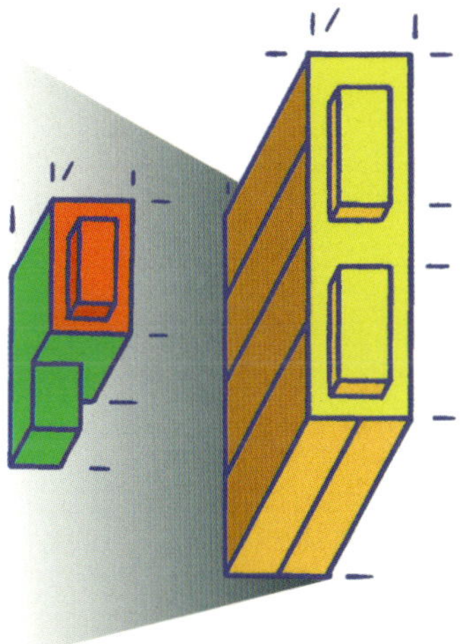

L'ombre vient de l'ouest
Le Ch'i qui favorise la vie sentimentale, le bonheur et la fortune est perturbé.

Solutions Renforcez le Ch'i du métal en installant un carillon suspendu ou une plaque circulaire dorée ou argentée à l'ouest de votre maison. Une plante aux feuilles rondes et aux fleurs rouges dans un pot de métal arrondi peut aussi être utile.

Détourner le Ch'i négatif
Comme des miroirs, les surfaces réfléchissantes renvoient le Ch'i négatif loin de votre porte d'entrée. Un bouton de porte poli, une boîte à lettres de métal brillant et une peinture laquée lumineuse peuvent remplir cet office.

LE CH'I NÉGATIF

Si l'angle d'un bâtiment voisin est dirigé vers votre maison, le Ch'i qui la parcourt risque d'être perturbé (voir p. 14). Votre énergie personnelle et celle de chaque membre de votre famille seront affectées et vous vous sentirez mal à l'aise et désorienté. Ce problème peut avoir de sérieuses conséquences, tant en ce qui concerne votre santé que les orientations que vous allez donner à votre vie.

Le Ch'i négatif peut entrer chez vous à travers les murs, mais il y pénétrera d'autant plus facilement s'il est dirigé vers une porte ou une fenêtre. Les fenêtres constituent un moindre problème, car les visiteurs et autres sources de Ch'i ne les empruntent généralement pas. En revanche, un angle dirigé vers une porte, et particulièrement vers la porte principale, risque de vous apporter de graves ennuis.

L'endroit d'où provient le Ch'i a aussi son importance, car chaque direction émet un type d'énergie particulier. Ainsi, les perturbations seront extrêmement sévères si l'angle qui vous affecte est situé au nord-est de votre maison, par exemple : le Ch'i qui en émane est en effet particulièrement virulent et peut susciter de brusques changements dans votre vie, surtout s'il est dirigé vers votre porte.

ATTÉNUER LE CH'I NÉGATIF

Pour contrarier les effets du Ch'i négatif, vous devez considérer la direction dont il est issu. Il vous faut pour cela vous reporter à la théorie des Cinq Éléments, et notamment vous remémorer quels sont les objets qui favorisent le Ch'i de chacun d'entre eux (voir p. 28 et 29).

Le Ch'i associé à une direction particulière peut être atténué par celui des Cinq Éléments situé dans la direction qui la suit : le sol atténue le Ch'i du feu, le métal celui du sol, l'eau celui du métal, l'arbre celui de l'eau et le feu celui de l'arbre. Ainsi, lorsque la source de Ch'i négatif est située au sud-ouest de votre maison, vous savez que cette direction est associée avec le sol ; or, le Ch'i de ce dernier est atténué par le métal. Vous devrez donc disposer au sud-ouest de votre habitation un objet chargé du Ch'i du métal, comme une plaque de porte, par exemple. Si vous avez un jardin, vous pouvez disposer une statue de fonte, de bronze ou de tout autre métal entre votre maison et l'angle qui dispense le Ch'i négatif.

Il existe d'autres procédés éprouvés pour détourner le Ch'i : interposer une haie touffue entre sa source et la maison, ou encore équiper votre porte d'accessoires brillants qui réfléchiront le Ch'i et permettront d'en atténuer les effets. Un bouton de porte étincelant, une boîte à lettres bien polie, voire des serrures rutilantes peuvent être suffisants (voir illustration ci-dessus).

LES ROUTES ET LES RUES

Tous les véhicules et les piétons qui empruntent les voies situées aux alentours de votre maison transportent leur propre énergie, ainsi que les Ch'i différents dont ils s'imprègnent à mesure qu'ils se déplacent. Or, les routes et les rues possèdent généralement des revêtements extrêmement durs et leur tracé est souvent rectiligne ; ces caractéristiques très yang accélèrent la transmission du flux d'énergie.

Les rues constituent donc des canaux qui acheminent rapidement le Ch'i jusqu'à votre porte, à plus forte raison si la circulation est dense et le quartier très animé. Il existe en outre des situations où cette influence se révèle particulièrement envahissante : lorsque votre maison est située à un carrefour en T ou en patte d'oie, au bord d'une courbe de la route, ou encore au centre d'un rond-point – ce qui est tout de même plus rare, mais constitue une position des plus vulnérables (voir ci-dessous).

Les solutions sont les mêmes que celles énoncées en page ci-contre. En fonction de la direction dont il vient, efforcez-vous d'atténuer le Ch'i négatif, détournez-le par des surfaces réfléchissantes et protégez-vous par des haies. Des carillons qui tintent au gré du vent peuvent être suspendus dans votre jardin.

FENG SHUI PRATIQUE

Mal à l'aise chez soi ?

Mes premiers clients habitaient face à la branche principale d'un carrefour en T. Ils se plaignaient de ne pas parvenir à se détendre chez eux, évitaient les pièces donnant sur la rue, et se réfugiaient à l'arrière de la maison. Pour atténuer le Ch'i de la rue, je leur conseillai de planter une haie touffue dans leur jardin, d'installer un miroir convexe face à la chaussée et d'accrocher des carillons derrière la porte d'entrée. Ils retrouvèrent bientôt leur sérénité et passèrent dès lors beaucoup plus de temps chez eux.

Le carrefour en T
Lorsqu'une voiture approche du carrefour, elle canalise un courant d'énergie droit sur la maison.

L'extérieur d'une courbe
Les maisons sont littéralement bombardées de courants d'énergie par les véhicules venant de gauche comme de droite.

La patte d'oie
La maison reçoit le Ch'i des véhicules arrivant de face, de gauche et de droite.

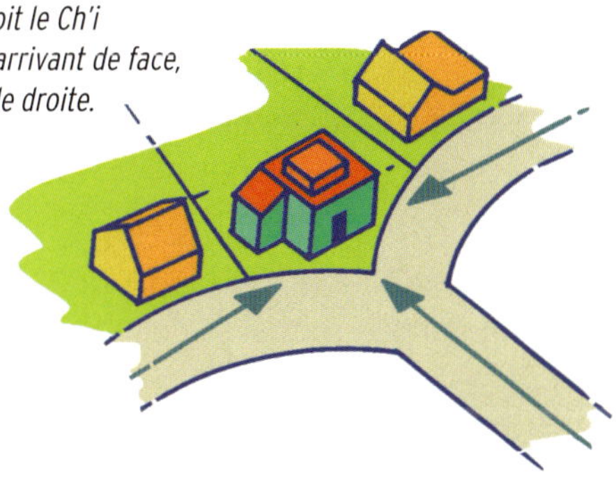

Le rond-point
Le bâtiment est soumis au Ch'i canalisé par les voitures venant de toutes les directions.

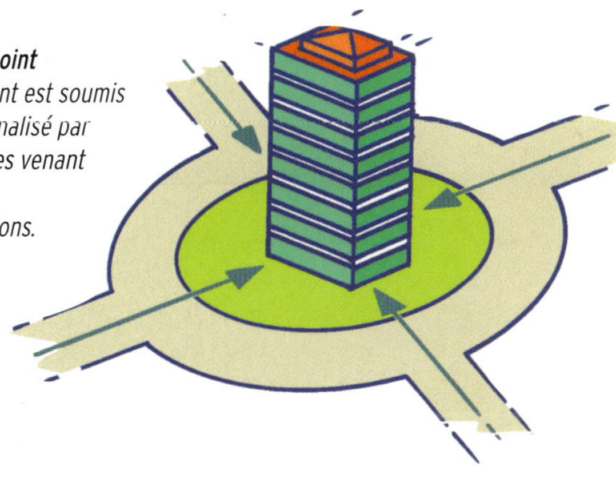

Quand la mer devient yang
En cas de tempête, la mer devient yang pour deux raisons: elle allie la salinité de l'eau à la violence des vagues.

L'EAU

L'eau a une importance fondamentale dans la doctrine du Feng Shui. C'est un élément essentiel à la vie, indispensable à l'alimentation et à la croissance. Nous savons que notre espèce trouve son origine dans la mer et que notre corps est en grande partie constitué d'eau. Mais celle-ci peut aussi constituer une menace, avec les inondations et les orages.

Pour beaucoup d'entre nous, l'eau est symbole de vacances, de pique-niques, d'activités nautiques, etc. Les rivières, les lacs, les canaux, les piscines sont des lieux de loisirs et de plaisir. Pour le Feng Shui, elle symbolise en outre l'argent, car celui-ci passe de main en main comme l'eau coule de paysage en paysage.

Lorsqu'il est situé à proximité de votre maison, un cours d'eau a une influence sur le Ch'i qui y circule et sur votre énergie personnelle. Dans certaines conditions, ce voisinage peut être favorable, améliorant votre santé et votre vitalité. Cela dépend de différents facteurs comme la qualité de l'eau, le sens du courant et la situation de votre maison.

L'eau doit être propre, claire et non polluée. Souillée, elle peut affaiblir votre vitalité. L'eau salée des rivages marins est plus yang que celle des lacs, des rivières ou des ruisseaux. Pour cette raison, vivre au bord de la mer est plus vivifiant qu'habiter près d'un lac.

LES EAUX YIN ET YANG

Le Ch'i véhiculé par l'eau courante est plus yang que celui qui émane de l'eau dormante ; il n'est d'ailleurs pas difficile d'imaginer qu'une cascade est plus revigorante qu'une mare : les chutes d'eau ont un effet particulièrement dynamisant. De même, un cours d'eau rapide qui coule en ligne droite sera plus yang qu'une rivière tranquille aux larges méandres. Bien sûr, le flux d'énergie dispensé dans votre maison dépendra aussi de la pureté de l'eau.

Les cours d'eau très yin produisent une énergie extrêmement apaisante. Les mares ou les étangs risquent pourtant d'être emplis d'eau stagnante, et le Ch'i s'en ressentira. Ce problème sera toutefois moindre si votre bassin abrite une nombreuse faune sauvage qui viendra revitaliser le milieu. De manière générale, un courant paresseux favorisera la pollution, car toutes les substances rejetées à l'eau ne sont emportées que très lentement en aval et ont tendance à s'accumuler dans le lit des rivières.

L'eau qui coule vers votre porte amène la vitalité chez vous ; à l'inverse, les courants qui s'en éloignent emportent un peu d'énergie yang, et peuvent même perturber votre santé. Enfin, lorsqu'un courant très violent est dirigé dans l'axe de votre porte, il constitue une dangereuse source de Ch'i négatif, au même titre que l'angle d'une maison (voir p. 62).

Pour que l'eau ne soit pas source de problèmes

En fonction de l'endroit où il est situé par rapport à votre maison, un cours d'eau peut avoir un effet positif ou négatif. À l'aide de votre plan, déterminez la position de celui qui est le plus proche de votre habitation. Si elle est défavorable, il existe des solutions pour y remédier.

Sud – négatif
Le Ch'i de l'eau ne s'accorde guère avec celui du feu. Vous risquez des poursuites juridiques, la perte de votre réputation et des problèmes de santé.

Solution Renforcez le Ch'i de l'arbre en plantant de grands arbres entre l'eau et votre maison.

Sud-est – positif
L'eau renforce le Ch'i de l'arbre qui favorise la communication, la créativité et une vie harmonieuse. Cet effet positif est encore plus évident dans la direction est.

Sud-ouest – négatif
Le Ch'i de l'eau est détruit par celui du sol. En médecine orientale, l'énergie de l'eau est associée aux reins qui sont considérés comme la source du Ch'i dans l'organisme; leur atteinte peut donc causer de graves maladies.

Solution Renforcez le Ch'i du métal comme pour le nord-est.

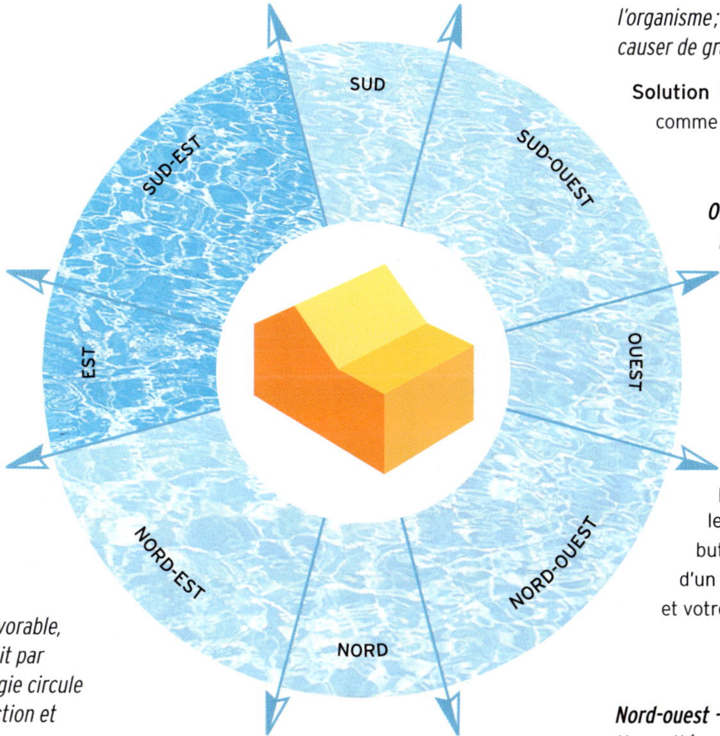

Est – positif
L'est est associé au Ch'i de l'arbre qui est renforcé par l'eau. Cette position est bénéfique pour embrasser une nouvelle carrière; elle favorise l'activité et permet d'atteindre ses objectifs.

Ouest – négatif
Le Ch'i de l'eau atténue celui du métal, ce qui peut amener des problèmes financiers ou des difficultés pour trouver l'amour.

Solution Renforcez le Ch'i du métal comme pour le nord-est, ou encore le Ch'i du sol. Une petite butte de terre surmontée d'un gros galet noir entre l'eau et votre maison serait idéale.

Nord-est – négatif
C'est la position la moins favorable, car le Ch'i de l'eau est détruit par celui du sol. En outre, l'énergie circule rapidement dans cette direction et l'influence de l'eau peut amener une instabilité et des ruptures dans votre vie. Votre santé peut également être affectée.

Solution Renforcez le Ch'i du métal en plaçant un objet de fer rond entre votre maison et l'eau. Vous pouvez y associer la couleur rouge.

Nord – négatif
Dans cette position, l'effet de l'eau est neutre. Cependant, le Ch'i du nord est froid et stagnant et peut amener l'humidité chez vous, favorisant la survenue de certaines maladies.

Solution Plantez de grands arbres entre l'eau et votre maison. Les arbres absorberont l'humidité, tout comme le Ch'i de l'eau.

Nord-ouest – négatif
L'eau atténue le Ch'i du métal, à tel point que vous risquez de ne plus vous sentir concerné par votre propre vie.

Solution Renforcez le Ch'i du métal comme pour le nord-est. Disposez un objet blanc ou argenté entre l'eau et votre maison.

L'ALTITUDE

Que vous recherchiez une nouvelle maison ou que vous achetiez un terrain constructible, prenez le temps de considérer la question de l'altitude, qui peut avoir une grande influence sur le Ch'i dont vous bénéficierez.

Si l'endroit est situé à flanc de colline, demandez-vous s'il s'agit du versant le plus ensoleillé (le plus yang) ou le plus ombragé (le plus yin). De manière générale, le côté exposé au soleil est plus favorable. Il vaut mieux que la porte soit située face à la pente ; de plus, la maison doit être adossée au relief. Sur le versant ensoleillé, votre maison peut regarder vers le sud-ouest, le sud, ou encore le sud-est ; cette dernière direction est la meilleure, car elle fait face au nord-est, qui émet un Ch'i positif.

Plus votre habitation sera proche du sommet, plus vous serez soumis aux influences yang, qui vous stimuleront si vous menez une vie active. À l'inverse, plus vous vous rapprocherez de la vallée, plus le Ch'i sera yin. Essayez de trouver un moyen terme en vous installant à mi-pente : vous trouverez ainsi un équilibre entre le yin et le yang.

Enfin, l'aspect du relief a aussi son importance. Les montagnes rocheuses et escarpées, très yang, sont en correspondance avec l'élément feu. Les collines doucement arrondies, plus yin, sont liées au métal ; celles qui sont très basses dépendent du sol.

LES ARBRES

Ils apportent évidemment le Ch'i de l'arbre, mais aussi celui de l'eau, grâce à leurs racines qui vont chercher l'humidité loin dans la terre. Dans les régions boisées, la variété et la disposition des arbres vis-à-vis de la maison sont importantes.

Si de grands arbres entourent votre habitation, leurs effets peuvent être les mêmes que celui d'un immeuble ; ils vous priveront de soleil à certaines heures de la journée (voir p. 60 et 61). S'ils sont plantés au nord de la maison, leur influence sera cependant bénéfique, car ils ne produiront pas d'ombre intempestive.

La variété des arbres n'est pas anodine. Les résineux, comme les pins ou les sapins, ou les espèces qui arborent de longues feuilles très découpées comme les palmiers, sont liés au Ch'i du feu et favorisent un flux rapide d'énergie yang, contrairement aux arbres touffus aux feuilles arrondies, qui sont beaucoup plus yin.

Les arbres ont aussi une fonction symbolique. Les variétés à feuilles persistantes, comme les conifères, par exemple, peuvent faire espérer une longue vie. Les arbres ou arbustes épineux peuvent être source de perturbations s'ils sont trop proches de votre maison : ils dispensent alors un Ch'i négatif.

Votre maison pièce par pièce

En décidant de la répartition de vos pièces, en les meublant et en les décorant selon les principes du Feng Shui, vous vous sentirez plus à l'aise chez vous et dans votre vie, plus heureux et épanoui.

Répartir les pièces

L'orientation d'une pièce détermine le type de Ch'i qui y circule et a une influence bénéfique ou néfaste sur les activités que vous y menez. Ainsi, la répartition harmonieuse des pièces où vous vivez est plus qu'une question de confort : elle peut également vous aider à atteindre vos objectifs.

Avant d'attribuer un emplacement à une pièce dans votre maison, demandez-vous quelle sera sa fonction. Par exemple, la cuisine est l'endroit où vous préparez les repas, le salon celui où vous vous détendez et recevez vos amis, la salle à manger celui où vous déjeunez et dînez, la chambre à coucher celui où vous dormez et le bureau, si vous en avez un, celui où vous travaillez. Vous devez vous demander quel est le Ch'i le plus favorable à chacune de ces activités, l'idéal étant bien sûr d'orienter chaque pièce en conséquence. Ce n'est malheureusement pas toujours possible : même si vous faites construire une maison, des considérations financières ou la configuration du terrain risquent de limiter vos ambitions. Si vous achetez votre habitation, vos choix seront encore plus restreints, car les plans sont déjà établis et bien souvent très difficiles à modifier de manière significative. Cependant, le Feng Shui vous aidera à tirer parti de toutes les situations, de façon à favoriser la circulation du Ch'i positif dans les pièces où vous vivez.

VOS BESOINS PERSONNELS

Chaque individu ne demande pas au même lieu de posséder des qualités identiques ; cela dépend des goûts, mais aussi du mode de vie et de l'usage que l'on en fait. Pour que l'énergie d'une pièce vous soit bénéfique, il est important que vous pensiez à vos propres besoins quand vous décidez de l'orientation à lui donner. Un salon orienté au nord, par exemple, aura une atmosphère totalement différente que la même pièce donnant sur le sud. Le premier sera essentiellement paisible, le second beaucoup plus chaleureux. À vous de savoir ce qui est le plus important pour vous. Si vous menez une vie stressante et rentrez tard le soir après de longues journées de travail, sans doute souhaiterez-vous retrouver une pièce aussi calme et reposante que possible ; en revanche, si vous recevez beaucoup, vous préférerez disposer d'un cadre plus convivial, plus gai, et l'organisation de votre salon sera orientée dans ce sens.

Pour prendre un autre exemple, si vous dormez comme un loir mais manquez d'énergie dans la journée, peut-être votre chambre à coucher est-elle trop tranquille pour vous. Dans ce cas, vous avez intérêt à l'installer à l'est ou au sud-est de votre maison. À l'inverse, si vous êtes en pleine forme dans la journée sans pour autant parvenir à récupérer la nuit, vous avez besoin d'une chambre plus tranquille et la direction nord est tout indiquée.

À CHAQUE PIÈCE SA FONCTION

Pour attribuer à chaque pièce son meilleur emplacement en fonction de vos besoins, vous devez comprendre de quelle manière circule le Ch'i dans chaque partie de la maison, afin d'en préserver l'harmonie générale. Il vous faudra pour cela prendre en compte à la fois les principes du yin et du yang (p. 70 et 71), ceux des Cinq Éléments (p. 72 et 73) et ceux des Huit Directions (p. 74 et 75). Ces concepts vous permettront de répartir au mieux la disposition de vos pièces de façon que le Ch'i dans chacune d'entre elle vous soit favorable.

Pour commencer, vous devez considérer chacun de ces facteurs avant de passer au suivant. Débutez par le plus simple à appréhender, à savoir celui du yin et du yang, puis passez aux Cinq Éléments, pour finir par les Huit Directions. Avec une certaine expérience, vous serez capable de prendre en compte parallèlement tous ces critères, qui possèdent en fait beaucoup de paramètres communs.

À VOS BOUSSOLES !

Tracez le plan de la maison en suivant les directives des pages 42 et 43. Si vous avez plusieurs étages, dessinez un plan par niveau. Reportez la roue des Huit Directions sur chacun d'entre eux à l'aide d'une boussole (voir p. 44 et 46). Vous définirez ainsi l'orientation de chaque pièce.

Il peut arriver que la même pièce subisse simultanément l'influence de deux directions. Par exemple, elle peut être partagée entre le sud et le sud-est. Dans ce cas, la partie située au sud-est sera sous la domination du Ch'i de l'arbre, favorisant les activités constructives et celle du sud dépendra du Ch'i du feu, qui fait la part belle à la spontanéité. Sans être antinomiques, ces deux influences ne conduisent pas toujours aux mêmes attitudes, et il n'est sans doute pas vain d'en tenir compte pour décider de l'emplacement d'un poste de travail, par exemple.

LE FENG SHUI PIÈCE PAR PIÈCE

Vous pouvez affiner votre étude en considérant chaque pièce en elle-même. Quelle que soit la position d'une pièce dans le plan global de la maison, le Ch'i n'est pas homogène à l'intérieur de celle-ci. La partie nord d'une chambre, par exemple, sera plus yin que sa partie sud ; les différentes directions définies à partir du centre de la pièce peuvent teinter de manière subtile les caractéristiques correspondant à l'orientation générale. Ces nuances peuvent être utiles à prendre en compte si l'une de vos pièces remplit plusieurs fonctions ; c'est le cas par exemple d'une cuisine avec coin-repas ou d'un salon/salle à manger. Cela vous permettra de répartir l'espace selon les différentes activités et de choisir en conséquence l'ameublement et la décoration.

Les pièces mixtes
Il est fréquent qu'une pièce ait à la fois plusieurs fonctions, comme les cuisines comportant un coin repas, par exemple. Dans ce cas, tenez compte de l'orientation des différentes zones de la pièce pour déterminer les Ch'i les plus favorables.

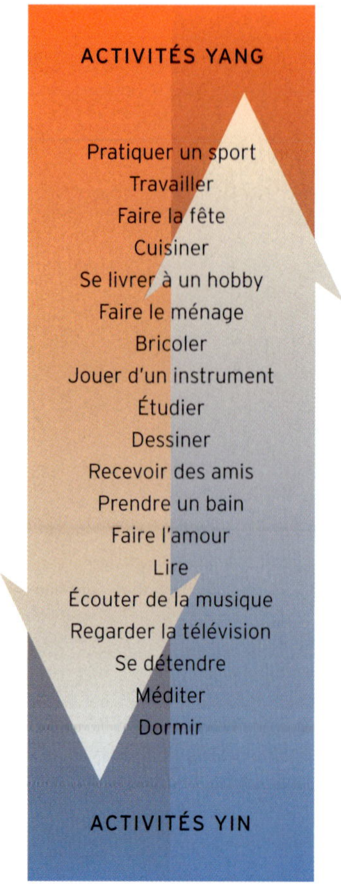

DU SUD AU NORD ET DU YANG AU YIN

Dans l'hémisphère nord, la partie la plus ensoleillée de votre maison est yang ; elle correspond aux directions sud-est, sud et sud-ouest. La partie la plus à l'ombre, qui est yin, est tournée vers le nord-est, le nord et le nord-ouest (voir p. 18 et 19).

Le sud et le nord sont respectivement très yang et très yin. L'est, où le soleil se lève, correspond à l'activité ; il est donc plus yang. L'ouest, direction du couchant, est plus passif, plus yin. En partant du nord, qui est le point le plus yin (il est associé au milieu de la nuit et au cœur de l'hiver), et en tournant dans le sens des aiguilles d'une montre vers le nord-est, l'est et le sud-est, les directions deviennent progressivement de plus en plus yang jusqu'au sud. En remontant du sud vers le nord, elles deviennent petit à petit plus yin. À l'exception du nord et du sud, aucune direction n'est totalement yin ou totalement yang. Elles combinent chacune les caractéristiques de l'un et de l'autre.

À l'aide de votre plan et de la roue des Huit Directions, essayez d'appliquer le principe du yin et du yang à votre maison. Vous serez ainsi à même de déterminer quelles sont les pièces plus ou moins yin ou yang, ce qui vous aidera à les répartir harmonieusement selon les fonctions que vous souhaitez leur attribuer.

ÉCOUTEZ VOTRE INSTINCT

Lorsque vous êtes chez vous, il est fréquent que vous vous teniez instinctivement dans les pièces où vous vous sentez le mieux à un moment donné. Si vous avez connu une dure journée de travail par exemple, vous recherchez tout naturellement une pièce très yin, au nord de votre maison, pour vous détendre. Si vous révisez un examen et éprouvez le besoin de décompresser, vous irez faire un tour dans une pièce yang pour recharger vos batteries. En prenant conscience du bien-fondé de ces comportements, vous pouvez les utiliser à bon escient et accroître leur efficacité.

LES ACTIVITÉS YIN ET YANG

Dressez la liste de vos activités les plus courantes à la maison. Vous pouvez par exemple cuisiner, manger, prendre votre bain, dormir, faire l'amour, travailler, écouter de la musique, regarder la télévision, vous reposer, etc. Essayez ensuite de déterminer quelles sont celles qui peuvent être favorisées par un environnement plus yin, ou au contraire plus yang ; enfin, classez-les de la plus yang à la plus yin, sans prétendre à l'objectivité : considérez-le résolument de votre propre point de vue. Si vous éprouvez le besoin d'être moins stressé par la préparation d'un examen, par exemple, le travail peut parfaitement figurer en bas de votre liste. En revanche, si vous souhaitez mener vos révisions avec davantage de dynamisme, le travail sera classé dans la partie yang (voir encadré page ci-contre).

LES PIÈCES YIN ET YANG

La dernière étape consiste à établir une liste de vos pièces de la plus yang à la plus yin, en fonction des activités auxquelles vous les réservez. Bien entendu, vous pouvez grouper plusieurs activités par pièce – par exemple dormir et faire l'amour dans la chambre à coucher, ou encore écouter de la musique et recevoir vos amis dans le salon. Cela dépend de votre style de vie et... de la taille de votre maison (voir l'exemple dans l'encadré ci-contre).

Après quelques ajustements et compromis, cette liste vous permettra de répartir vos pièces en tenant compte de l'usage que vous comptez en faire. Un point très important à prendre en considération est l'exposition de chaque pièce au soleil. Les plus yang doivent aussi être les plus ensoleillées et disposer de fenêtres par lesquelles ses rayons pénètrent facilement dans la maison. Sinon, l'énergie solaire sera émoussée et beaucoup moins efficace.

Il est bien évident que les emplacements de la cuisine et de la salle de bains sont généralement déterminés par celui des arrivées d'eau, d'électricité, etc. Vous devrez peut-être aménager la disposition de votre appartement en conséquence. Le schéma ci-dessous offre un exemple de répartition équilibrée des pièces.

Yin-yang : la bonne répartition

1 Nord *Chambre, salle de télévision*
2 Nord-est *Débarras*
3 Est *Salle de bains, bureau*
4 Sud-est *Cuisine, cellier*
5 Sud *Salon*
6 Sud-ouest *Atelier*
7 Ouest *Salle à manger*
8 Nord-ouest *Chambre à coucher*

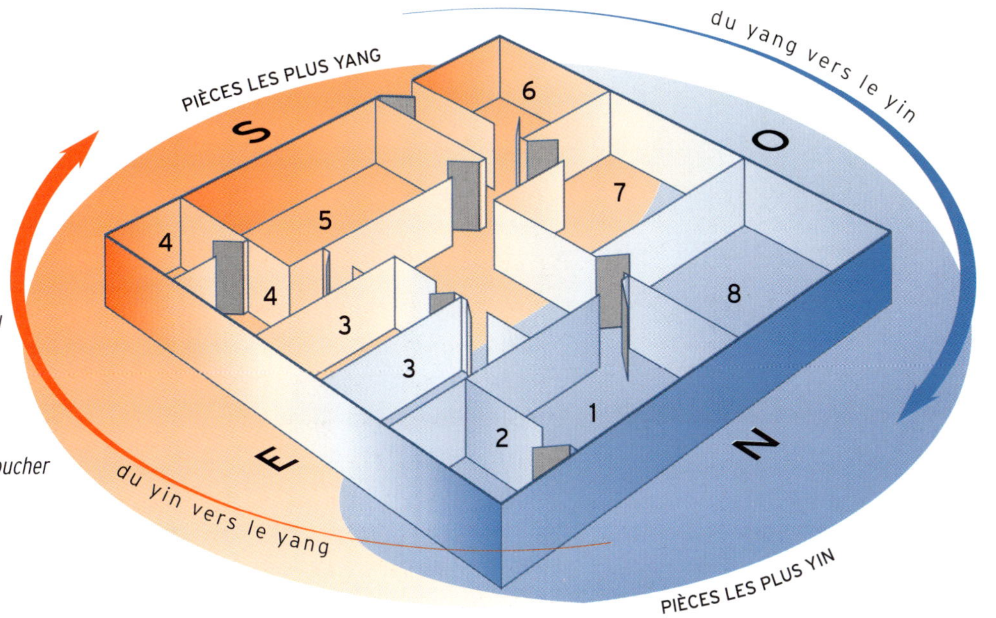

LES CINQ ÉLÉMENTS CHEZ VOUS

Comme le yin et le yang, les Cinq Éléments (l'eau, l'arbre, le feu, le métal et le sol – voir p. 24 à 29) sont en relation avec la position du soleil dans le ciel. Ils sont également en correspondance avec les Huit Directions. Le Ch'i de chacun des Cinq Éléments vient soutenir certains aspects de votre existence et en occulte d'autres. En fonction de vos besoins et de ceux de votre famille, ses effets peuvent être plus ou moins bénéfiques. Vous trouverez dans le tableau de la page ci-contre la liste des influences positives et négatives des Cinq Éléments ; elle vous sera utile lorsque vous déciderez de l'orientation des pièces de votre maison.

UN ÉLÉMENT POUR CHAQUE PIÈCE

Déterminez tout d'abord l'orientation de chaque pièce à l'aide de la roue des Huit Directions, ainsi que l'élément correspondant à celle-ci (voir tableau ci-contre). Demandez-vous dans quelle mesure cet élément favorisera l'activité à laquelle est destinée cette pièce. Vous devez en outre considérer le temps que vous passerez dans chaque partie de votre maison : il est plus important de disposer d'un Ch'i positif dans un endroit où vous resterez le plus clair de la journée que dans un autre où vous n'entrerez quotidiennement que quelques instants.

Supposons, par exemple, que vous travailliez à la maison. Le pouvoir stimulant du Ch'i de l'arbre peut vous être dans ce cas très utile ; vous avez donc intérêt à orienter votre bureau vers l'est ou le sud-est. En revanche, si vous travaillez à l'extérieur, vous pouvez réserver cette même pièce pour votre chambre à coucher et vous bénéficierez de l'énergie de l'arbre pendant votre sommeil.

L'EAU ET LE FEU

Avant d'arrêter définitivement la disposition des pièces de votre maison, vérifiez que l'eau et le feu sont en harmonie avec le Ch'i des Cinq Éléments. Dans les cuisines et les salles de bains, en particulier, où l'eau et le feu sont matériellement présents, il faut veiller à ce qu'ils ne perturbent pas le flux de Ch'i qui parcourt l'ensemble de la maison (voir aussi p. 103 et 107).

L'eau s'accorde mieux au Ch'i de l'arbre correspondant aux directions est et sud-est, qui représentent donc les deux orientations les plus indiquées pour une salle de bains. Quant au feu, il s'accorde au Ch'i du sol (nord-est et sud-ouest), mais également à celui de l'arbre. Il vaut donc mieux choisir les directions est et sud-est pour les cuisines, car elles sont en harmonie avec le feu comme avec l'eau. Lorsque l'orientation d'une pièce n'est pas idéale, vous pouvez corriger les effets négatifs du Ch'i grâce aux lois des Cinq Éléments (voir p. 106 et 110).

ÉLÉMENT	FAVORISE	ATTÉNUE	NÉFASTE POUR	RISQUES
EAU Nord 	la vie intérieure la tranquilité la spiritualité la sexualité le sommeil l'indépendance l'objectivité l'affection la fécondité	les problèmes de l'âge mûr le stress l'insomnie la convalescence les problèmes de santé les problèmes sexuels	l'activité l'expression les passions les affaires	l'apathie l'isolement la solitude
ARBRE Est/sud-est 	les projets nouveaux la vie professionnelle les progrès rapides l'activité une vie animée l'ambition la concentration la prise d'initiative	les problèmes des jeunes les ennuis professionnels le manque de confiance l'incertitude les difficultés d'un nouveau départ le manque de motivation	la vie sentimentale la détente la patience la stabilité la sécurité la sérénité la capacité de ralentir	trop d'ambition l'hyperactivité l'incapacité à se détendre
FEU Sud 	la passion l'expression la notoriété le sens de la fête la finesse d'esprit les idées neuves la sociabilité la spontanéité	les problèmes des adultes les difficultés de communication la sensation de passer à côté de la vie le manque d'inspiration la solitude la timidité	la détente la concentration le sens du détail l'objectivité la stabilité émotionnelle les relations harmonieuses	le stress les disputes les séparations les émotions excessives
SOL Sud-ouest/centre/ nord-est 	la stabilité l'effort soutenu la sécurité le soin l'harmonie familiale l'éducation des enfants la maternité la vie à la maison la prudence la réflexion	les problèmes de la cinquantaine les difficultés à fonder une famille les querelles familiales l'impulsivité la prise de risques excessive	les décisions rapides l'ambition le dynamisme la spontanéité un nouveau métier de nouvelles affaires	trop de lenteur la routine l'ennui
MÉTAL Ouest/nord-ouest 	la planification les finances la responsabilité l'organisation l'efficacité les affaires la tenue d'un budget	les problèmes de la soixantaine le manque d'organisation le manque de contrôle le manque d'autodiscipline le manque de persévérance	le dynamisme l'expressivité l'expression des émotions les nouveaux projets	une attitude antisociale l'introversion le refoulement

LE BON FENG SHUI

Il existe de nombreuses possibilités de choix pour allouer à chaque pièce sa fonction selon vos désirs et vos besoins. Selon les activités auxquelles vous les réservez, les pièces de votre maison bénéficieront d'un meilleur Ch'i si elles sont orientées dans les directions suivantes.

NORD Chambre à coucher, salle de télévision, pièce de repos, débarras.
NORD-EST Salle de jeu des enfants, débarras, buanderie.
EST Cuisine, bureau, salle à manger, chambres des enfants, salle de bains, hall d'entrée.
SUD-EST Cuisine, bureau, salon, salle à manger, chambres, hall d'entrée.
SUD Salon, bureau, hall d'entrée.
SUD-OUEST Salon, atelier, pièce réservée aux travaux manuels.
OUEST Chambres, salle à manger, salon.
NORD-OUEST Bureau, salle à manger, chambre des parents, hall d'entrée.

LES HUIT DIRECTIONS CHEZ VOUS

Les Huit Directions vous permettent d'affiner les indications fournies par le yin et le yang et les Cinq Éléments, grâce aux huit types particuliers de Ch'i auxquels elles correspondent. N'oubliez pas le centre : il présente ses propres caractéristiques et il vaut mieux faire en sorte qu'il reste aussi vide que possible. Tout comme ceux des Cinq Éléments, les Ch'i des Huit Directions induisent à la fois des influences favorables et certains risques (voir p 31 à 33). Le tableau ci-contre en dresse le récapitulatif.

UNE DIRECTION POUR CHAQUE PIÈCE

À l'aide de votre plan, déterminez la direction de chaque pièce de votre maison. Reportez-vous au tableau ci-contre pour connaître les différentes caractéristiques du Ch'i. Vous avez le choix entre diverses approches pour répartir vos pièces : vous pouvez attribuer à chacune d'entre elles la position favorable à l'activité que vous compter y mener, mais vous pouvez aussi tenter d'améliorer un secteur de votre vie grâce à une orientation particulière, ou encore choisir cette dernière dans le but de résoudre un problème auquel vous êtes confronté.

Supposons par exemple que vous souffriez de la solitude la plus grande partie du temps. Peut-être la disposition de vos pièces peut-elle expliquer cette sensation. Reportez-vous à votre plan ; il est possible que votre chambre soit située au nord de votre maison et que la tête de votre lit soit orientée dans la même direction, ce qui ne fait qu'aggraver les choses. Si c'est possible, transférez votre chambre au sud-est, où le Ch'i favorise la communication et la convivialité. Placez également la tête de votre lit au sud-est : vous constaterez probablement un changement notable dans votre vie au bout de trois mois.

AMÉLIOREZ VOTRE EXISTENCE

De la même manière, vous pouvez améliorer certains secteurs de votre vie et de celle de votre famille. Peut-être vous sentez-vous irritable et nerveux la plupart du temps. Dans ce cas, ce n'est agréable ni pour vous ni pour ceux qui vous entourent et sans doute souhaitez-vous trouver une solution au problème.

En vous reportant au tableau ci-contre, vous constaterez que les orientations nord-est et sud ne sont peut-être pas les meilleures pour vous car elles sont toutes deux plutôt dynamisantes et ne favorisent pas la détente. Essayez d'éviter les trop longs séjours dans les pièces correspondant à ces directions. Si c'est possible, déplacez votre chambre dans la zone située en direction de l'ouest, car le Ch'i y est plus stable et a une influence apaisante.

DIRECTION	FAVORISE	LES RISQUES
NORD	la tranquillité la souplesse d'esprit l'indépendance la créativité le développement personnel la spiritualité	l'isolement la solitude les inquiétudes mal fondées un sentiment d'insécurité une vie professionnelle routinière un tendance au repli sur soi
NORD-EST	la motivation personnelle la compétitivité un plan de vie cohérent les héritages la capacité de travail	la précipitation la cupidité l'égoïsme l'insomnie et les cauchemars le manque de sérénité
EST	de bons débuts professionnels le sens du détail l'accroissement de l'activité la confiance en soi et l'optimisme la mise en pratique des idées la réalisation des objectifs l'ambition	l'ambition excessive la dispersion des efforts les tâches non menées à bien le carriérisme l'hyperactivité le manque de prudence l'impatience
SUD-EST	la créativité la communication une progression harmonieuse les voyages	l'obstination le manque de sens critique l'incapacité de se reposer
SUD	la passion une vie sociale active la notoriété la reconnaissance sociale	un style de vie stressant des hauts et des bas émotionnels les séparations les disputes fréquentes
SUD-OUEST	la maternité et l'harmonie familiale une progression lente et régulière le sens de l'économie les amitiés solides	une lente progression professionnelle une dépendance vis-à-vis d'autrui une prudence excessive
OUEST	les gains d'argent les sentiments romantiques la satisfaction de ce que l'on a les plaisirs et les relations	des dépenses excessives le manque de motivation la recherche obsessionnelle du plaisir
NORD-OUEST	la capacité de mener une équipe le sens de l'organisation le sens des responsabilités la sagesse le respect et la confiance	une trop grande rigueur l'autoritarisme le besoin de tout contrôler l'arrogance

Coins à problèmes

Indépendamment de leur situation dans la maison, certains éléments peuvent avoir un effet négatif sur le Ch'i. Parmi eux, il en existe qui peuvent être difficiles, chers ou tout simplement impossibles à supprimer, surtout si vous vivez en location.

Heureusement, même si vous vous trouvez confronté à plusieurs de ces inconvénients, leurs effets négatifs peuvent être atténués par le Feng Shui. Les grandes plantes, l'éclairage et les miroirs sont particulièrement efficaces dans ces cas.

Les angles en saillie

Ils ont pour effet de couper le Ch'i (voir p. 14) et désorientent les personnes qui s'assoient ou dorment à proximité. Le flux négatif qu'ils émettent doit être atténué.

Solution Posez une grande plante sur le sol ou accrochez un panier de plantes retombantes face à l'angle en saillie.
Les plantes atténuent l'intensité du flux négatif : plus important, elles dispensent leur propre énergie qui ralentit le Ch'i. Une plante très yin aux tendres feuilles rondes constitue le meilleur choix.
Vous pouvez aussi suspendre un rideau qui masquera l'angle.

Les recoins

Le Ch'i a tendance à stagner dans les recoins. Ils attirent également la poussière, autre facteur de stagnation.

Solution Accélérez le flux d'énergie grâce aux plantes, aux surfaces lisses et brillantes et à l'éclairage. Les plantes aux feuilles découpées sont les plus efficaces. Vous pouvez aussi accrocher un miroir dans l'angle ou un mobile de cristal qui captera la lumière. Un spot améliorera l'éclairage tout en favorisant la diffusion de l'énergie. Le son aide aussi l'énergie à circuler. Il peut s'agir de musique, mais également d'un tintement de cloche. J'ai chez moi un recoin situé sous un plafond mansardé. J'y ai installé des plantes, ainsi qu'un ancien téléphone au timbre désuet. À chaque fois qu'il sonne, le Ch'i se trouve stimulé.

Le désordre
Il ralentit le Ch'i et augmente de manière significative le risque de stagnation.

Solution Essayez d'avoir un intérieur clair et net. Rangez le plus possible et mettez de l'ordre dans vos armoires et placards. Périodiquement, une réorganisation de ceux-ci peut avoir un effet revitalisant sur le Ch'i. Livrez-vous à de grands nettoyages au printemps et en été.

La lumière artificielle
Toute pièce qui ne bénéficie pas d'un éclairage naturel pose un problème en termes de Feng Shui, car la lumière du jour a la propriété de véhiculer le Ch'i. Les salles de bains et les sous-sols sont souvent dans ce cas.

Solution Utilisez des ampoules « lumière naturelle » et des bougies ; préférez des plantes qui se plaisent à l'ombre.

Les poutres
Elles peuvent être en béton, en bois ou en acier et sont apparentes ou non. Si leurs angles sont aigus, des poutres apparentes peuvent interrompre la circulation du Ch'i dans une pièce. C'est souvent le cas des poutres en béton, alors que celles qui sont faites de bois, surtout si elles sont anciennes, sont souvent plus arrondies et posent moins de problèmes. Quant aux poutres de métal, elles distordent le flux d'énergie. Une grosse poutre de fer soutenant plusieurs étages aura la pire des influences et les gens qui vivent au-dessous se sentiront oppressés.

La hauteur des poutres a aussi son importance : plus le plafond est haut, moins leur influence sera perceptible.
Il vaut mieux éviter de dormir sous des poutres, particulièrement celles qui sont en métal et présentent des angles vifs, car le flux de Ch'i est alors néfaste pour la santé.

Solution Les remèdes sont les mêmes que pour les plafonds mansardés. Utilisez des éclairages puissants et des plantes de bonne taille aux feuilles rondes pour corriger la distorsion du Ch'i.

Les plafonds mansardés
Ils compriment le flux de Ch'i et alourdissent l'atmosphère. Cet effet est accentué si le plafond est bas.

Solution Faites remonter le flux de Ch'i en l'empêchant de stagner sous la pente du plafond. Créez une impression d'espace grâce à des spots puissants dirigés vers le plafond : disposez de grandes plantes sous les parois inclinées pour déplacer l'énergie vers le haut.

Les pièces en L
Une pièce en L a un Ch'i négatif dû à la présence de l'angle en saillie ; de plus, c'est une forme mal équilibrée en termes de Feng Shui.

Solution Pour équilibrer les proportions de la pièce, disposez un miroir dans la partie étroite pour agrandir l'espace (voir p. 149).

Les remèdes du Feng Shui

Lorsque le Ch'i qui circule dans une pièce est néfaste pour les activités qui s'y déroulent, il est parfois impossible de la réorganiser ou de la redécorer de fond en comble.
Il existe toutefois certaines solutions. En premier lieu, intéressez-vous à l'emplacement de la pièce. Si sa direction n'est pas favorable à l'usage que vous en faites, vous devez savoir si le Ch'i doit y être intensifié ou atténué. Si elle est favorable, vous aurez simplement à maintenir l'équilibre du Ch'i. En vous aidant du tableau ci-dessous, choisissez les remèdes qui vous conviennent.

DIRECTION	AUGMENTER LE CH'I	MAINTENIR LE CH'I	ATTÉNUER LE CH'I
NORD	Pots ronds de fer ou d'argent emplis de fleurs rouges ou d'une plante aux fleurs rouges	Lierre grimpant ou nénuphars aux fleurs blanches Statue de verre aux formes arrondies ou cristal	Grandes plantes
NORD-EST	Bougies	Fleurs blanches dans une jardinière d'argile	Sel de mer dans un petit bol de porcelaine blanc et rond
EST	Eau	Grandes plantes	Bougies
SUD-EST	Eau	Grandes plantes	Bougies
SUD	Grandes plantes	Bougies	Charbon de bois dans une jardinière d'argile
SUD-OUEST	Bougies	Charbon de bois dans une jardinière d'argile	Sel de mer dans un petit bol blanc et rond
OUEST	Charbon de bois dans une jardinière d'argile	Fleurs rouges dans un pot de fer rond Carillon métallique ou horloge	Lierre grimpant ou nénuphars Statue de verre aux formes arrondies ou cristal
NORD-OUEST	Charbon de bois dans une jardinière d'argile	Fleurs blanches dans un pot d'argent rond Carillon métallique ou horloge	Lierre grimpant ou nénuphars Statue de verre aux formes arrondies ou cristal
CENTRE	Le laisser vide	Le laisser vide	Le laisser vide

Le salon

Le salon est au centre de la vie familiale ; c'est la pièce où vous recevez vos amis, vos relations, et où vous célébrez les événements familiaux. C'est aussi souvent l'endroit où vous vous reposez après une journée de travail, en lisant, en regardant la télévision ou en écoutant de la musique.

Habituellement, le salon est la pièce la plus grande, et cet espace explique que l'on s'y retrouve avec plaisir. Le Ch'i stagne en effet dans les pièces trop étroites. Si c'est le cas de votre salon, abattez les cloisons d'une pièce contiguë. Il est plus facile d'obtenir un Ch'i positif dans une grande pièce que dans plusieurs petites. Installez des miroirs si c'est nécessaire pour équilibrer les proportions et créer une illusion d'espace (voir p. 149). Les longues pièces étroites et les salons en L peuvent être améliorés de cette façon.

Du fait de son association avec l'élément du feu, la cheminée présente à la fois des points positifs et négatifs et requiert une certaine prudence (voir p. 83). Quant aux meubles, les plus importants dans cette pièce sont les sièges. La manière dont vous disposez les fauteuils et canapés détermine l'ambiance de votre salon (voir p. 84 et 85).

LE SALON-SALLE À MANGER

Dans la plupart des appartements, la salle à manger et le salon constituent une pièce unique. La convivialité trouve d'ailleurs souvent à s'exprimer autour d'une table et les deux fonctions – recevoir et offrir un repas – sont complémentaires. Dans certains cas, une cuisine ouverte vient agrandir cette pièce. Cette formule est sympathique, à condition que la cuisine soit toujours parfaitement propre et nette. Sinon, cet agencement peut être néfaste pour le Ch'i ambiant comme pour le reste de la maison (voir aussi p. 87 à 92 et 103 à 106).

LES BONNES ORIENTATIONS

Une pièce largement ensoleillée constituera un lieu de vie agréable où vous et les vôtres aurez plaisir à vous retrouver. Le soleil augmente le Ch'i et favorise la circulation du flux énergétique. Les meilleures positions pour un salon sont le sud-est, le sud, le sud-ouest et l'ouest. Le sud-est est clair et stimulant. Le sud est propice aux réunions et aux réceptions. Le sud-ouest permet de créer une atmosphère douillette. L'ouest est une bonne orientation pour recevoir et de manière générale pour faire la fête ; il favorise également la vie amoureuse.

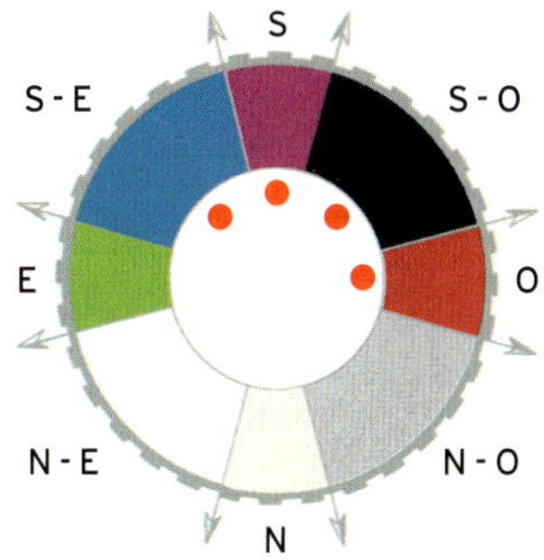

Les meilleures orientations de votre salon
Ce sont le sud-est, le sud, le sud-ouest et l'ouest par rapport au centre de votre maison.

Le salon idéal

Le sud-est est l'une des meilleures orientations pour un salon car il est placé sous l'influence vivifiante de l'arbre. Choisissez un mobilier qui n'encombre pas l'espace tout en créant une confortable ambiance de détente ; vous favoriserez ainsi votre vie sociale et l'harmonie familiale. Pour permettre au Ch'i de circuler librement, n'abusez pas des meubles massifs, des tapisseries ou tissus trop lourds. Essayez de trouver l'équilibre entre une pièce trop spartiate et votre confort.

❶ L'ÉCLAIRAGE
Les lampadaires et les éclairages orientés vers le haut favorisent le Ch'i de l'arbre et dynamisent l'ambiance.

❷ LA TÉLÉVISION
Ce type d'appareil a un effet négatif sur le Ch'i. Disposez-la suffisamment loin des sièges, et assurez-vous que chacun sera confortablement installé pour la regarder, notamment si les stations devant le poste sont longues (voir p. 86).

❸ LES PLANTES
L'effet négatif de la télévision sera atténué si vous placez une plante verte à proximité. Les grandes plantes sont associées au Ch'i de l'arbre, mais les longues feuilles pointues ne sont pas recommandées dans un salon (voir ci-dessous).

❹ LES FAUTEUILS ET CANAPÉS
Disposez vos sièges de façon à favoriser la convivialité et l'harmonie familiale (voir p. 84 et 85). Le meilleur emplacement pour les fauteuils et canapés est le nord-ouest, les sièges faisant face au sud-est et à l'ouest (voir p. 86). Pour augmenter le confort, choisissez des formes rondes, qui sont plus yin et qui offrent l'avantage de ne pas perturber le Ch'i. Le vert et le crème sont mis en valeur dans cette position, le vert clair agrandissant l'espace.

❺ LE SOL *Le plancher de bois favorise l'énergie de l'arbre et, dans la plupart des cas, permet au Ch'i de circuler librement dans la pièce. Le bois brut donne une sensation de confort, tout en évitant les risques de stagnation d'énergie due à la présence du tapis.*

❻ LES FENÊTRES
Les rideaux ralentissent le flux d'énergie, ce qui convient à l'atmosphère douillette d'un salon. Ils ne doivent pas être trop épais pour éviter la stagnation.

❼ LES REVÊTEMENTS MURAUX
Les rayures verticales dynamisent le Ch'i de l'arbre et augmentent l'impression d'espace, tout comme l'éclairage orienté vers le haut. Les murs tapissés, plus yin, sont préférables aux murs peints dans le cas d'un salon.

❽ LES TABLEAUX
Des sujets comme un lever de soleil ont des effets positifs sur le plan psychologique.

❾ LES ACCESSOIRES
Choisissez des couleurs qui atténuent l'énergie dominante. Les coussins violets réduisent le Ch'i de l'arbre au sud-est.

Les remèdes du Feng Shui
Si le flux d'énergie semble stagnant, la présence d'eau, notamment au sud-est de la pièce, favorisera le Ch'i bénéfique.

À ÉVITER DANS UN SALON

LES PLANTES AU FEUILLES POINTUES Les feuilles pointues et découpées perturbent le Ch'i : il vaut donc mieux éviter les palmiers ou les yuccas dans un salon, sauf si vous disposez d'un large espace et qu'ils sont à l'écart des sièges (voir p. 84 et 85).

LE DÉSORDRE
Pour que le Ch'i ne stagne pas, évitez le désordre et ne surchargez pas le décor. Le centre de la pièce doit rester relativement vide.

LES RIDEAUX FERMÉS
Pour que les rayons du soleil pénètrent librement dans la pièce, laissez vos rideaux grands ouverts, en dégageant toute la fenêtre.

TROP DE MOBILIER
Le Ch'i a besoin d'espace pour circuler : réduisez le mobilier au maximum.

ANGLES SAILLANTS
Masquez-les à l'aide de grandes plantes ou d'un rideau, car ils perturbent le Ch'i.

Un salon au sud-est
Les éléments du décor sont choisis pour favoriser l'influence du Ch'i de l'arbre.

LE CHOIX DU DÉCOR

Dans un salon orienté au sud-est, les couleurs et les matières doivent être choisies pour optimiser le Ch'i de l'arbre. Le vert foncé est harmonieux, mais d'autres tons plus clairs agrandissent l'espace et favorisent la détente. Pour atténuer le Ch'i, utilisez du violet pâle, et du crème ou du blanc cassé pour l'augmenter. Des touches de bleu ou de vert peuvent être ajoutées. Les motifs verticaux, comme des rayures vertes sur un papier peint crème, améliorent la circulation du Ch'i. Les dessins irréguliers ont tendance à la ralentir.

SUD
Le mauve préserve le Ch'i et le jaune l'atténue.

SUD-OUEST
Les motifs en damier dans des tons jaunes et bruns préservent l'énergie du sol.

OUEST
Les bruns chauds et le vieux rose préservent ici l'énergie du métal, comme les objets et motifs ronds. Les métaux comme le laiton et le cuivre sont plus yin que le fer ou le bronze, plus durs.

LES AUTRES ORIENTATIONS

LE SUD L'ambiance est ici chaleureuse, idéale pour organiser des fêtes, mais peut-être un peu trop intense pour la détente journalière. Essayez de préserver l'énergie positive, tout en l'atténuant quelque peu. Des touches de violet ponctuées de jaune pâle vous y aideront. Des motifs géométriques, tels les étoiles ou les zigzags, sur les coussins ou les rideaux, ou, pourquoi pas, sur les murs, préserveront le Ch'i du feu.

LE SUD-OUEST L'ambiance calme et douillette qui règne dans cette direction est idéale pour la vie familiale, mais elle manque un peu de piquant dans certaines circonstances. Préservez cette atmosphère, en ajoutant quelques touches vivifiantes. Les couleurs de la terre, comme le brun ou le jaune, sont très harmonieuses et vous pouvez utiliser le violet ici et là, dans les motifs du papier peint ou des tissus d'ameublement, par exemple. Les motifs en damier conforteront l'énergie du sol ; les formes ou les dessins aux angles vifs, correspondant au Ch'i du feu, la stimuleront.

L'OUEST C'est une orientation agréable, bien adaptée à toutes les activités de détente, aussi la solution la plus simple est-elle peut-être d'en préserver l'ambiance. Privilégiez le rouge foncé et le vieux rose, avec quelques touches de gris et de blanc. Les formes rondes – les cercles, les ovales, les fleurs stylisées – stimulent le Ch'i de l'ouest. Des coussins ronds aux couleurs assorties, des plats dorés ou argentés sur les murs, auront le même effet.

MAUVAISES ORIENTATIONS : LES SOLUTIONS

Le nord et le nord-est sont les orientations les moins favorables pour un salon : la première est trop tranquille, la seconde ne l'est pas assez. L'est et le nord-ouest sont respectivement trop stimulant et trop formel. Ces inconvénients peuvent être atténués par un choix judicieux du décor.

LE NORD Dynamisez le Ch'i avec des rouges et des marron lumineux, et des objets en métal.

LE NORD-EST Calmez le Ch'i avec des rouges profonds et en augmentant les surfaces yin : textures mates, tapis et tapisseries.

LE NORD-OUEST Combattez le conformisme ambiant avec des jaunes et des bruns, favorisez l'énergie du sol et introduisez des métaux comme le cuivre ou le laiton.

L'EST Réduisez la trop grande activité du Ch'i avec des couleurs douces, comme le vert clair, et des matériaux yin : nattes de jonc, meubles d'osier ou de bambou.

LA CHEMINÉE

Comme le soleil, un vrai feu – qu'il consume du charbon, du bois ou du gaz – a la double propriété de concentrer et de diffuser sa chaleur, ce qui n'est pas le cas du chauffage central. De ce fait, une cheminée améliore grandement le confort d'une pièce durant l'hiver. C'est particulièrement vrai dans les régions où la durée du jour est limitée. Les cheminées électriques ne sont en revanche pas recommandées car elles émettent des radiations électriques (voir p. 132).

Une cheminée assure la présence dans sa forme pure de l'élément du feu, qui favorise la passion, l'enthousiasme, la spontanéité et la vivacité. Il est toutefois important d'harmoniser la position de la cheminée avec l'élément dominant de la pièce. Par exemple, le caractère yang du feu sera atténué dans une pièce située au nord où l'énergie est normalement plus froide et plus yin. Du côté nord d'une maison, l'élément qui s'harmonise le mieux avec le Ch'i du feu est celui de la terre, au nord-est. Ainsi, le nord-est d'une maison ou d'une pièce est-il la position la plus favorable pour une cheminée.

L'est, le sud-est et le sud-ouest possèdent des éléments dominants qui s'harmonisent avec le feu. Ce sont cependant des pièces ensoleillées de la maison, où l'énergie du feu sera moins bien contrôlée. Dans tous les cas, évitez d'installer une cheminée dans une pièce située plein sud : le Ch'i du feu y serait trop concentré, et vous risqueriez un incendie.

Enfin, lorsque la cheminée jouit d'une position bénéfique, vous pouvez suspendre un miroir au-dessus de celle-ci pour augmenter l'influence du Ch'i du feu.

SI VOUS N'AVEZ PAS DE CHEMINÉE

Dans beaucoup de maisons modernes, il est impossible d'avoir un vrai feu de cheminée, mais le Ch'i du feu peut être introduit sous d'autres formes – grâce aux bougies, lanternes, lampes à pétrole et éclairages divers. Posez-les dans les recoins sombres où le Ch'i a tendance à stagner. Pour décorer votre intérieur, vous pouvez également utiliser des objets, des couleurs et des motifs associés au feu. Les formes pointues ou découpées – les étoiles, zigzags, triangles et pyramides, par exemple –, les chaudes couleurs yang – comme les jaunes, orange, rouges et violets – dans les tissus d'ameublement et le revêtement mural apporteront un peu de la chaleur du feu dans la pièce. Le Ch'i du feu est favorisé par celui de l'arbre et les grandes plantes, surtout si elles portent des fleurs rouges ou violettes, lui sont bénéfiques (disposez-les loin des sièges). Enfin, n'en faites pas trop ; essayez une ou deux de ces solutions à la fois et jugez des résultats avant d'aller plus loin.

Renforcer le Ch'i du feu
Une lampe haute, surmontée d'un abat-jour plissé de couleur violette, et des fleurs rouges peuvent introduire le Ch'i du feu dans une pièce sans cheminée.

FENG SHUI PRATIQUE

Besoin de romance...
L'une de mes clientes n'était guère heureuse en amour. Lorsqu'elle invitait un ami, elle s'asseyait face à l'est, l'hôte regardant en direction du nord. Cette position la rendait très extravertie, alors que son vis-à-vis restait d'un calme olympien. Je lui suggérai de s'asseoir face au nord et de placer son invité face à l'ouest, direction bénéfique pour la vie amoureuse. Que croyez-vous qu'il arrivât ?

LE COIN CONVERSATION

Le salon est en principe une pièce conviviale et les sièges doivent être agencés de façon à favoriser les rapports humains. Souvent, lorsque l'atmosphère générale de la pièce n'est guère agréable, il faut en accuser la mauvaise disposition des fauteuils et canapés. Vous devez prévoir plusieurs canapés et/ou fauteuils (et non un seul long sofa, par exemple), et les répartir autour d'un centre (généralement une table basse). À partir de là, toutes les dispositions sont permises en fonction de vos besoins et de ceux de vos proches, et il est possible de trouver pour chaque personne la direction qui lui convient (voir p. 86). Dans l'idéal, quel que soit l'endroit où vous êtes assis, vous devez avoir une vue générale de la pièce.

Il est évidemment plus facile de choisir une orientation qui permette d'être assis dos au mur tout en regardant dans la direction souhaitée. Par exemple, si le nord vous est bénéfique, asseyez-vous au sud, face au nord. Tenez compte de l'orientation générale de la maison et non pas seulement de celle du salon, l'efficacité maximale étant obtenue si vous

Comment disposer fauteuils et canapés

L'harmonie de vos relations avec les personnes qui vous entourent dépend dans une certaine mesure de l'agencement de votre salon. Par exemple, si vous disposez un canapé au sud et deux fauteuils au nord, les Ch'i opposés du sud et du nord favoriseront les discussions orageuses. Nous décrivons ici des dispositions bénéfiques.

Pour l'harmonie familiale
Disposez un canapé au nord-ouest, un fauteuil au sud-est lui faisant face, et deux autres fauteuils, respectivement au nord-est et au sud-ouest. Ce type d'agencement circulaire est particulièrement harmonieux.

disposez d'une position favorable dans une pièce qui est elle-même bien située par rapport au centre de l'appartement. Si vous vous asseyez à l'ouest d'une pièce orientée à l'ouest de votre plan, vous bénéficierez doublement de l'influence de cette direction.

Essayez de disposer vos sièges de façon à obtenir une figure géométrique comme un cercle, un carré ou un rectangle. Au besoin, utilisez des éléments comme des tables basses ou des plantes pour compléter votre figure, en évitant de tourner le dos des sièges vers les portes ou les fenêtres. Une position face à la porte donne une sensation de sécurité, notamment si les gens passent leur temps à entrer et sortir de la pièce.

Assurez-vous également que les occupants des fauteuils ne sont pas soumis au Ch'i négatif. Ne les installez pas face à l'angle vif d'une table ou, pire, d'un buffet dont la masse importante aggravera les effets néfastes. Utilisez des plantes touffues pour absorber le Ch'i négatif dirigé vers les sièges.

Atténuer le Ch'i négatif
Posez une plante touffue aux feuilles rondes et retombantes à l'angle d'une table basse ou recouvrez celle-ci d'un napperon.

Pour des rencontres productives
Disposez deux canapés face à face, respectivement à l'est et à l'ouest, et un fauteuil au nord. Il s'agit là d'un agencement dynamique, propice aux discussions d'affaires et aux prises de décision.

Pour des discussions animées
Disposez deux canapés comme dans l'exemple ci-contre, mais orientez le fauteuil au nord-ouest, face au sud-est. C'est un agencement harmonieux dans lequel le fauteuil est soumis au Ch'i de chacun des canapés ; cette disposition est propice aux conversations animées.

Où s'asseoir dans une pièce

Quelle que soit la pièce où vous vous tenez, l'endroit où vous êtes assis a une influence sur votre humeur, votre bien-être et les relations que vous entretenez avec autrui. Plus la station assise sera longue, plus importante sera cette influence. Vous devez considérer également la position à laquelle vous faites face. Déterminez quel est votre but ou le problème que vous souhaitez résoudre, puis étudiez ce tableau pour connaître l'influence de chaque direction et choisir votre place.

Position sud, face au nord
Cette position vous place sous un flux d'énergie intense. Le nord est la direction la plus lénifiante et vous aidera à vous sentir plus calme et plus tranquille.

Position sud-est, face au nord-ouest
Le sud-est favorise la communication. En face, le nord-ouest vous aide à prendre vos responsabilités et à pourvoir aux besoins de votre famille.

Position sud-ouest, face au nord-est
Cette position est idéale pour l'harmonie familiale. Le nord-est auquel vous faites face augmente la motivation et la compétitivité, et aide à définir ses buts. Asseyez-vous là si vous recherchez une nouvelle voie.

Position est, face à l'ouest
Le Ch'i de l'est est dynamisant. À l'opposé, l'ouest rend sentimental, incite à rechercher le plaisir et la satisfaction des sens. C'est une bonne place pour se détendre à la fin d'une journée et pour parler en tête à tête.

Position ouest, face à l'est
L'ouest favorise les plaisirs et les amours. À l'opposé, l'est rend plus actif et ambitieux. Cela peut vous aider à mettre vos bonnes idées en pratique.

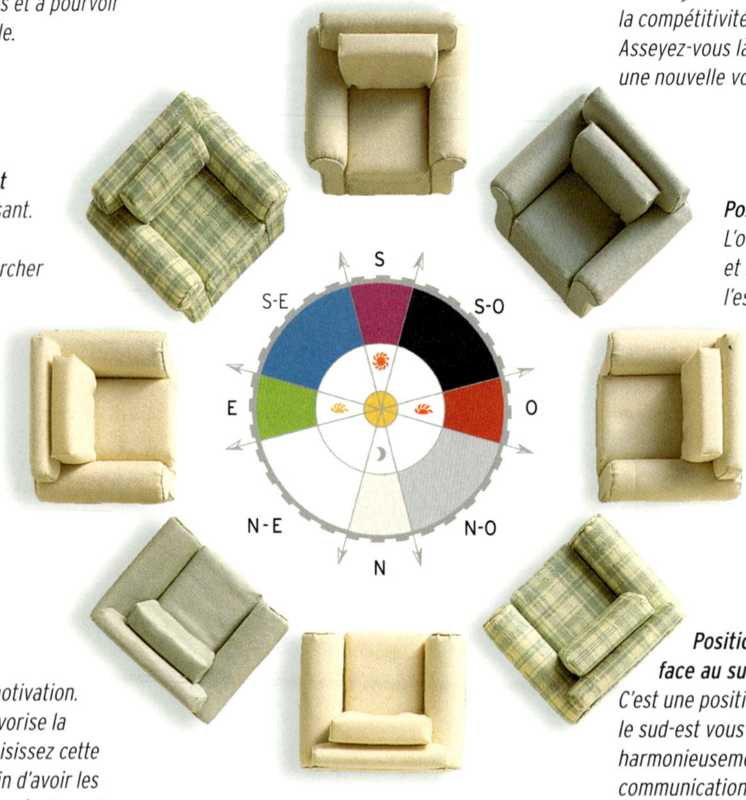

Position nord-est, face au sud-ouest
Le nord-est augmente la motivation. À l'opposé, le sud-ouest favorise la prudence, la méthode. Choisissez cette position si vous avez besoin d'avoir les pieds sur terre ; elle favorise également l'harmonie familiale.

Position nord-ouest, face au sud-est
C'est une position dominante. En face, le sud-est vous aide à progresser harmonieusement et favorise la communication et la créativité ; vous occupez le siège idéal pour mener une conversation productive.

Position nord, face au sud
L'énergie du nord est calme et le sud vous aide à être plus sociable. Si vous invitez des amis et souhaitez faire l'objet de l'attention générale, asseyez-vous ici. Cette position favorise l'inspiration et les idées neuves.

La salle à manger

Aujourd'hui, le repas du soir est bien souvent devenu le seul moment où toute la famille est réunie. Même si votre appartement n'est pas grand, il est important de prévoir un coin repas où tout le monde pourra prendre place autour d'une table. Une salle à manger agréable est un lieu où l'on a plaisir à se retrouver, à se détendre, à savourer tranquillement la nourriture. C'est aussi un lieu d'échange où se tissent les rapports familiaux. Si la qualité des mets reste essentielle, tout l'environnement a aussi son importance.

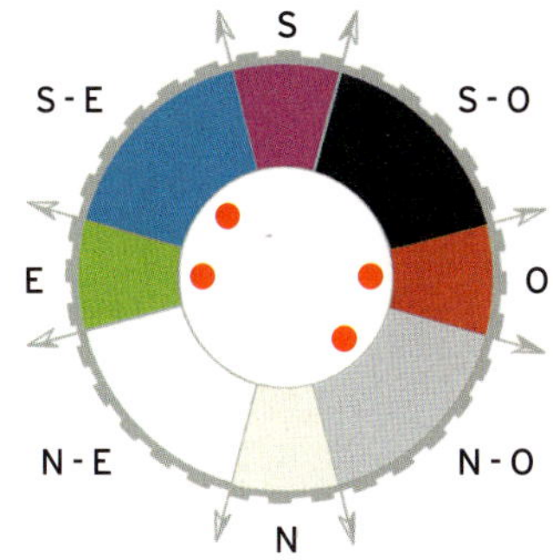

Les meilleures orientations de la salle à manger
Ce sont l'est, le sud-est, l'ouest et le nord-ouest par rapport au centre de votre maison.

LA NOURRITURE ET LE CH'I

La nourriture a une grande influence sur notre santé. Dans la médecine orientale, l'alimentation fait souvent partie intégrante des traitements. En effet, les différents aliments possèdent chacun leur propre Ch'i : lorsque vous mangez, vous avalez à la fois des nutriments et l'énergie vitale qui peut vous aider à guérir.

Cependant, l'énergie que nous apportent les aliments dépend aussi de l'atmosphère où est pris le repas. Bien que nous reconnaissions généralement le bien-fondé d'une alimentation équilibrée, nous ne tirons pas toujours le maximum de bénéfices de ce que nous mangeons, car nous le faisons dans de mauvaises conditions. Par exemple, il est préférable de s'asseoir plutôt que d'avaler un morceau sur le pouce. Vous n'en digérerez que mieux ; vous avez en outre tout intérêt à prendre votre temps : la précipitation augmente la sécrétion de sucs gastriques et perturbe la digestion. Enfin, le repas est un moment privilégié pour se livrer aux plaisirs de la conversation.

LES BONNES ORIENTATIONS

Les meilleures orientations pour la salle à manger sont l'est, le sud-est, l'ouest et le nord-ouest. L'est jouit d'une atmosphère vivifiante et constitue une direction particulièrement propice pour le petit déjeuner, car il est très ensoleillé le matin. Au sud-est, l'ambiance favorise les échanges, et l'ouest est la direction qui correspond aux plaisirs de la vie en général ; il convient particulièrement au repas du soir car le soleil couchant apporte alors son énergie à cette zone de votre appartement. Le nord-ouest est plus approprié pour les repas formels.

Évitez dans tous les cas de manger au nord-est de votre maison, car le Ch'i y circule très rapidement, avec de brusques changements de direction.

LE CHOIX DU DÉCOR

Le facteur essentiel à prendre en compte dans cette zone de la maison est sa netteté, indispensable pour prendre ses repas dans une ambiance détendue et agréable.

LES MEUBLES Choisissez des surfaces faciles à nettoyer. Le bois est idéal, car il freine la circulation d'énergie. Cependant, tous les bois n'ont pas les mêmes effets ; utilisés pour un plateau de table, certains d'entre eux peuvent perturber l'ambiance des repas (voir page ci-contre). Évitez de placer les chaises face aux angles.

L'ÉCLAIRAGE Il doit être modulable. Pour un dîner romantique, les lumières tamisées sont de mise, mais de manière générale, mieux vaut voir ce qui est dans votre assiette. Un régulateur est donc nécessaire. Quelques bougies introduisent le Ch'i du feu, qui apporte chaleur et convivialité à un repas.

LES FENÊTRES Plutôt que des rideaux qui favorisent la stagnation, choisissez des stores de tissu.

LE SOL Les planchers de bois naturel neutralisent le Ch'i et sont faciles à nettoyer. Évitez tapis et moquette.

LES TABLEAUX Privilégiez les thèmes simples, qui favorisent la détente, comme les natures mortes ou les paysages paisibles. Une belle coupe de fruits sur un buffet peut avoir le même effet.

LES ACCESSOIRES Un miroir au mur ou sur le buffet, réfléchissant la table, améliore les vertus nutritives des aliments.

LES COULEURS ET LES MOTIFS

Déterminez la direction de votre salle à manger et choisissez pour le fond du décor les couleurs et motifs en harmonie. En fonction de l'ambiance souhaitée, ajoutez des détails susceptibles d'intensifier ou d'atténuer le Ch'i dominant. Les couleurs vives sont conseillées si vous utilisez votre salle à manger à chaque repas. Si vous la réservez au dîner, choisissez des teintes plus sombres.

Le Ch'i de l'est est très vivifiant, et les verts lumineux conforteront cette énergie. Un papier peint ou un tissu mural à motif de feuillage, atténué par des touches de violet, sera idéal. Au sud-est, des tons plus sombres de bleu ou de vert seront appropriés, éventuellement adoucis par une finition à l'éponge à grands passages irréguliers.

Les roses lumineux ou même les tons rouille sont les

EST
Un feuillage dans des tons de vert et de blanc conforte le Ch'i de l'arbre. Le vert et le bleu vifs conviennent aussi.

SUD-EST
Le bleu foncé et le vert maintiennent le Ch'i dominant, les motifs irréguliers du papier l'augmentent.

OUEST
Les rouges profonds conviennent bien à une salle à manger orientée à l'ouest.

NORD-OUEST
La sobriété ambiante est soulignée par le gris et le blanc. Les accessoires d'argent renforcent le Ch'i du métal.

couleurs de l'ouest, en particulier pour les dîners. Pour atténuer le Ch'i, choisissez des tons délavés, appliqués au chiffon ou à l'éponge, et des finitions crème. Le nord-ouest est très sobre : des murs gris et blancs avec des touches de rouge, des accessoires d'argent, ainsi que du linge de table blanc et amidonné constitueront le décor idéal pour un dîner formel.

LA TABLE

La forme de la table détermine la manière dont circule le Ch'i et a une influence sur l'atmosphère des repas. En elle-même, elle peut être plus ou moins yin ou yang (voir ci-contre, à droite) ; ainsi, une table ronde ou carrée est plus yang et dynamise le Ch'i ; une table ovale ou rectangulaire favorise une ambiance propice à la détente.

Les tables rondes et ovales offrent l'avantage de pouvoir disposer les chaises à votre guise, ce qui vous permet de placer harmonieusement les convives (voir p. 92). Les tables carrées et rectangulaires limitent vos choix à quatre directions ; de plus, s'il s'agit d'une longue table et que vous installez plus de deux personnes côte à côte, une conversation générale sera difficile.

LE PLATEAU DE LA TABLE

Il doit être facile à nettoyer. Le bois naturel est relativement pratique à cet égard. Les bois clairs et tendres comme le pin et l'orme sont plus yin et conviennent bien aux repas familiaux. Les bois polis, sombres et durs comme le chêne, l'acajou et le teck sont plus yang, ce qui les désigne pour les dîners plus formels. Les surfaces très dures comme le marbre ou le verre font circuler rapidement le flux d'énergie à travers la table, créant une atmosphère stimulante, mais aussi plus stressante, ce qui peut s'avérer positif dans certaines circonstances (voir ci-contre, à droite).

En combinant forme et matériau, vous déterminerez l'ambiance souhaitée pour vos repas. Il est possible d'associer une forme yin (rectangle ou ovale) avec un matériau yang (marbre, granit ou verre), ou à l'inverse une forme yang (carré ou cercle) avec un matériau yin (bois clair). Enfin, vous pouvez choisir une table résolument yin ou résolument yang (voir ci-contre, à droite).

Le linge de table a aussi son importance pour créer une atmosphère particulière à l'occasion d'un repas. Vous atténuerez le flux du Ch'i en recouvrant une surface yang d'une grande nappe ; pour une surface yin, un simple jeté de table ou des sets individuels suffiront. Selon la couleur choisie, le linge de table n'aura en outre pas la même influence (voir p. 90 et 91).

LES BONNES TABLES

Le matériau et la forme d'un plateau de table s'adaptent mieux à certaines circonstances qu'à d'autres.

Les dîners formels
Une forme rectangulaire est plus yin qu'un plateau carré. L'acajou, plus yang que les bois clairs, a un petit côté austère.

La table familiale
Un plateau ovale apaise le Ch'i; il est plus yin qu'une table ronde. Le pin naturel favorise une ambiance détendue.

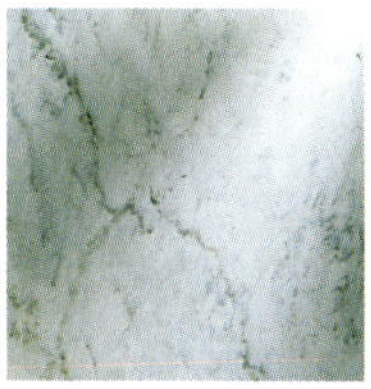

Les déjeuners d'affaires
Un plateau carré est plus yang et stimulant qu'une table rectangulaire. Le marbre est dynamisant.

Les soupers romantiques
Une table ronde est yang et incite plus à communiquer qu'un plateau ovale; le verre a le même effet.

Mettre la table

Le linge de table, les assiettes et les couverts, ont une grande influence sur l'ambiance d'un repas. En utilisant les concepts du yin et du yang (voir p. 22), vous pouvez élaborer des décors extrêmement différents, qui affecteront les mouvements du Ch'i de diverses manières. La forme de la table et le matériau dont elle faite sont très importants (voir p. 89), mais les petits détails comme le décor floral, la couleur vive des serviettes ou la forme des sets contribuent à l'atmosphère globale de la pièce et au bien-être des convives.

Le fait de savoir varier les décors en fonction des circonstances influe sur le succès d'un repas ; on ne dresse pas la table de la même manière pour un dîner formel et pour un repas familial.

UNE TABLE YIN

Les surfaces douces, très yin, et les couleurs froides ralentissent la circulation du flux d'énergie et créent une ambiance détendue qui convient aux déjeuners et aux dîners entre amis comme aux repas familiaux.

PLATEAU *Les formes longues et ovales sont plus yin que les plateaux ronds ou carrés. Le bois clair neutralise en partie les mouvements du Ch'i.*

SETS DE TABLE *Liège, lin, osier, bambou, paille tressée, sont des matériaux qui favorisent la détente.*

COUVERTS *Les couverts à manche de bois et les baguettes créent une atmosphère yin, plus légère et plus relaxante.*

SERVIETTES *Le vert est la couleur des plantes. Des serviettes vert foncé favorisent la communication.*

PLANTES *Les variétés touffues aux feuilles arrondies ont un effet lénifiant ; le vert vif est stimulant.*

CHAISES *Les bois clairs et non vernis comme le pin ou l'orme et les revêtements de textiles naturels comme le lin ou le coton sont yin.*

LINGE DE TABLE *Les couleurs neutres et les fibres naturelles sont yin. Le tissu ralentit la circulation du Ch'i.*

VAISSELLE *Les bols et écuelles de bois, ainsi que les plats ronds de faïence ou de pierre sont tous très yin.*

METS *Les aliments crus, comme les salades ou les fruits frais, sont yin.*

UNE AMBIANCE POUR CHAQUE COULEUR

Détendue — Tonique — Vivifiante — Communicante — Passionnée

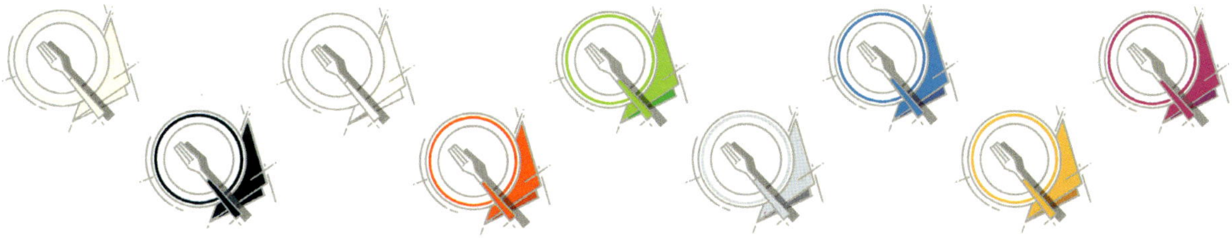

Sereine — Romantique — Conventionnelle — Chaleureuse

UNE TABLE YANG

Ce décor convient aux repas formels, bien que certains détails lui apportent une note romantique. Une table yang se caractérise par ses éléments bien ordonnés, ses lignes claires, ses couleurs fortes et ses surfaces dures.

LE PLATEAU *Un matériau dur et lisse comme le marbre favorise une circulation rapide du Ch'i. La forme compacte du carré est très yang, tout comme celle des sets.*

LES CHAISES *Le mobilier métallique est généralement très yang et favorise une circulation rapide du Ch'i. Un coussin de couleur orange ou rouge augmentera cet effet.*

LES COUVERTS ET LA VERRERIE *Les surfaces réfléchissantes de l'acier poli et les verres étincelants créent un flux d'énergie très stimulant autour de la table.*

LES BOUGIES *Elles apportent l'énergie du feu et la passion.*

LES ROSES ROUGES *Elles symbolisent la passion et donnent une touche romantique à ce décor yang.*

LES METS *Le pain complet est plus yang que le pain blanc. Le saumon, qui remonte les courants, est un poisson très yang, notamment lorsqu'il est fumé.*

LE LINGE DE TABLE *Des touches de rouge dans les serviettes et les bougies dynamisent le décor.*

S'asseoir autour d'une table

Un bon plan de table crée une atmosphère agréable. Chaque position est associée à un membre de la famille qui symbolise un type de Ch'i particulier. Ce dernier ne correspond pas toujours exactement aux traits de caractère de la personne assise à cette place, mais c'est là qu'elle se sentira le plus à l'aise. Le plan de table ci-dessous permet de se faire une idée de la nature du Ch'i dans chaque direction. Étudiez-le pour placer vos convives. Nous présentons ici une table ronde. Si la vôtre est carrée ou rectangulaire, essayez de trouver les positions les plus proches de celles qui sont définies, et n'installez jamais un convive face à un angle.

Position sud, face au nord
Cette position favorise l'expressivité. Elle est traditionnellement associée à la fille cadette ou à une femme d'âge moyen. À l'opposé, le nord favorise le calme et le goût du mystère.

Position sud-est, face au nord-ouest
Cette position favorise la communication. Elle correspond à la fille aînée et est bénéfique aux jeunes femmes en général. Le nord-ouest en face apporte le sens de la dignité et du respect.

Position sud-ouest, face au nord-est
Associée à la mère, cette position favorise l'harmonie familiale. Le nord-est, en face, apporte motivation et goût du travail.

Position est, face à l'ouest
C'est une bonne position pour développer son activité et son ambition. En face, l'ouest apporte romantisme et sérénité.

Position ouest, face à l'est
Cette place favorise le romantisme et le plaisir des sens. Le Ch'i, à la fois léger et impertinent, est associé à la benjamine. En face, l'est favorise la confiance et l'activité.

Position nord-est, face au sud-ouest
Cette position, qui est celle du benjamin, augmente la motivation. Elle n'est pas vraiment bonne pour les autres membres de la famille.

Position nord-ouest, face au sud-est
Cette position, qui favorise l'autorité, est traditionnellement celle du père et suscite le respect. À l'opposé, le sud-est apporte sens de la communication et harmonie.

Position nord, face au sud
C'est une position calme et tranquille, mais le sud favorise la passion. Cette place revient au fils cadet ou à un homme d'âge moyen.

La chambre

Nous passons entre six et neuf heures sur vingt-quatre dans notre lit. C'est souvent l'endroit où nous restons le plus longtemps d'affilée dans une journée ; pour cette raison, l'orientation de votre chambre et la position de votre lit sont très importantes pour vous mettre en harmonie avec les flux d'énergie et influencer ainsi votre vie entière.

Un bon sommeil est essentiel à la santé, aussi est-il important d'avoir une chambre qui vous permette de vous détendre et de vous reposer convenablement. C'est à ce prix que vous vous réveillerez frais et dispos, plein d'enthousiasme pour aborder une nouvelle journée.

Dans un couple, la chambre est également le lieu privilégié de la vie amoureuse. Si vous avez une grande famille, c'est aussi souvent le seul endroit qui soit vraiment le vôtre. Dans la mesure du possible, n'utilisez pas votre chambre pour des activités diverses – n'y installez pas votre bureau, par exemple. Votre sommeil comme votre travail en souffriraient.

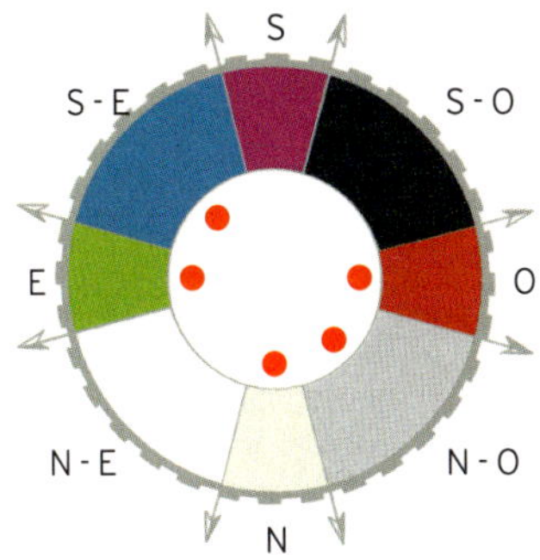

Les meilleures orientations de votre chambre
Ce sont le nord, l'est, le sud-est, l'ouest et le nord-ouest par rapport au centre de votre maison.

LES BONNES ORIENTATIONS

L'orientation d'un lit peut être néfaste à la vie d'un individu dans tous ses aspects, et pas seulement en ce qui concerne son sommeil et ses relations sexuelles. Dans l'idéal, votre chambre devrait bénéficier de la lumière du soleil au lever du jour, mais ce doit être également une pièce calme. Quant à la direction de votre lit, elle dépend essentiellement des buts que vous souhaitez atteindre (voir p. 102 et 103).

Pour un adulte ou une personne d'âge mûr, les meilleures orientations de la chambre à coucher sont le nord-ouest, le nord et l'ouest. Si vous avez des enfants, la position idéale de votre chambre est le nord-ouest ; le Ch'i favorise la maturité et le sens des responsabilités, il vous aide à organiser votre vie et attire le respect sur vous. Le nord est une position plus calme, qui peut être bénéfique pour un insomniaque. Les personnes jeunes ont cependant intérêt à éviter de dormir dans un lit dont la tête est orientée au nord, car elles risqueraient de devenir trop tranquilles. L'ouest est particulièrement favorable pour la vie amoureuse – ce qui est une bonne chose pour un couple. Si votre vie sexuelle manque de fantaisie, déménagez votre chambre au nord ou à l'ouest…

De manière générale, les jeunes gens tirent bénéfice d'une orientation à l'est ou au sud-est alors qu'ils sont au seuil de leur vie : le Ch'i les aide à prendre un bon départ.

La chambre idéale

Une chambre orientée à l'ouest favorise la vie amoureuse, ce qui en fait une position idéale pour un couple. Cette position réunit en principe toutes les conditions nécessaires pour se détendre et bien dormir et elle est suffisamment calme pour préserver l'intimité. Son décor sera composé d'éléments vivifiants et plaisants à regarder pour inciter à se réveiller et à aborder la journée « du bon pied ». L'agréable Ch'i de l'ouest permet d'atteindre ses objectifs sans problème.

❶ L'ÉCLAIRAGE *Un éclairage doux apporte détente et intimité. Des abat-jour atténuent l'intensité de la lumière électrique. Des bougies créent une ambiance romantique et renforcent le Ch'i du sol au nord-est.*

❷ LES PLANTES *Les variétés à feuilles rondes ont un effet apaisant. À l'ouest ou au nord-ouest de la pièce, elles renforcent l'énergie du métal.*

❸ LE RANGEMENT *Prévoyez suffisamment de placards et gardez vos vêtements hors de vue. Les rangements répartis sur un mur ou encastrés ne perturbent pas le Ch'i.*

❹ LE LIT *Un lit de bois a un effet neutre sur l'énergie ambiante. Une tête de lit vous protège des effets d'un Ch'i trop rapide, lesquels seront atténués si votre lit est contre un mur. Disposez votre lit dans une direction favorable (voir p. 98). Dormir la tête dirigée vers le nord-ouest favorise l'autorité, le sens de l'organisation et la prise de responsabilité - toutes choses positives pour des parents. Enfin, faites en sorte de voir la porte et les fenêtres depuis votre lit.*

❺ LES DRAPS *Pour créer un flux d'énergie harmonieux au contact de votre peau, utilisez des draps de coton, de lin ou de soie. Les touches de rose et les motifs circulaires favorisent le Ch'i de l'ouest. Faites votre lit tous les matins.*

❻ LES MEUBLES *Les meubles d'une chambre doivent avoir des angles arrondis. Aucun angle aigu ne doit être pointé vers le lit, car un Ch'i négatif serait néfaste pour votre énergie vitale et pour votre santé.*

❼ LE SOL *Les matériaux yin ralentissent la circulation du Ch'i et créent une atmosphère paisible ; une moquette est idéale pour une chambre.*

❽ LES FENÊTRES *Les rideaux drapés et les ruchés ralentissent le flux du Ch'i provenant de la fenêtre durant la nuit et favorisent un sommeil paisible. Fermez-les soigneusement avant de vous coucher, surtout si la fenêtre est ouverte.*

❾ LES MURS *Les couleurs pastel sont yin et plus apaisantes. Le rose convient aux pièces orientées à l'ouest.*

❿ LES TABLEAUX *Ne les mettez pas sous verre, ou choisissez un verre anti-reflet. Disposez les tableaux, les éclairages ou les tables de chevet par paires pour symboliser l'intimité du couple.*

Les remèdes du Feng Shui *disposez un vase de fleurs rouges à l'ouest de la pièce pour augmenter le Ch'i du métal et créer une ambiance romantique.*

À ÉVITER DANS UNE CHAMBRE À COUCHER

LES ANGLES AIGUS
Il est important d'éviter les facteurs de Ch'i négatif, en particulier s'ils sont à proximité immédiate du lit. Bannissez les plantes aux feuilles découpées et les meubles aux angles nets.

LES MIROIRS Ils réfléchissent votre Ch'i personnel pendant votre sommeil et vous empêchent d'évacuer les émotions de la journée. Si vous en avez un, couvrez-le ou tournez-le vers le mur avant de vous coucher.

LES MATÉRIAUX YANG
Les surfaces lisses et dures comme le verre, le métal ou le marbre accélèrent le flux d'énergie et peuvent perturber votre sommeil.

UNE SALLE DE BAINS ATTENANTE Dans les salles de bains règne une atmosphère lourde et humide néfaste à la santé. Gardez sa porte close durant la nuit ou masquez son entrée avec un rideau.

Une chambre à l'ouest
L'ouest est dominé par le Ch'i du métal ; pour le renforcer, utilisez des couleurs et des objets yin.

LE CHOIX DU DÉCOR

Dans une chambre située à l'ouest, la décoration doit renforcer le Ch'i du métal. Utilisez des tons roses, blancs et gris, que vous réveillerez avec des touches de rouge, d'argent et d'or. Le rouge favorise une ambiance romantique et les couleurs pastel, le blanc cassé et le crème donnent une sensation de paix et de quiétude. Les motifs circulaires confortent également le Ch'i du métal. La peinture à l'éponge et la détrempe ont un effet calmant…

NORD
Le rose vif, le rouge ou le rouge foncé dynamisent le Ch'i dans une paisible chambre située au nord.

NORD-OUEST
Le gris, le blanc et le rose confortent le Ch'i naturellement austère de cette direction.

EST ET SUD-EST
Les bleus et les verts vous aideront à optimiser l'énergie de l'arbre dans ces deux orientations.

DÉCORS POUR LES AUTRES DIRECTIONS FAVORABLES

LE NORD Le Ch'i est ici particulièrement paisible et tranquille. Cette position favorise la vie spirituelle et l'introspection. Elle est bénéfique pour les personnes âgées et les insomniaques, mais déconseillée aux jeunes gens. Selon votre situation, vous pouvez choisir de conserver ce Ch'i très lénifiant grâce aux couleurs crème et blanc cassé, ou le dynamiser avec des touches de rose ou de rouge.

LE NORD-OUEST Ici, l'ambiance incite au sérieux et à la prise de responsabilité, mais elle est peut-être encore trop austère pour les jeunes gens. Pour la maintenir, utilisez les tons gris, blanc et rose. Des motifs comportant du jaune, du brun ou du noir peuvent apporter un peu de Ch'i du sol qui amplifie les effets de celui du métal.

L'EST ET LE SUD-EST Les deux directions conviennent bien aux jeunes gens ; elles sont stimulantes et vivifiantes, en particulier le matin, au soleil levant. Utilisez des teintes pastel de vert et de bleu pour atténuer le Ch'i si vous voulez bien dormir.

LES REMÈDES DU FENG SHUI

Le sud et le nord-est sont les deux orientations les moins propices pour une chambre. La première est trop chaude et agitée ; la seconde est dominée par un Ch'i imprévisible et violent qui peut provoquer des cauchemars. Dans les deux cas, l'énergie doit être atténuée. Le sud-ouest n'est pas non plus une bonne direction, car le Ch'i est trop nonchalant, ce qui peut affecter votre dynamisme ; il est de plus instable et doit à la fois être équilibré et stimulé.

AU NORD-EST
Atténuez la virulence du Ch'i avec des jaunes pâles ou des couleurs passées et bannissez les roses ou les rouges vifs. Augmentez l'influence du Ch'i du métal en disposant des objets yin dans votre chambre.

AU SUD
Atténuez l'atmosphère passionnelle avec des touches de violet clair et les couleurs du sol (jaune et noir). Les textures souples et mates des tapis et des tapisseries ont le même effet. Augmentez l'influence du Ch'i du sol avec des motifs en damier et des plantes basses dans des pots de terre ou d'argile.

AU SUD-OUEST
Réveillez le Ch'i paresseux qui règne ici avec des jaunes vifs et des bruns, ainsi que des touches de rouge profond. Stimulez l'énergie du métal grâce à des objets de bronze et de cuivre qui stabiliseront le Ch'i.

LE LIT

Beaucoup de gens considèrent leur lit comme un meuble où dormir et accessoirement où faire l'amour, mais un bon lit peut aussi améliorer votre vitalité, avoir une influence sur votre vie quotidienne et, dans une certaine mesure, sur votre destinée.

Le bois est le meilleur des matériaux pour un lit. À l'inverse du métal, il n'altère pas les champs magnétiques ambiants. Les lits métalliques, comme ceux en cuivre ou en fer forgé, accélèrent le flux du Ch'i, ce qui ne favorise guère un sommeil paisible. Les lits à matelas d'eau ne sont pas davantage recommandés, car ils humidifient l'atmosphère, générant une stagnation d'énergie.

La tête de lit protège votre tête des flux d'énergie pendant votre sommeil ; elle est moins utile si votre lit est placé contre un mur. Évitez de ranger des objets sous votre lit pour éviter les stagnations. Si vous ne pouvez faire autrement, sortez et nettoyez régulièrement ces objets.

LE MATELAS

Il doit être composé de matériaux naturels. Le coton, la laine, le crin doivent être préférés à la mousse et autres synthétiques, dont la charge statique risque d'amoindrir votre énergie physique et mentale. Les matelas à ressorts sont déconseillés car ils contiennent des éléments en métal qui perturbent les champs magnétiques et dispersent le flux de Ch'i. Le dormeur peut se sentir désorienté au réveil, voire montrer une légère confusion mentale.

Les futons sont les meilleurs matelas en termes de Feng Shui. Ils sont constitués de quatre à huit couches de ouate épaisse, entourées d'un solide drap de coton. Au Japon, on les étale le soir sur des tatamis de bambou, mais en Occident, on utilise généralement un socle de bois pour les installer.

LES DRAPS ET COUVERTURES

Dans la mesure où ils sont au contact de votre peau, il est essentiel de choisir des draps, oreillers, couvertures et autres couettes de pur coton, de lin, de soie ou de laine. Le coton et le lin sont plus sains, car ils « respirent » mieux que la soie. De la même manière, couvre-lits et édredons doivent contenir exclusivement du duvet naturel ou de la ouate de coton. Bordez bien votre lit, de façon que l'air puisse circuler librement dessous. Toute la literie doit être régulièrement lavée et aérée, de préférence au dehors.

Choisissez des couleurs qui soient en harmonie avec les Huit Directions (voir p. 123). Vous pouvez également les déterminer en fonction de votre Nine Ki personnel (voir p. 37).

DÉCOR AMOUREUX

Il existe différents moyens de rendre l'atmosphère d'une chambre plus romantique.

LES COULEURS Un usage judicieux du rouge et du violet, couleurs de la passion, peut être efficace. Installez des fleurs rouges ou une tapisserie murale avec des touches de violet. Pour plus d'efficacité, placez un objet violet au sud de la chambre et un autre, rouge, à l'ouest.

LES OBJETS Choisissez vos objets décoratifs en pensant à leur effet psychologique. Si certaines images éveillent en vous des pulsions amoureuses, peut-être en est-il de même pour votre partenaire.

DEUX PAR DEUX Les couples d'objets renforcent les relations amoureuses ; par exemple, deux tableaux ou sculptures, deux plantes dans des pots identiques ou deux chandeliers.

LES BOUGIES Elles dynamisent l'énergie du feu, associée à la passion amoureuse.

La position du lit

Si le choix d'une pièce où dormir est souvent limité, celui de la position du lit est beaucoup plus large. Celle-ci a autant d'influence sur votre vie que la qualité de votre sommeil. Alignez votre lit sur un axe qui passe par le centre de votre maison, en orientant sa tête dans une direction favorable.

	Orientation de la tête NORD	Cette direction paisible est bénéfique en cas d'insomnie, mais elle peut rendre toute votre vie trop calme. Certains maîtres du Feng Shui s'y réfèrent comme à la position de la fin de la vie. Elle permet de trouver la paix et de s'ouvrir à la spiritualité.
	Orientation de la tête NORD-EST	Cette direction est trop stressante pour favoriser le sommeil. Vous risquez de vous sentir inquiet et tourmenté et de faire de violents cauchemars. Cela peut vous stimuler pendant un temps mais cette position est insupportable à long terme.
	Orientation de la tête EST	Cette direction est idéale pour les jeunes gens. Elle vous donne l'impression que la vie entière est devant vous, que demain est un nouveau jour et que tout peut arriver. C'est excellent pour construire une carrière et atteindre ses objectifs.
	Orientation de la tête SUD-EST	Une bonne communication et une augmentation de la créativité sont les bénéfices que l'on peut attendre de cette position. Elle permet de décupler son activité et de construire sa vie, mais d'une manière plus tranquille qu'à l'est.
	Orientation de la tête SUD	La chaleur intense du Ch'i dans cette direction ne favorise pas un sommeil serein. Vous courez le risque de vous quereller avec votre conjoint. À utiliser avec modération, éventuellement pour réveiller une passion défaillante...
	Orientation de la tête SUD-OUEST	C'est une position très calme, qui vous garantit des relations harmonieuses avec autrui, mais qui peut vous rendre trop prudent. De plus, vous dormirez avec les pieds vers le nord-est, sur un axe très instable.
	Orientation de la tête OUEST	Cette position vous permet d'associer un bon sommeil à un sentiment général de satisfaction : elle favorise en outre la vie amoureuse. Le risque est pourtant de se laisser aller à la facilité et de manquer de motivation pour avancer.
	Orientation de la tête NORD-OUEST	Cette position est associée au pouvoir et à la responsabilité ; elle apporte un sommeil long et profond. Elle convient bien aux personnes âgées qui dispensent leur autorité avec sagesse, et est particulièrement favorable pour des parents.

La chambre d'enfant

Cette pièce remplit à la fois les fonctions de chambre à coucher et de salle de jeu. En tenant compte de ces considérations antinomiques, vous devez choisir l'emplacement de la chambre, la direction dans laquelle installer le (ou les) lit, et décorer la pièce. Pour beaucoup de parents, la chambre idéale pour un enfant est celle qui lui assure un sommeil tranquille toute la nuit ; cependant, elle doit aussi être un lieu d'éveil, suffisamment stimulant.

Parfois, deux enfants ou plus doivent se partager la même chambre, ce qui est source inévitable de disputes. Pourtant, si vous placez tous les lits dans la même direction, les relations entre vos enfants seront sans doute plus harmonieuses. De même, si vous êtes en conflit avec l'un de vos enfants, orientez votre lit comme le sien pendant une certaine période ou jusqu'à ce que le problème soit résolu.

En cas de cohabitation de plusieurs enfants, assurez-vous que chacun d'entre eux dispose d'un coin personnel. Il peut s'agir d'une étagère, d'un tiroir, d'un placard, voire d'une petite table ou d'un bureau. Laissez-les organiser ces espaces à leur guise, en résistant à la tentation d'y mettre votre grain de sel.

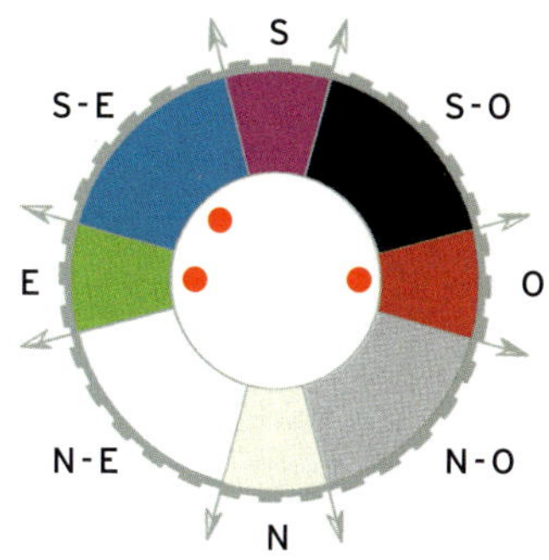

Les meilleures orientations de la chambre d'enfant
Ce sont l'est, le sud-est et l'ouest par rapport au centre de votre maison.

LES BONNES ORIENTATIONS

Dans l'idéal, une chambre d'enfant devrait être exposée au soleil au lever du jour. Cela sera le cas à l'est et au sud-est de votre maison. L'ouest, qui est ensoleillé l'après-midi, est également une orientation favorable, en particulier pour les enfants hyperactifs.

L'est est imprégné de l'énergie du Levant, associée à la croissance de toute chose. Le Ch'i ici est actif et stimulant. Il symbolise le début d'une nouvelle journée, tout comme un enfant est à l'aube de sa vie. Dans cette position, le sommeil risque cependant d'être difficile, car le Ch'i est très vivace ; certaines solutions vous permettent de l'atténuer (voir p. 100 et 101).

Une chambre au sud-est peut aussi favoriser la croissance et l'éveil de l'enfant. Le Ch'i ici est moins vivace qu'à l'est, ce qui peut favoriser un développement plus harmonieux. Le sommeil y sera plus calme.

L'ouest est une orientation où le Ch'i est très paisible et c'est sans doute la direction où l'on dort le mieux. L'ambiance y est très agréable, mais cette direction n'est pas aussi stimulante pour l'enfant que l'est ou le sud-est.

La chambre idéale

Le Ch'i de l'est favorise la croissance de l'enfant, le rend positif, actif et tourné vers l'avenir. Cette position remplit l'une des fonctions essentielles d'une chambre d'enfant : stimuler son imagination et favoriser son éveil. Parallèlement, un bon sommeil est vital pour l'enfant, ce qui explique que l'énergie de l'est ait besoin d'être tempérée. Il faut trouver un juste équilibre pour que la chambre soit à la fois un lieu à vivre et un havre de paix où dormir tranquillement.

❶ L'ÉCLAIRAGE *Des lampes orientées vers le plafond renforcent le Ch'i de l'arbre. Ne laissez pas traîner les fils sur le sol, et préférez les appliques aux lampes sur pied.*

❷ LE RANGEMENT *Les placards doivent être assez nombreux pour que la chambre reste nette, et faciles à atteindre pour les enfants.*

❸ LES LITS *Les lits superposés font gagner de l'espace et permettent d'orienter les couchages dans la même direction, ce qui favorise l'entente entre enfants. Si votre bébé ne dort pas, placez la tête de son berceau vers le nord. Les lits doivent être garnis d'oreillers et de couettes en fibres naturelles.*

❹ LES MEUBLES *Les angles arrondis et les tabourets ronds évitent le risque de créer un Ch'i négatif. Disposez le bureau face à l'est, pour stimuler l'enfant lorsqu'il travaille. Choisissez des couleurs vives.*

❺ LE SOL *Le bois naturel renforce le Ch'i de l'arbre, évite la stagnation et est facile à entretenir.*

❻ LES FENÊTRES *Les stores de tissu ralentissent le flux de Ch'i pendant la nuit, sans provoquer de stagnation. Ils dégagent complètement la fenêtre pendant la journée, exposant toute la pièce au Ch'i de l'est.*

❼ LES MURS *Des tons doux de bleu ont un effet apaisant. Des étoiles introduisent le Ch'i du feu.*

❽ LES TABLEAUX *Les décors de tissu ralentissent le Ch'i et ne réfléchissent pas la lumière (voir ci-dessous). Les couleurs vives, notamment le rouge, le jaune et le orange, sont yang et stimulantes. Les tons plus neutres de bleu ou de vert sont plus yin et apaisent l'atmosphère.*

❾ LE MOBILE *Le mouvement d'un mobile peut être stimulant ou calmant pour un enfant. Suspendez à l'ouest de la chambre un mobile de métal; pour qu'il soit plus yang, peignez ses pièces de vives couleurs primaires. Un mobile aux couleurs pastel sera plus yin et apaisant. Ne l'accrochez jamais au-dessus du lit.*

❿ LES JOUETS *Le bois est idéal pour les jouets des enfants : il est solide et sa texture est agréable au toucher. Rangez les jouets pour la nuit.*

Les remèdes du Feng Shui *Si vos enfants ont peur du noir, allumez une bougie dans un endroit bien protégé de la chambre, plutôt que de brancher une veilleuse électrique. Le Ch'i du feu a un effet calmant dans une pièce située à l'est.*

À ÉVITER DANS UNE CHAMBRE D'ENFANT

LES PORTES OUVERTES
Fermez la porte de la chambre la nuit, ainsi que les rideaux. Cela calme le flux d'énergie et favorise le sommeil.

LA TÊTE DU LIT SOUS LA FENÊTRE
Le Ch'i y est très actif et ne favorise pas une bonne nuit de sommeil.

LES MEUBLES ENCOMBRANTS
Les enfants ont besoin de place : les gros meubles créent une atmosphère étouffante et confinée.

LE DÉSORDRE Il s'installe très vite dans une chambre d'enfant, avec les jouets et autres objets qui traînent sur le sol. Apprenez à vos enfants à garder leur chambre nette et à se débarrasser des jouets hors d'usage.

LES APPAREILS ÉLECTRIQUES
Pour limiter les radiations, évitez d'installer télévision, magnétoscope ou ordinateur personnel dans la chambre à coucher d'un enfant.

Une chambre pour deux à l'est
Ici, le décor est conçu pour conforter le Ch'i de l'arbre, tout en l'atténuant grâce à quelques détails.

LE CHOIX DU DÉCOR

Confortez le Ch'i de l'arbre en utilisant un joli bleu pâle comme couleur de fond, afin d'introduire une note calme dans la chambre. Disséminées dans la pièce, des touches de vert, de bleu et de jaune vifs auront un effet stimulant. Les murs et les couvertures unis, qui sont plutôt yang, compenseront l'inévitable désordre. Notez que le jaune convient à toutes les orientations ; les étoiles jaunes introduisent ici le Ch'i du feu qui atténue celui de l'arbre. Pour un effet apaisant, utilisez des tons yin très clairs et quelques touches de violet pâle.

LA TÊTE DE LIT

Pour ce qui est de l'orientation de la tête de lit, les mêmes critères s'appliquent pour les enfants et pour les adultes (voir p. 98), mais certains règles du Feng Shui concernent tout particulièrement les enfants.

L'est et le sud-est sont en principe les meilleures orientations, bien que l'est puisse être trop excitant pour certains enfants.

L'ouest et le nord sont bénéfiques pour les enfants qui ont du mal à trouver le sommeil ; le nord est bien adapté aux nouveau-nés.

Les directions suivantes doivent être évitées : le Ch'i du nord-est peut rendre l'enfant coléreux ; celui du sud peut le perturber ; celui du sud-ouest favorise la timidité ; enfin, celui du nord-ouest peut amener l'enfant à essayer de contrôler la vie de ses parents.

LES AUTRES ORIENTATIONS FAVORABLES

LE SUD-EST Cette direction possède beaucoup de points communs avec l'est (voir p. 100 et 101), mais ils sont atténués, aussi n'est-il pas besoin d'introduire autant d'éléments pour calmer l'activité du Ch'i. Conserver l'ambiance naturelle de la chambre peut se révéler suffisant. Utilisez des tons forts de bleu et de vert, de préférence clairs et lumineux. Les motifs verticaux conviennent également ici.

L'OUEST C'est une orientation confortable ou l'on se sent bien, qui conviendra parfaitement à un enfant anxieux, hyperactif, ou qui traverse une phase difficile. Si vous souhaitez apporter une note stimulante dans la chambre, utilisez des tons yang comme le rouge ou le rose, ainsi que des touches de jaune vif. Des motifs en damier peuvent également y contribuer.

LES REMÈDES DU FENG SHUI

Des problèmes peuvent se poser au nord-est, au sud, au sud-ouest et au nord-ouest, qui ne sont recommandés ni pour la chambre, ni pour la tête du lit (voir ci-contre). Quant au nord, il peut constituer une solution temporaire, mais ce n'est pas une bonne orientation à long terme.

AU NORD Réveillez le Ch'i en ajoutant des éléments yang associés au métal : touches de rouge vif, mobiles de métal, par exemple.

AU NORD-EST
Atténuez le Ch'i avec des objets ou des couleurs yin : vieux rose, jaune pâle, tissus et matériaux souples et mats. Suspendez un mobile aux figurines d'étoffe au nord-est de la chambre.

AU SUD
Atténuez l'activité du Ch'i avec des éléments yin associés au sol, mais utilisez ici du jaune pâle et du beige plutôt que du rose ; disposez un bol de terre cuite contenant du charbon de bois sous le lit.

AU SUD-OUEST
Stimulez le Ch'i grâce à des éléments associés au feu et au métal : motifs circulaires ou en zigzag dans les tons violets, rouges ou roses.

AU NORD-OUEST
Atténuez la solennité du Ch'i avec des éléments associés à l'eau : tons crème et motifs irréguliers sur les murs.

SUD-EST
Les rayures verticales dans les tons de vert et de bleu préservent l'énergie vivifiante associée à cette direction.

OUEST
L'énergie du métal peut être renforcée avec des couleurs yang, comme le rouge, le rose et le jaune vif en damier.

La cuisine

En Extrême-Orient, l'alimentation et la santé sont considérées comme allant de pair. Les médecins estiment là-bas qu'une nourriture équilibrée est facteur de bonne santé et de longévité. Au même titre qu'une maison, les aliments procèdent du yin et du yang, ainsi que des Cinq Éléments, et une part importante de la pratique médicale orientale consiste à adapter ces principes à la personnalité des patients. L'air, l'eau et la nourriture nous apportent les éléments nécessaires à notre survie, mais aussi des flux d'énergie spécifiques. Nous n'avons guère de choix en ce qui concerne l'air que nous respirons, mais il nous est possible de décider ce que nous buvons et surtout ce que nous mangeons. De ces choix dépendent en grande partie notre santé et notre bien-être.

Étant donné que nous préparons nos aliments dans la cuisine, il est essentiel que cette pièce bénéficie d'un Ch'i favorable. Dans une cuisine, les deux éléments par essence incompatibles que sont l'eau et le feu cohabitent, et la situation de la pièce a une grande influence pour harmoniser les flux d'énergie contraires, les positions respectives de l'évier et du poste de cuisson étant bien sûr fondamentales (voir p. 106). En outre, la direction dans laquelle vous êtes tourné(e) pour cuisiner est importante (voir p. 105).

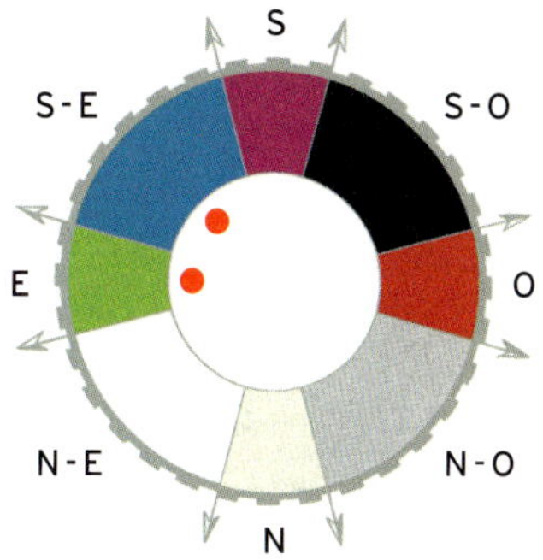

Les meilleures orientations pour la cuisine
Ce sont l'est et le sud-est par rapport au centre de votre maison.

LES BONNES ORIENTATIONS

Les deux orientations les plus favorables sont l'est et le sud-est, car l'ambiance y est lumineuse, dynamisante et elle favorise l'activité et la croissance. De plus, l'énergie de l'arbre associée à ces deux directions est compatible à la fois avec le feu et l'eau. Le flux d'énergie positive qui baignera votre cuisine dans ces positions profitera à l'ensemble de votre maison. Enfin, les rayons du soleil levant chaufferont cette pièce au petit matin, ce qui sera bénéfique pour toute la maisonnée si vous y prenez le petit déjeuner.

En revanche, il vaut mieux éviter certaines orientations, comme le nord-est, où le flux de Ch'i est froid et change rapidement de direction, créant une atmosphère qui n'encourage guère à mitonner de bons petits plats. De même, le nord, s'il jouit d'une ambiance plus tranquille, n'apporte pas l'inspiration nécessaire pour cuisiner. Enfin, le sud est particulièrement déconseillé : il est associé au Ch'i du feu, ce dernier se trouvant ainsi concentré en un endroit de la maison ; les repas ne seront pas équilibrés, et les risques d'incendie existent.

LES MATÉRIAUX
Les carreaux de céramique accélèrent le flux de Ch'i et évitent la stagnation. Un sol de liège est très yin, et rend plus confortables les longues stations debout.

LES COULEURS
Le bleu et le vert renforcent le Ch'i de l'arbre à l'est et au sud-est, ainsi que les touches de violet. Le jaune convient à toutes les directions.

LES MOTIFS
Les motifs de fruits et légumes sont sympathiques dans une cuisine.

UNE CUISINE PROPRE ET NETTE

La cuisine doit être claire, propre et surtout bien sèche, tous ces facteurs ayant une influence positive sur la qualité des aliments.

LES PLANTES Disposez des plantes au feuillage fourni entre l'évier et la cuisinière pour harmoniser les Ch'i du feu et de l'eau.

L'ÉCLAIRAGE Les coins sombres sont difficiles à nettoyer et favorisent la stagnation. Le meilleur éclairage est la lumière du jour, complétée au besoin par des spots dans les endroits les plus sombres. Les rayons du soleil vous aideront à garder votre cuisine bien sèche et le flux de Ch'i restera sain. Si la pièce est très sombre, faites installer une cheminée ou une cuisinière à bois.

LES FRUITS ET LES FLEURS Des coupes de fruits, voire des corbeilles de légumes, ainsi que des fleurs fraîches, assainissent l'atmosphère.

LE MOBILIER Le bois constitue la surface idéale. L'acier inoxydable et les carreaux de céramique créent une atmosphère plus yang, où le Ch'i circule rapidement, ce qui peut devenir un handicap si vous passez de longs moments dans votre cuisine. Les surfaces stratifiées et le vinyle ont tendance à bloquer le flux d'énergie. Choisissez des éléments, des étagères et des plans de travail aux angles arrondis.

LE SOL Le bois naturel est chaud, agréable et facile à entretenir. Les carreaux de liège constituent la plus yin des surfaces. Évitez moquettes et tapis.

LE RANGEMENT N'encombrez pas votre cuisine d'appareils électroménagers, d'ustensiles et de gadgets divers, qui sont source de stagnation et perturbent la préparation des repas. Prévoyez une place pour chaque chose et gardez vos plans de travail propres et nets. Nettoyez régulièrement vos étagères, ainsi que l'intérieur des placards.

L'AÉRATION Pour favoriser la circulation du Ch'i et évacuer l'humidité, ouvrez la fenêtre chaque jour. Évitez les hottes aspirantes.

LA PLOMBERIE Veillez au bon fonctionnement de la robinetterie et de l'évacuation d'eau.

LES MOTIFS ET LES COULEURS

À l'est et au sud-est, renforcez l'influence du Ch'i en choisissant comme couleur de fond du blanc cassé ou du crème, et en ajoutant des touches de vert vif (à l'est) ou de vert foncé (au sud-est). Le Ch'i sera stimulé par des motifs figuratifs imprimés au pochoir sur les murs ou les plans de travail, ou décorant papier peint ou tissu mural. Un motif de feuillage confortera l'énergie de l'arbre, mais vous pouvez préférer un thème « culinaire », comme des légumes ou des fruits. Des motifs bleus associés à l'eau conviennent également, car cet élément supporte l'énergie de l'arbre.

LA CUISINIÈRE

Pour le Feng Shui, elle a une importance fondamentale, car la nourriture que l'on y prépare contribue à maintenir notre corps en vie. De ce fait, vous devez accorder une attention particulière à son installation. Si votre plan de cuisson est accolé à un mur, accrochez un miroir sur ce dernier. Vous doublerez ainsi votre surface de travail sur le plan visuel et vous verrez ce qui se passe derrière vous pendant que vous cuisinez.

Le gaz est idéal pour la cuisson, mais les cuisinières à bois ou à charbon, bien qu'elles se fassent plutôt rares à notre époque, sont de bonnes alternatives. Dans tous les cas, les vraies flammes apportent du confort à l'atmosphère d'une cuisine. Évitez les cuisinières et fours électriques, car ils produisent des champs électromagnétiques préjudiciables à votre santé. Les fours à micro-ondes sont déconseillés (voir p. 132). Les surfaces doivent être faciles à nettoyer, et l'acier inoxydable est le plus pratique.

Si c'est possible, placez votre cuisinière au centre de la pièce. De cette façon, vous ne travaillerez pas le nez au mur et vous verrez la porte et la fenêtre. Cela vous permettra de choisir la meilleure position pour cuisiner (voir ci-dessous). En vous tenant face à la pièce, vous vous sentirez également moins isolé(e), et vous pourrez discuter avec votre entourage si vous avez une cuisine ouverte.

LA BONNE ORIENTATION POUR CUISINER

La direction vers laquelle vous regardez pendant que vous cuisinez a une influence sur le résultat. Si vous vous tenez face au nord, vous ne préparerez sans doute rien de bon, car cette direction n'incite pas à faire preuve de créativité ou d'imagination. Une position face à l'ouest peut induire une certaine tendance à la négligence, bien qu'elle puisse convenir à une personne trop perfectionniste qui craint toujours de rater ses plats.

Les cuisinières et cuisiniers qui aiment les recettes sophistiquées ont intérêt à regarder le sud-ouest, qui permet d'être à fois méthodique et pratique. Évitez de vous tenir face au nord-est, qui dispersera votre attention et vous incitera à brûler les étapes. Une position face au sud vous permettra de cuisiner avec plaisir et facilité : elle est idéale pour les recettes rapides et savoureuses, mais convient moins aux longues préparations.

L'est et le sud-est sont les deux meilleures orientations pour cuisiner. Face à l'est, vous serez efficace et pratique, et le sud-est stimulera votre créativité et votre sens de l'organisation.

Les remèdes du Feng Shui
Les effets de la mauvaise orientation d'une cuisine peuvent être atténués grâce à l'adjonction d'objets porteurs du Ch'i du sol ou de celui du métal : pots d'argile, ustensiles d'acier inoxydable... (voir p. 106).

L'évier et la cuisinière

Ils représentent respectivement les éléments de l'eau et du feu et leur position doit être soigneusement réfléchie pour éviter les dysharmonies. En principe, il vaut mieux ne pas les placer côte à côte.
Si possible, les autres appareils contenant de l'eau, comme les réfrigérateurs, les lave-linge ou les lave-vaisselle doivent être placés loin de la cuisinière, bien que cela ait moins d'importance. Essayez de faire en sorte que le poste de cuisson et l'évier soient dans des positions compatibles avec le Ch'i dominant (voir ci-dessous). À l'aide de votre roue des Huit Directions, déterminez quels sont les emplacements les plus favorables.
Dans certains cas, il vous sera impossible de choisir vous-même ces emplacements. Utilisez alors les Cinq Éléments pour remédier aux éventuels problèmes.

DIRECTION	EFFETS	SOLUTIONS
NORD Défavorable	Le Ch'i est trop tranquille pour favoriser la santé et la vitalité.	Augmentez le Ch'i du métal. Les surfaces d'acier inoxydable, les casseroles et autres objets ronds et métalliques sont efficaces, ainsi que les couleurs rouge, blanc ou argent.
NORD-EST Défavorable	Cette direction est située sur un axe instable : le Ch'i est imprévisible et a pour effet de désorienter les personnes qui se trouvent dans la pièce.	Pour stabiliser le Ch'i, remplissez de sel marin de petits bols de porcelaine que vous placerez au sud-ouest et au nord-est de la pièce.
EST Favorable	Le feu et l'eau se mêlent harmonieusement au Ch'i de l'arbre : cette orientation est bénéfique à la fois pour l'évier et la cuisinière. Le Ch'i est actif et limite le risque de stagnation.	
SUD-EST Favorable	Le Ch'i de l'arbre est en harmonie avec les éléments du feu et de l'eau. Il est moins actif qu'à l'est, mais reste suffisant pour éviter la stagnation.	
SUD Défavorable	Le Ch'i du feu qui domine ici rend cette position néfaste pour la cuisinière, car l'énergie du feu est concentrée dans la même pièce ; les risques d'incendie existent.	Renforcez le Ch'i du sol, avec des plats d'argile ou une jardinière pleine de charbon de bois. Ajoutez des touches de noir et de jaune.
SUD-OUEST Défavorable	Cette direction est située sur un axe instable ; le Ch'i est imprévisible et a pour effet de désorienter les personnes qui se trouvent dans la pièce.	Pour stabiliser le Ch'i, remplissez de sel marin de petits bols de porcelaine que vous placerez au sud-ouest et au nord-est de la pièce.
OUEST Défavorable	Dans cette direction, l'énergie du métal s'oppose à celle du feu provenant de la cuisinière ; en revanche, elle est atténuée par celle de l'eau, due à l'évier.	Augmentez le Ch'i du sol (charbon de bois dans un pot d'argile) à côté de la cuisinière, et le Ch'i du métal près de l'évier (fleurs blanches dans un pot de métal).
NORD-OUEST Défavorable	Dans cette direction, l'énergie du métal s'oppose à celle du feu provenant de la cuisinière : en revanche, elle est atténuée par celle de l'eau, due à l'évier.	Augmentez le Ch'i du sol (charbon de bois dans une jardinière d'argile) à côté de la cuisinière, ainsi que le Ch'i du métal près de l'évier (fleurs blanches dans un pot de métal).

La salle de bains

La salle de bains est le domaine de l'eau ; comme toutes les pièces disposant d'une arrivée d'eau, l'atmosphère y est naturellement plus humide que dans les chambres ou le salon, par exemple, ou même dans la cuisine, car l'espace y est en général plus confiné et les ouvertures moins nombreuses. Ce phénomène peut alourdir et ralentir le flux de Ch'i et aboutir à la stagnation, tout particulièrement lorsqu'il s'agit d'une salle de bains aveugle ou très mal éclairée. La taille de la pièce a aussi son importance, les très petites surfaces favorisant l'apparition d'humidité.

Bien qu'il soit très à la mode d'avoir une salle de bains contiguë à la chambre à coucher, c'est tout à fait néfaste selon des préceptes du Feng Shui (voir p. 94).

Enfin, les WC sont parfois situés dans la salle de bains, ce qui vient aggraver les problèmes, car leur présence est particulièrement dommageable pour cette pièce (voir p. 109).

LES BONNES ORIENTATIONS

Les activités auxquelles nous nous livrons dans une salle de bains mettent toutes en cause l'élément de l'eau dans sa forme naturelle ; il est donc important d'accorder une grande attention à la situation de cette pièce. Il convient également de prendre en compte l'effet inhibiteur des bains et douches que nous prenons sur le Ch'i général d'une habitation, ainsi que celui de la présence des toilettes. Si la salle de bains est mal placée par rapport au plan global de la maison, les effets néfastes atteignent toutes les pièces. En principe, il est préférable de ne pas installer la salle de bains en face de la porte principale, à côté des cages d'escalier ou près de la salle à manger ou de la cuisine.

Les meilleures orientations pour la salle de bains et les toilettes sont l'est et le sud-est. L'eau supporte l'élément de l'arbre qui domine ces directions, et si la pièce possède des fenêtres, elle bénéficie de la lumière du soleil qui limite l'humidité et prévient la stagnation du Ch'i.

Essayez si possible d'éviter le nord-est pour cette pièce, car c'est l'orientation la moins favorable. Les autres directions présentent différents inconvénients qui peuvent aller jusqu'à affecter votre santé. Cependant, il est très fréquent que l'on ne puisse choisir la situation de sa salle de bains car les canalisations sont déjà installées lorsque l'on entre dans une maison ; les Cinq Éléments nous fournissent des solutions pour en atténuer les éventuels effets négatifs (voir p. 110).

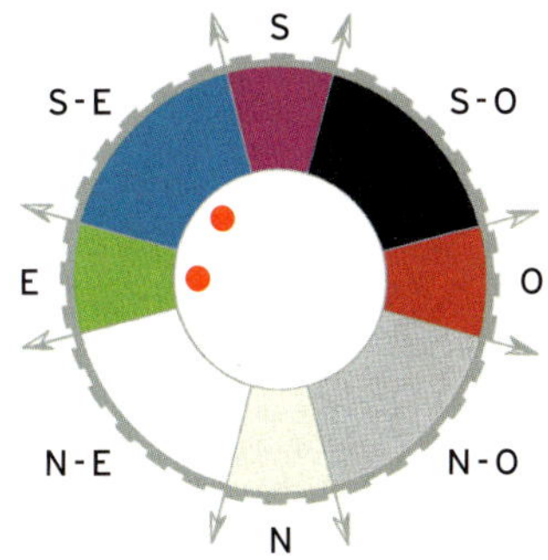

Les meilleures orientations de la salle de bains
Ce sont l'est et le sud-est par rapport au centre de votre maison.

LES COULEURS
Des accessoires de toilette verts ou bleus renforcent le Ch'i de l'arbre à l'est et au sud-est.

LES MATÉRIAUX
Les surfaces dures, lisses, et de préférence réfléchissantes pour les sols et les murs accélèrent le flux de Ch'i et réduisent le risque de stagnation dû à l'humidité.

UNE SALLE DE BAINS SÈCHE ET CLAIRE

Votre principal objectif doit être de garder cette pièce aussi nette, sèche et saine que possible et de combattre l'inévitable stagnation du Ch'i en milieu humide.

L'ÉCLAIRAGE La lumière naturelle est la meilleure. Une pièce bien ensoleillée reste généralement sèche et le flux de Ch'i y est actif et vivace. Si la lumière naturelle est rare, éclairez bien la pièce, tout particulièrement dans les coins.

L'AÉRATION Une bonne ventilation dissipe l'humidité et permet de prévenir la stagnation. N'hésitez pas à ouvrir longuement la fenêtre chaque jour, plutôt que d'utiliser un extracteur d'air.

LES FENÊTRES Les stores déroulants offrent un bon compromis entre le besoin d'intimité et la nécessité de disposer d'une lumière suffisante. Laissez-les ouverts aussi souvent que possible.

LES PLANTES Elles rendent la pièce plus fraîche et plus vivante, et minimisent le risque de stagnation dans les angles. De plus, elles absorbent l'excès d'humidité et se plaisent généralement bien dans cette atmosphère.

LES MEUBLES ET ACCESSOIRES Essayez de limiter au maximum le mobilier et le bric-à-brac. Trop d'objets dans une salle de bains ont pour conséquence de favoriser l'humidité et la stagnation. Les éléments doivent être faciles à nettoyer. Les surfaces lisses et dures comme le chrome, la céramique vitrifiée, le marbre et le verre stimulent le flux de Ch'i et évitent la stagnation.

LES MIROIRS Ils accélèrent le flux d'énergie, ce qui est positif dans une salle de bains. De plus, ils ont pour effet d'agrandir la pièce lorsqu'elle est petite. Prenez garde, cependant, de ne jamais disposer deux miroirs face à face (voir p. 148).

LES MOTIFS ET LES COULEURS

Renforcez le Ch'i favorable de l'est et du sud-est grâce à des tons dominants de crème et de blanc cassé pour les murs et la baignoire. Le vert vif à l'est et le bleu foncé au sud-est peuvent être ajoutés dans des accessoires comme les serviettes de toilette, le tapis de bain ou les stores. Les murs unis sont yang, mais quelques motifs irréguliers qui confortent le Ch'i de l'eau sont bienvenus dans une salle de bains. Utilisez de la peinture résistante à l'eau plutôt que du papier peint ou du tissu ; de manière générale, privilégiez les matériaux yang. Les couleurs et motifs peuvent aussi être employés pour corriger les effets d'une mauvaise orientation (voir p. 110).

LES TOILETTES

Dans tous les cas, elles doivent être le plus discrètes possible. Si elles sont dans la salle de bains, pour minimiser leur effet négatif sur le Ch'i de l'habitation entière, il vaut mieux qu'elles soient situées loin de la porte de la pièce.

Si la salle de bains est suffisamment grande, faites en sorte que les WC ne puissent être visibles de la porte et ne se reflètent dans aucun miroir. Placez-les si possible à l'est ou au sud-est de la pièce, derrière une cloison, un paravent ou un rideau. Laissez le couvercle fermé, surtout lorsque vous tirez la chasse d'eau.

Les tuyaux qui fuient, les robinets ou la douche qui gouttent, ont un effet débilitant sur le Ch'i et augmentent l'humidité et la stagnation. De même, des toilettes bouchées sont particulièrement néfastes pour la pièce. Vous devez absolument vous préoccuper régulièrement du bon état des canalisations et garder tous les sanitaires parfaitement propres.

LE SOL

La qualité du Ch'i qui circule dans une salle de bains dépend en grande partie de la nature du sol ; son influence sera différente selon les matériaux utilisés.

Le bois naturel a un effet neutre sur le Ch'i et favorise l'énergie de l'arbre qui est particulièrement bénéfique aux salles de bains situées à l'est, au sud-est et au sud.

Les dalles de marbre ou de granit, le verre et les autres surfaces très yang accélèrent le flux de Ch'i, surtout lorsque ces surfaces sont réfléchissantes ; elles contribuent à créer une atmosphère stimulante qui prévient la stagnation.

Les carreaux de pierre ou de céramique possèdent les mêmes propriétés que le marbre, mais si le sol n'est pas parfaitement lisse, ils ont tendance à disperser l'énergie. Cela peut se révéler un avantage au nord, où le risque de stagnation est particulièrement important, et de manière générale dans les pièces mal éclairées.

Les revêtements de sol synthétiques, tels les moquettes, tapis ou linoléums, tout comme les rideaux de douche en plastique, sont chargés d'électricité statique qui a une influence négative sur l'énergie ambiante : ils sont à éviter autant que possible.

Enfin, les rideaux, stores, moquettes et tapis en fibres naturelles comme la laine, la fibre de coco, la paille tressée, le lin ou le coton, ont tendance à ralentir le Ch'i et rendent la pièce plus douillette et confortable. Mais il ne faut pas abuser de ce type de matériaux qui peuvent favoriser la stagnation, notamment dans les salles de bains exiguës ou trop sombres.

FENG SHUI PRATIQUE

Une salle de bains au nord-ouest

Chez moi, la salle de bains est située au nord-ouest, ce qui n'est pas une orientation favorable. Heureusement, elle est équipée d'une grande fenêtre à panneau coulissant qui reste entrouverte en permanence et permet à la lumière du matin de pénétrer dans la pièce. De plus, elle dispose d'une bonne hauteur de plafond et la baignoire est relativement grande. J'y ai disposé trois grandes plantes aux feuilles pointues, ainsi qu'un vase de fleurs rouges. Même durant l'hiver, l'humidité ne s'y installe pas et je n'ai jamais ressenti d'impression de stagnation dans cette pièce.

Pour assainir votre salle de bains

Vous pouvez corriger les effets d'une mauvaise orientation en harmonisant le Ch'i de l'eau avec celui des Cinq Éléments qui correspond à la position de la pièce. Utilisez également les couleurs correspondant aux Huit Directions (voir p. 124), en vous reportant au tableau ci-dessous.

DIRECTION	EFFETS	SOLUTIONS
NORD Défavorable	L'énergie de l'eau s'associe au Ch'i du nord pour produire des flux très calmes, d'où un risque de stagnation. Vous risquez de manquer de vitalité ou d'avoir tendance à l'introversion.	Disposez de grandes plantes pour introduire le Ch'i de l'arbre et affaiblir celui de l'eau. Elles sont porteuses de leur propre énergie, absorbent l'humidité et renouvellent l'oxygène.
NORD-EST Défavorable	C'est la moins favorable des orientations, car l'énergie du sol est ici détruite par celle de l'eau et le Ch'i est très instable. Vous risquez de connaître des changements imprévus dans votre vie et peut-être de tomber malade.	Pour harmoniser l'énergie du sol et celle de l'eau. Disposez un bol de porcelaine plein de sel marin au nord-est de la pièce, ou une sculpture de métal, ou encore une fleur rouge dans un vase rond et métallique.
EST Favorable	C'est une position généralement favorable, car le Ch'i de l'eau est ici en harmonie avec celui de l'arbre. Cependant, l'écoulement des eaux usées des toilettes et du bain peuvent contrarier l'énergie ascendante de l'arbre.	Dynamisez l'énergie ascendante de l'arbre en disposant de grandes plantes dans la pièce. Un sol ou des accessoires de bois peuvent aussi être efficaces. Des serviettes de toilette et un tapis de bain vert vif parachèveront cet effet.
SUD-EST Favorable	C'est une position généralement favorable, dont les effets sont globalement les mêmes que dans une salle de bains située à l'est.	Comme à l'est, de grandes plantes et des surfaces de bois naturel, par exemple dans les accessoires, optimiseront le Ch'i de l'arbre.
SUD Défavorable	Ici, le Ch'i de l'eau détruit celui du feu. Vous risquez de connaître des déboires amoureux, et de vous trouver exposé à des ennuis de nature juridique.	Harmonisez l'eau et le feu en renforçant le Ch'i de l'arbre, à l'aide de grandes plantes et de revêtements de bois naturel.
SUD-OUEST Défavorable	Le Ch'i est changeant et instable, car l'énergie du sol qui domine le sud-ouest détruit celle de l'eau. Si vous ne réagissez pas, cette situation peut provoquer des problèmes de santé.	Harmonisez les énergies du sol et de l'eau en renforçant le Ch'i du métal : placez un petit bol de sel marin près d'un pot ou d'une statuette de métal et d'un objet blanc, doré ou argenté.
OUEST Défavorable	Ici, le Ch'i du métal est affaibli par celui de l'eau, ce qui peut avoir pour conséquence une baisse de vos revenus.	Augmentez le Ch'i du métal grâce à des plantes à fleurs rouges, des fleurs rouges fraîches, ou des pots ou statuettes de métal.
NORD-OUEST Défavorable	L'énergie de l'eau affaiblit ici aussi l'influence du Ch'i du métal ; vous risquez de connaître des problèmes d'organisation, de vous sentir désorienté et incapable de conduire votre vie.	Renforcez le Ch'i du métal avec des plantes aux fleurs blanches ou un bouquet de fleurs blanches : un pot d'argent ou des statuettes de métal ont le même effet.

Le bureau

Le fait de travailler chez soi offre de multiples avantages. Non seulement vous vous organisez comme vous le voulez, mais vous disposez d'une grande liberté en ce qui concerne votre environnement. Vous pouvez choisir votre siège, le type d'éclairage qui vous convient, la forme de votre bureau, etc. Ainsi, vous améliorerez votre productivité et votre efficacité et vous atteindrez plus facilement vos objectifs.

Souvenez-vous que tout dans cette pièce doit concourir à votre réussite. Certaines personnes travaillent dans leur chambre, mais si l'on veut respecter les principes du Feng Shui, il est difficile de créer un environnement qui soit à la fois propice au travail et au repos. Il vaut mieux si possible réserver une pièce pour y installer votre bureau, ou à défaut prévoir un espace à cet effet dans un coin du salon.

L'un des problèmes principaux dans un bureau est d'harmoniser les inévitables radiations électriques émises par les différents appareils et la circulation naturelle des flux énergétiques. La position de votre bureau et de votre chaise par rapport à l'ordinateur, l'imprimante, le téléphone, le fax et autres appareils est à cet égard primordiale (voir p. 113 et 116).

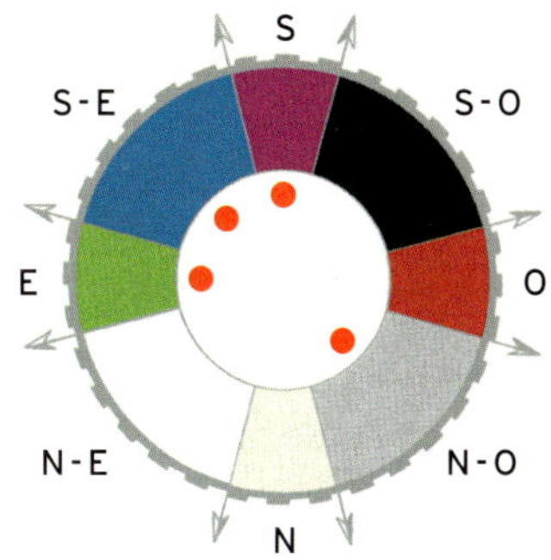

Les meilleures orientations du bureau
Ce sont l'est, le sud-est, le sud et le nord-ouest par rapport au centre de votre maison.

LES BONNES ORIENTATIONS

Les bonnes positions pour un bureau sont l'est, le sud-est, le sud et le nord-ouest par rapport au centre de votre maison. Chacune d'entre elles présente certains avantages qui dépendent de votre type de travail, ainsi que de l'avancement de votre carrière.

À l'est, le Ch'i a pour effet de vous rendre très actif, de vous aider à vous concentrer et à mettre vos idées en pratique. C'est la meilleure des positions si vous abordez une nouvelle carrière. Le Ch'i du sud-est a les mêmes vertus, mais il est atténué ; il favorisera plutôt la communication et vous permettra de développer harmonieusement votre activité.

La vibrante énergie du sud vous aidera à vous faire connaître et à faire apprécier votre travail. Si vous avez besoin de la reconnaissance d'autrui pour progresser, c'est le bon endroit pour installer votre bureau.

Le nord-ouest est parfait pour les positions impliquant la prise de responsabilité ou un travail d'organisation ; cette orientation attire généralement le respect d'autrui et convient tout particulièrement si vous dirigez une équipe.

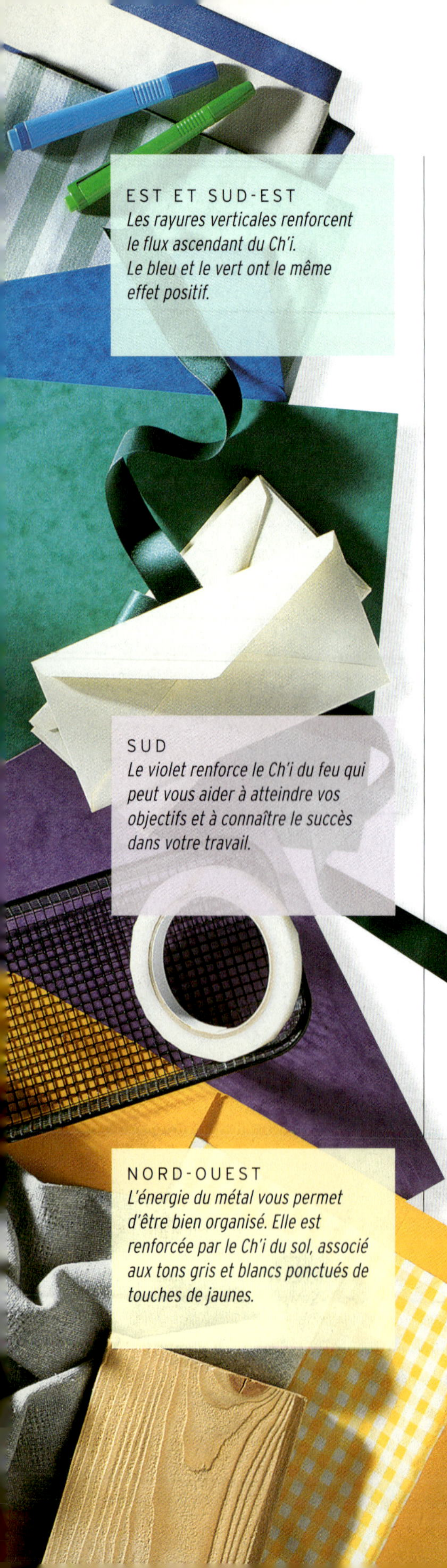

EST ET SUD-EST
Les rayures verticales renforcent le flux ascendant du Ch'i. Le bleu et le vert ont le même effet positif.

SUD
Le violet renforce le Ch'i du feu qui peut vous aider à atteindre vos objectifs et à connaître le succès dans votre travail.

NORD-OUEST
L'énergie du métal vous permet d'être bien organisé. Elle est renforcée par le Ch'i du sol, associé aux tons gris et blancs ponctués de touches de jaunes.

LE CHOIX DU DÉCOR

L'ambiance de votre bureau doit être stimulante sans devenir stressante. Il doit être un endroit dans lequel vous avez plaisir à travailler pendant de longues périodes ; aussi avez-vous intérêt à choisir un décor à dominante yang, sans toutefois omettre quelques éléments yin pour détendre l'atmosphère.

LES MEUBLES Le bureau est bien sûr le plus important d'entre eux (voir page ci-contre). Votre siège doit être confortable sans être trop moelleux. Souvent, le mobilier de bureau – meubles de rangement, étagères – est doté d'angles vifs. Si vous n'en trouvez pas d'autres, masquez ces angles avec des plantes.

L'ÉCLAIRAGE La lumière naturelle est là encore la meilleure ; choisissez si possible une pièce disposant d'une ou de plusieurs grandes fenêtres, et évitez les néons.

LES PLANTES Des plantes au feuillage bien fourni dans la pièce contrebalancent l'effet des radiations électriques. Un spathiphyllum est particulièrement efficace à cet égard (voir p. 132).

LES APPAREILS Choisissez-les soigneusement, pour limiter les effets négatifs des radiations électriques. Pour votre ordinateur, préférez un écran à cristaux liquides plutôt qu'un modèle à tube cathodique.

LE RANGEMENT Prévoyez un espace de rangement suffisant pour que votre bureau reste net. Préférez les placards aux étagères ouvertes.

LES COULEURS ET LES MOTIFS

Déterminez l'orientation de votre bureau. En fonction du Ch'i dominant, ajoutez des éléments qui augmentent ou limitent son influence. Pour atténuer la tension dans un environnement trop stressant, utilisez les couleurs pâles et les motifs subtils associés au yin. Si vous pensez avoir besoin d'un milieu plus stimulant, ajoutez des couleurs fortes.

Des rayures verticales dans les tons vert vif ou plus foncé préserveront le Ch'i très actif de l'est, propice au travail. Le Ch'i du sud-est, plus calme, aura peut-être besoin d'être stimulé par des touches de bleu ou de vert apposées sur de grandes surfaces crème ou blanc cassé. L'énergie rayonnante du sud sera mise en valeur par de larges touches de violet ponctuées de blanc et de noir. Le nord-ouest de votre maison est une direction où l'atmosphère austère favorise les activités exigeant un certain formalisme ; privilégiez le gris, le blanc et le marron, en ajoutant des touches de jaune. Des motifs en damier introduiront ici le Ch'i du sol, qui renforcera l'énergie du métal.

LE BUREAU

Votre bureau et les objets qui se trouvent dessus (voir p. 114 et 115) ont leur influence sur la manière dont vous travaillez. Un grand bureau vous donne une certaine conscience de votre importance et vous rend plus sûr de vous. En revanche, un bureau trop petit vous amène à restreindre vos ambitions.

Un plateau rond ou ovale est généralement préférable aux formes carrées ou rectangulaires. Il est moins fatigant d'y travailler de manière prolongée et il ne présente aucun angle vif.

Le bois facilite la circulation naturelle du Ch'i et vous apporte un sentiment de bien-être. Les bois tendres comme le pin favorisent les ambiances détendues ; les essences sombres et dures, comme le teck et l'acajou, créent une atmosphère plus formelle. Le verre est très stimulant, mais il est préférable de choisir du bois si l'on passe de longues heures d'affilée à son bureau.

COMMENT ORIENTER LE BUREAU ET LE SIÈGE

Au fil des ans, j'ai essayé différentes positions pour mon bureau. Je travaille désormais dans une pièce située à l'est de ma maison ; mon bureau est à l'est de la pièce et je suis moi-même assis face à l'est. À mesure que j'effectuais tous ces déménagements, ma situation s'est régulièrement améliorée et j'envisage actuellement un nouveau changement pour consolider les objectifs que j'ai atteints.

Vous devez vous asseoir dans une direction qui vous est favorable, face à la pièce, tout en ayant vue sur la porte et la fenêtre (reportez-vous à la page 116 pour déterminer la meilleure position). Évitez de vous installer trop près des équipements électriques qui peuvent occasionner une baisse de concentration, une fatigue, voire des problèmes de santé. Faites en sorte de ne pas tourner le dos à la porte, ni d'être assis à la perpendiculaire de celle-ci.

Si vous partagez votre bureau avec d'autres personnes, essayez de répartir les postes de travail de façon harmonieuse. En principe, il est préférable que chacun soit assis face au centre de la pièce.

Si vous avez à recevoir des visiteurs dans le cadre de votre activité, disposez les sièges de façon qu'ils se sentent à l'aise. Si votre bureau est assez grand, prévoyez une table de réunion. Pour attribuer une place à chacun, respectez les mêmes principes que pour dresser un plan de table lors d'un dîner (voir p. 92).

Chaque position permet à celui qui l'occupe d'exprimer certaines qualités, et vous placerez les gens en conséquence ; ce faisant, vous tiendrez évidemment compte de leur personnalité et de leurs compétences, sans perdre de vue le but de la réunion.

FENG SHUI PRATIQUE

Un drogué du travail

Le dirigeant d'une entreprise performante se plaignait d'être surmené. Je découvris que son bureau était situé à l'est et qu'il s'asseyait face au nord-est, ce qui le rendait suractif et trop ambitieux. Je lui conseillai de déplacer son bureau au nord-ouest et de s'installer lui-même face au sud-est. Bientôt, il apprit à déléguer ses pouvoirs, comprenant qu'il valait mieux prendre un peu de distance avec son entreprise plutôt que de se laisser dévorer par elle.

Le rangement
Qui dit bureau dit désordre et qui dit désordre dit pensée confuse et environnement défavorable à un travail productif. Prévoyez beaucoup d'espaces de rangement et ne sortez que ce dont vous avez besoin.

Sur le bureau

Le Ch'i qui baigne votre environnement de travail dépend en partie de votre bureau lui-même (voir p. 113), mais aussi de la manière dont vous disposez les objets sur ce dernier. Cela n'a peut-être l'air de rien, mais c'est parfois suffisant pour faire la différence entre une attitude positive et créative, et un sentiment de frustration tout à fait démotivant.

Lorsque vous avez choisi l'emplacement de votre bureau dans la pièce, trouvez le nord à partir du centre du plateau, puis posez dessus votre roue des Huit Directions. Vous répartirez vos objets en fonction du Ch'i dominant dans chaque direction.

L'ouest de votre bureau, par exemple, est associé à vos finances, aussi avez-vous intérêt à y ranger l'argent liquide, les chèques dont vous êtes bénéficiaire ou de menus objets d'or ou d'argent.

Le sud correspond à la manière dont sont reconnus vos mérites ; il constitue donc l'emplacement idéal pour les récompenses que vous avez pu recevoir.

L'est représente le futur ; mettez-y les symboles de vos objectifs. Le nord-est reflète le moteur qui vous anime : est-ce le désir de vous enrichir, ou encore la satisfaction d'exprimer votre créativité ? Quoi qu'il en soit, placez dans cette direction un objet qui se rapporte à votre motivation profonde.

LE PLATEAU IDÉAL

Assurez-vous que le plateau de votre bureau est assez grand pour répondre à vos besoins. Les coins ronds et le bois clair sont préférables. Tous ces critères garantissent un environnement de travail qui favorise l'efficacité sans être stressant.

AU NORD-EST : LA MOTIVATION
C'est ici qu'il faut mettre en évidence les objets qui peuvent vous encourager dans vos efforts. Il peut s'agir de votre bilan prévisionnel ou encore de la maquette d'un projet que vous avez à cœur de mener à bien.

AU NORD : LA TRANQUILLITÉ
Les plantes comme les spathiphyllums peuvent atténuer les radiations émises par les appareils électriques. Elles apportent en outre leur énergie vitale à votre environnement de travail.

AU NORD-OUEST, L'ORGANISATION
C'est la place de votre agenda, de votre planning et de votre organizer.

N

À L'EST
VOS RÊVES D'AVENIR
C'est l'endroit où placer un symbole de ce que vous voulez obtenir par votre travail; par exemple, la voiture de vos rêves.

UN BUREAU FACE À L'EST
S'asseoir face à l'est est bénéfique pour le travail. Le Ch'i de l'est est très actif et vous aidera à construire rapidement votre carrière.

AU SUD-EST, LA COMMUNICATION
C'est la bonne position pour le téléphone, le fax si vous en êtes équipé, et votre papier à lettres.

AU SUD, LA RECONNAISSANCE
Posez ici les prix et récompenses que vous avez reçus pour votre travail.

AU SUD-OUEST L'HARMONIE FAMILIALE
C'est la place des photographies et autres souvenirs familiaux.

À L'OUEST, VOS FINANCES
Rangez ici vos carnets de chèques, votre argent liquide et tout ce qui a trait à vos finances.

LES TIROIRS
Le désordre entrave la circulation du Ch'i. Rangez vos papiers et tout votre matériel de bureau dans des tiroirs ou des classeurs.

Où placer votre bureau et votre siège ?

Il existe 64 agencements différents pour un bureau et son siège. Nous décrivons ci-dessous les plus favorables. La position du bureau vous met sous l'influence du Ch'i dominant à l'endroit où vous vous trouvez, mais la direction vers laquelle vous êtes tourné pour travailler a une grande importance.

	Position **NORD-OUEST** face au sud-est	C'est souvent la position d'un dirigeant. Le nord-ouest favorise l'autorité, la prise de responsabilités et le sens de l'organisation ; il attire le respect et la loyauté. En face, le sud-est est bon pour l'expansion, la créativité et la communication.
	Position **NORD-EST** face à l'est	La motivation apportée par le Ch'i du nord-est se combine au dynamique Ch'i de l'est pour aider à retrouver ses repères ou à prendre un nouveau départ. Il est particulièrement utile aux professionnels de l'immobilier.
	Position **EST** face à l'est	Ici, le Ch'i de l'est est intense ; il favorise un développement et une croissance rapides. Cette position est excellente pour débuter une activité nouvelle, notamment dans les domaines de l'informatique ou de l'électronique.
	Position **EST** face au sud-est	L'influence du Ch'i est semblable à celle de l'orientation précédente, mais elle est ici atténuée, favorisant la communication, la créativité et un développement en douceur. Cette position est conseillée aux professionnels des médias et des voyages.
	Position **EST** face au sud	Cette position aide à mettre ses idées en pratique ; elle apporte la notoriété et convient aux métiers des relations publiques, de la vente ou de la publicité. Mais ce n'est pas la bonne place si vous êtes inquiet ou avez du mal à vous concentrer.
	Position **SUD-EST** face à l'est	C'est la position inverse de celle qui consiste à être assis à l'est, face au sud-est, et ses caractéristiques sont sensiblement les mêmes. Si la place du bureau détermine le Ch'i ambiant, l'est a ici une influence importante.
	Position **SUD-EST** face au sud	Cette combinaison est idéale pour les professionnels de la communication, des relations publiques et du marketing, ainsi que pour les hommes de loi. Cette position n'est pas recommandée aux personnes nerveuses ou stressées.
	Position **OUEST** face à l'est	Vous êtes dans la position qui correspond à la prospérité, à la satisfaction, au plaisir. L'est vous aide à devenir plus ambitieux et à mettre vos idées en pratique. Cette combinaison convient parfaitement aux métiers du secteur financier.

Les autres pièces

Les principes du Feng Shui ne s'appliquent pas aux seules pièces principales. Chaque partie de votre maison est concernée. Tout le monde n'a pas la chance de posséder par exemple une salle de gymnastique, mais nous détaillons ci-après la manière dont vous pouvez aménager les zones réservées à différentes activités.

LA LINGERIE ET L'OFFICE Dans ces pièces sont regroupés les appareils électroménagers, comme le lave-linge, le séchoir ou le congélateur. Les orientations doivent être les mêmes que pour les salles de bains, car il existe les mêmes risques d'humidité et de stagnation. Les surfaces yang comme la céramique vitrifiée sont recommandées ; pour éviter les moisissures, ces pièces doivent être propres et sèches et la plomberie bien entretenue. Une fenêtre est une bonne chose. Les directions nord-est, nord et sud-ouest sont déconseillées. Le sud-est peut convenir, mais la cuisine reste prioritaire pour cette position.

LA SALLE DE GYMNASTIQUE Certaines personnes font leur gymnastique matinale dans leur chambre, mais un environnement plus yang est souhaitable. Le jaune, le rouge, le violet, le orange et le vert vif sont stimulants, ainsi que les équipements métalliques. Gardez cette pièce aussi vide que possible. Les meilleures orientations sont le nord-est, l'est et le sud-est.

LA SALLE DE JEU L'esprit de compétition est stimulé au nord-est de votre maison. Cette direction convient aux activités comme le tennis de table ou le billard, mais aussi aux jeux de société, comme les échecs.

L'ATELIER Le nord-est se révèle également bénéfique pour des activités manuelles comme la poterie ou le travail du métal. Le sud-ouest convient mieux aux travaux faisant appel au sens pratique, comme le bricolage. L'est et le sud-est sont parfaitement adaptés aux activités créatives – le sud-est est idéal pour la musique. Le nord favorise le développement personnel ; c'est une bonne direction pour la création littéraire ou la composition musicale.

LE DÉBARRAS Le nord-est convient aussi parfaitement au rangement. Organisez les lieux de manière rationnelle et videz-les pour faire le tri une fois par an.

LA SALLE DE MÉDITATION Il existe différents types de méditation, mais de manière générale, les activités spirituelles demandent une atmosphère calme et yin, que vous trouverez au nord de votre maison. En outre, le Ch'i du nord-ouest est associé au trigramme du ciel, qui favorise l'intuition et la vie spirituelle.

L'atelier idéal
Pour toutes les activités de bricolage - menuiserie, fabrication de meubles - une pièce à l'est ou au sud-est de votre maison est idéale. Elle bénéficie de l'énergie de l'arbre et de la lumière du soleil dans la matinée.

Choisir son décor

Le décor d'une pièce a une grande influence sur le Ch'i. Vous ne devez donc pas choisir sans réfléchir les couleurs, les motifs et les matériaux qui le composeront. Pour être en accord avec les principes du Feng Shui, vous devez tenir compte de l'orientation de la pièce, ainsi que des buts que vous poursuivez dans cette dernière, mais aussi dans votre vie en général. Le tableau ci-dessous vous indique la marche à suivre. Les textes se rapportant à chaque pièce (voir p. 79 à 117) vous suggèrent les solutions les plus favorables pour les différentes orientations.

EMPLACEMENT DES PIÈCES
Déterminez l'emplacement et l'orientation de chaque pièce par rapport au centre de votre maison.

COULEURS, MOTIFS ET MATÉRIAUX
Consultez les tableaux des pages 123, 127 et 130 pour harmoniser ces éléments en fonction de l'orientation.

EMPLACEMENT ET NATURE DES PIÈCES
Reportez-vous aux textes concernant chaque pièce pour connaître les orientations favorables et défavorables.

ORIENTATIONS FAVORABLES
Dans cette situation, vous devez renforcer le Ch'i ambiant, et parfois le dynamiser ou l'atténuer. Consultez les tableaux des pages 125 et 127.

ORIENTATIONS DÉFAVORABLES
Pour corriger le Ch'i ambiant, déterminez si son influence doit être renforcée ou atténuée. Consultez les tableaux des pages 125 et 127.

VOS BESOINS ET VOS ASPIRATIONS
Réfléchissez à ce que vous aimeriez voir changer dans votre vie et aux problèmes que vous souhaitez résoudre. Quelles sorte de changements envisagez-vous ?

LE YIN ET LE YANG
Selon vos aspirations et la nature de la pièce, demandez-vous si l'atmosphère de cette dernière gagnerait à être plus yin ou plus yang. Par exemple, les bureaux sont généralement yang et les chambres à coucher sont yin.

POUR UNE PIÈCE PLUS YIN
Choisissez des couleurs pâles, des surfaces imprimées, des formes arrondies et des matières douces et mates.

POUR UNE PIÈCE PLUS YANG
Choisissez des couleurs vives, des surfaces unies, des formes rectilignes et des matières dures et lisses.

LES COULEURS DU NINE KI
Dans la mesure du possible, choisissez des couleurs en accord avec votre Nine Ki personnel (voir p. 37).

4

Décoration et Feng Shui

Choisissez avec discernement les objets qui entrent dans votre maison, car ils ont un effet positif ou négatif sur le Ch'i. Couleurs, formes, matériaux, plantes, eau, lumière, tous ces éléments ont leur importance.

Harmoniser le Ch'i

Chaque objet de votre environnement influence le Ch'i, par le biais de ses couleurs, de sa forme et des matériaux qui le composent.

Certaines choses ont un effet puissant sur les mouvements du Ch'i, d'autres n'ont que peu ou pas d'influence. Même les espaces vides entre les objets ou dans les pièces et les couloirs ont le pouvoir de faciliter la circulation d'énergie, ou au contraire de l'entraver.

Parmi les éléments qui peuvent accélérer la circulation d'énergie, on compte l'eau, les lampes, les miroirs, les plantes, les fleurs fraîches, les cristaux, les bougies, les objets produisant des sons et le sel de mer. D'autres, comme le mobilier, les tapis ou les rideaux, peuvent la freiner. De plus, certains de vos meubles ont une influence sur votre propre position, notamment l'endroit où vous vous tenez et la direction dans laquelle vous êtes tourné ; cette position peut vous être plus ou moins favorable. Les portes et les fenêtres, quant à elles, affectent le flux de Ch'i tant dans votre maison qu'à l'extérieur de celle-ci. Enfin, le rôle des escaliers est important.

De manière générale, les formes, les couleurs et les matériaux des différents meubles et objets décoratifs ont une influence sur le Ch'i. La forme d'un objet altère en effet tout à la fois l'énergie intrinsèque de ce dernier et son environnement. Les couleurs affectent la luminosité de la pièce, et les matériaux véhiculent divers types de Ch'i.

Aménager son intérieur grâce au Feng Shui

Les objets qui entrent dans votre maison affectent le Ch'i ambiant, aussi est-il fondamental de choisir des meubles et éléments décoratifs qui véhiculent une énergie positive ; il est également important de définir la bonne place pour chacun d'entre eux. À chaque fois que cela s'avère possible, essayez de trouver un compromis entre vos besoins, vos goûts et les préceptes du Feng Shui.

UN

LES CINQ ÉLÉMENTS ET LES HUIT DIRECTIONS

Reportez-vous au tableau des Cinq Éléments (p. 26) et à la roue des couleurs (p. 124) pour vérifier si l'objet considéré véhicule le type de Ch'i qui vous est favorable.

DEUX

LES COULEURS, LES FORMES ET LES MATÉRIAUX

Consultez les tableaux des pages 123, 127 et 130 pour vérifier que l'objet est en harmonie avec la position qu'il occupera dans la maison.

TROIS

LE YIN ET LE YANG

Étudiez les encadrés des pages 22 et 23 pour savoir si l'objet stimulera le flux de Ch'i chez vous (influence yang) ou le ralentira (influence yin).

QUATRE

L'EMPLACEMENT

Positionnez l'objet de façon à équilibrer le Ch'i : s'il est yang, placez-le dans un endroit très calme, s'il est yin, réservez-lui une zone plus active.

Feng Shui pratique

Le Feng Shui peut vous aider à déterminer le bon emplacement pour un objet ou encore à choisir le bon objet pour meubler ou décorer une pièce.

Les exemples ci-dessous vous montrent comment utiliser les principes énoncés page ci-contre pour trouver les solutions adaptées à vos problèmes.

Où poser une grande plante ?
Vous cherchez le meilleur emplacement pour votre yucca. Cette grande plante aux feuilles pointues, très yang, est idéale pour stimuler le Ch'i.

Solutions Cette plante a besoin de beaucoup d'espace et ne doit pas être placée près d'un siège ou à proximité d'un lit pour ne pas perturber le Ch'i. L'angle d'une pièce est donc l'endroit tout indiqué. La forme rayonnante du feuillage correspond au Ch'i du feu. La couleur verte est en relation avec l'énergie de l'arbre, bien que cette dernière soit ici dominée par l'énergie du feu. Votre yucca sera tout à fait à sa place au nord-est, à l'est, au sud-est, au sud ou au sud-ouest de votre maison.

Choisir le canapé du salon
Vous avez décidé d'installer un canapé à l'ouest de votre salon ; de plus, vous souhaitez renforcer l'atmosphère romantique de cette zone.

Solutions La forme qui correspond à l'ouest est ronde, sa couleur est le rouge et son matériau le métal. Un canapé au dossier et aux accoudoirs arrondis muni de pieds métalliques renforcera le Ch'i, tout comme le rouge, utilisé par touches dans les motifs ou pour le revêtement des coussins. Les autres couleurs convenant ici sont le blanc, le jaune, le noir et le gris.

Choisir le lit idéal
Vous devez acheter un lit pour une pièce située au sud-est de votre maison, la tête de lit étant dirigée vers l'est. L'énergie dominante ici est celle de l'arbre.

Solutions Les matériaux, les couleurs et les formes en harmonie avec le sud-est sont le verre et le bois, le crème, le vert, le bleu et le violet ; les formes irrégulières, hautes et découpées.
Le lit idéal sera surélevé, en bois naturel, et peint ou couvert d'une ou plusieurs des couleurs énumérées ci-dessus.

Installer une lampe
Vous avez acheté un haut lampadaire de métal au long pied noir, sans trop savoir dans quel partie de la maison l'installer. La lumière en elle-même est yang et symbolise le Ch'i du feu. La forme générale de la lampe correspond au Ch'i de l'arbre, le matériau dont elle est faite correspond au métal et sa couleur correspond au sol. Cependant, l'élément dominant reste le feu.

Solutions La position idéale de ce lampadaire est un coin plutôt sombre où le Ch'i n'est guère actif. Au nord-est, à l'est, au sud-est, au sud et au sud-ouest, la lampe sera en harmonie avec le Ch'i, et tout particulièrement au nord-est et au sud-ouest où le sol et le métal seront associés.

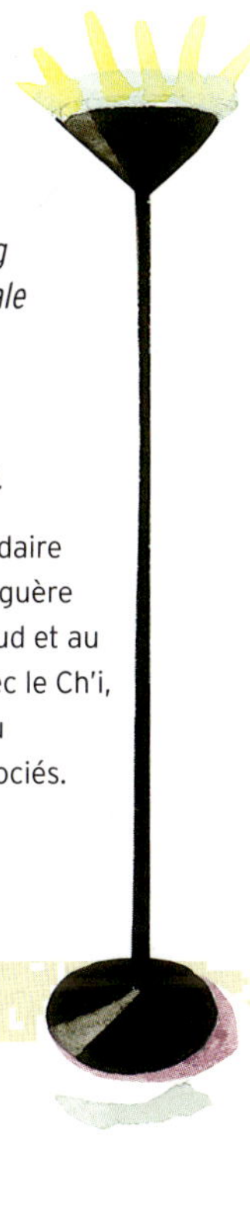

Couleurs à la carte

Association

Certaines associations déterminent l'influence des couleurs. Le blanc cassé, par exemple, est yin et correspond au Ch'i du nord. Le vert vif est plus yang que le blanc cassé mais plus yin que le rouge ; il est associé à l'énergie de l'arbre et au Ch'i de l'est. Le rouge est la couleur la plus yang des trois ; il dépend à la fois du feu et du Ch'i de l'ouest. De plus, les diverses teintes renvoient à des résonances culturelles (par exemple, le rouge évoque la passion ou la richesse), ou personnelles à chaque individu. Tous ces critères influenceront immanquablement votre choix lorsque vous aurez à décider de la couleur de tel ou tel objet.

Les couleurs ont une influence sur la luminosité de vos pièces ; les teintes des murs, des boiseries, des meubles, des étoffes, des rideaux et tapisseries et même des bibelots ont le pouvoir de modifier le Ch'i. Même par petites touches, une couleur forte peut avoir beaucoup d'effet. Les couleurs sont en relation avec le yin et le yang, les Cinq Éléments et les Huit Directions (voir p 20, 26 et 31). Beaucoup d'adeptes du Feng Shui privilégient la correspondance avec les Cinq Éléments ; pour ma part, je préfère me référer aux Huit Directions. Si l'on y ajoute le centre, on obtient une palette de neuf couleurs.

Le cercle extérieur de la roue des couleurs (voir p. 124) indique comment associer les couleurs avec chacune des Huit Directions. Elles renforcent le Ch'i ambiant si celui-ci est bénéfique, les autres couleurs pouvant être utilisées pour augmenter son influence ou l'atténuer, selon les circonstances. Le tableau de la page ci-contre montre comment on peut procéder.

FAIRE LE BON CHOIX

Les couleurs peuvent être utilisées sur de grandes surfaces ou par petites touches. En principe, les couleurs de fond sont plutôt pâles et les teintes qui viennent les ponctuer sont plus vives, bien que ce ne soit pas toujours le cas.

En termes de Feng Shui, elles sont efficaces quelle que soit la surface concernée, si elles sont bien choisies. Cependant, plus une teinte est vive, plus elle aura d'effet. Un petit coussin rouge sur une chaise placée à l'ouest d'une pièce suffira pour augmenter le flux de Ch'i associé à la vie sentimentale, au bonheur, à la prospérité. Pour obtenir le même effet, une couleur comme le rose devra être utilisée plus largement, par exemple sur un pan de mur, un canapé ou un tapis.

Les couleurs figurant dans le tableau ci-contre et dans la roue des couleurs (voir p. 124) sont indiquées sans leurs nuances. Chacune d'entre elles se décline en effet en une multitude de tons plus yang ou plus yin selon qu'ils sont vifs ou pâles (voir aussi le tableau p. 125). Vos goûts personnels ont aussi leur rôle à jouer : si une couleur vous déplaît particulièrement, ne l'utilisez pas, même si elle semble favorable en termes de Feng Shui.

Pour faire votre choix, reportez-vous au chapitre 3 et au tableau de la page 118 où sont exposés les différents critères qui doivent vous guider.

Du bon usage des couleurs

Déterminez l'orientation de la pièce que vous souhaitez décorer ou la future position de l'objet ou du meuble que vous voulez acheter, puis consultez le tableau ci-dessous pour décider si le Ch'i doit être augmenté, maintenu ou atténué. Les couleurs indiquées en gras sont celles qui ont le plus d'effet. Le jaune, qui est la couleur du centre, s'harmonise avec toutes les directions.

DIRECTION	AUGMENTE LE CH'I	MAINTIENT LE CH'I	ATTÉNUE LE CH'I
NORD	rouge à rose blanc à gris	**blanc cassé à crème**	vert clair vert foncé à bleu
NORD-EST	violet	blanc pur **jaune à brun** noir	rouge à rose blanc à gris
EST	blanc cassé à crème	**vert vif** vert foncé à bleu	violet clair
SUD-EST	blanc cassé à crème	**vert foncé à bleu** vert vif	violet clair
SUD	vert vif vert foncé à bleu	**violet**	blanc pur jaune clair à brun noir
SUD-OUEST	violet	**noir** jaune à brun blanc pur	rouge à rose blanc à gris
OUEST	blanc pur jaune à brun noir	**rouge à rose** blanc à gris	blanc cassé à crème
NORD-OUEST	blanc pur jaune à brun noir	**blanc à gris** rouge à rose	blanc cassé à crème

La roue des couleurs

Selon la méthode de la boussole, chacune des Huit Directions est associée à une couleur particulière (voir p. 30 à 33) ; ces couleurs figurent dans le cercle extérieur de la roue ci-dessous. Le fait de les utiliser dans leurs orientations respectives permet de maintenir le Ch'i dominant. Le cercle intérieur concerne les couleurs associées aux Cinq Éléments (voir p. 24 à 29) qui sont prises en compte par diverses écoles de Feng Shui ; elles peuvent servir d'alternative aux couleurs des Huit Directions. Chaque couleur se décline en différentes nuances. Nous décrivons page ci-contre les effets potentiels de certaines d'entre elles selon qu'elles sont utilisées pour le fond du décor ou par petites touches.

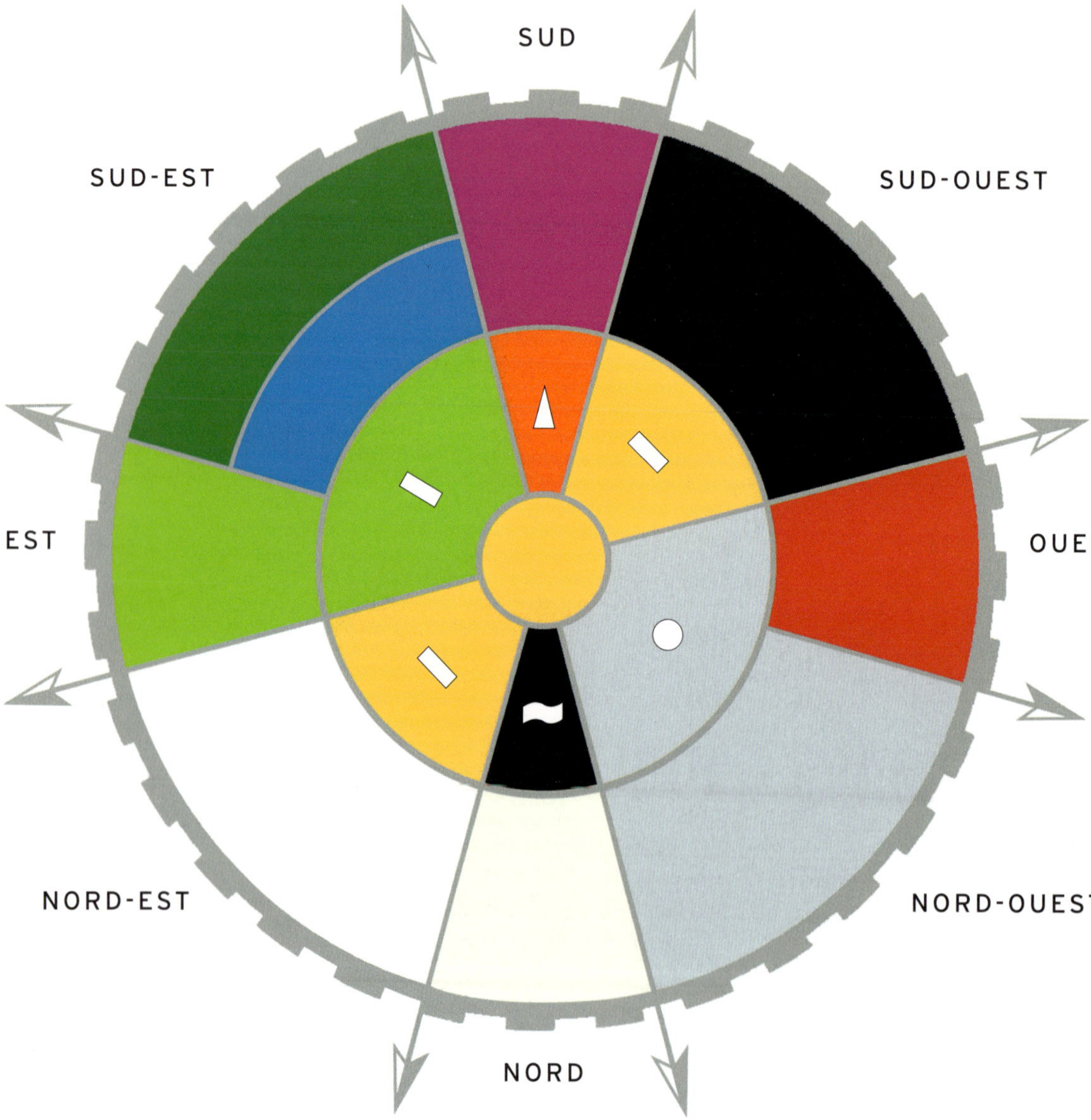

TOUCHES DE COULEURS

Vert émeraude
Ce riche ton de vert correspond le mieux à l'énergie de l'arbre du sud-est. Accompagné de lumineuses touches de jaune, il apporte vitalité et confort à une pièce.

Turquoise
Associé au Ch'i du sud-est, ce bleu-vert est plus yin que le précédent et rend l'atmosphère plus relaxante; il reste très vivifiant.

Bleu outremer
Associé au Ch'i de l'arbre du sud-est, ce bleu puissant convient à une pièce ensoleillée. Il concourt à créer une atmosphère lumineuse.

Violet
Associé au Ch'i du feu et au sud, ce ton chaud et vibrant apporte la passion dans une pièce. Il favorise la sociabilité.

Rose syrien
C'est la couleur du couchant, associée au Ch'i du métal et à l'ouest. Il crée une ambiance romantique, idéale pour un dîner d'amoureux.

Orange
Ce ton chaud - qui mêle le rouge et le jaune - est associé à la fois au métal, au sol, à l'ouest et au centre. Il crée une atmosphère lumineuse dans les pièces sombres.

Chocolat
Cette couleur forte est associée au métal et au sol de l'ouest et du sud-ouest. Elle favorise la stabilité et convient aux pièces ensoleillées.

Gris fer
Associée à l'énergie du métal et au nord-ouest, cette couleur apporte dignité et autorité; elle crée une atmosphère formelle.

COULEURS DE FOND

Jaune citron
C'est un ton à la fois chaud et un peu acide, associé à l'énergie du sol et au centre. Il crée une ambiance vivifiante, chaleureuse et rafraîchissante.

Vert tilleul
Associé au Ch'i de l'arbre et à l'est, ce beau ton pastel symbolise le renouveau et incite à l'optimisme. Il convient aux personnes jeunes.

Vert Nil
Associé au Ch'i de l'arbre et au sud-est, ce mélange très yin de bleu pâle et de vert est apaisant. Il favorise la détente et la créativité.

Bleu ciel
Ce ton pastel adoucit le Ch'i habituellement puissant de l'arbre. Il a un effet calmant dans les cuisines et les salles de bains.

Lavande
Associée au feu et au sud, cette couleur est pourtant trop pâle pour évoquer la passion. Elle reste stimulante tout en étant yin et favorise les rapports sociaux.

Rose tendre
Associé au métal et à l'ouest, le rose est aussi la couleur de la fille la plus jeune; il crée une ambiance légère et plaisante.

Abricot pâle
C'est une couleur à la fois chaude et pâle associée au sol et au centre, avec une pointe du Ch'i du métal de l'ouest. Elle convient aux chambres.

Chamois
Ce brun pâle et lumineux donne une sensation de stabilité et de sécurité; il est associé au sol et au centre.

Motifs à la carte

Correspondances
Selon leur type, les motifs sont associés aux différents éléments : les dessins imprécis correspondent à l'eau, les rayures verticales à l'arbre, les étoiles au feu, les motifs en damier au sol et les formes arrondies au métal.

Les motifs qui agrémentent les papiers peints, les tapis, les rideaux et autres coussins ont une influence sur la nature du Ch'i et la manière dont il circule. Selon leurs caractéristiques, ils sont en effet associés au yin et au yang, ainsi qu'aux Cinq Éléments (voir p. 22 et 26). De même, les formes des tableaux, des sculptures et de tous les bibelots ont leur influence (voir p. 147). Si ces formes se combinent avec certaines couleurs – par exemple une étoile et du violet ou un cercle et du rouge – leur effet sur le Ch'i sera amplifié.

LES MURS

Les murs sont généralement peints ou tapissés. Dans le premier cas, ils sont plus yang que dans le second. Certains rendus obtenus grâce à des procédés comme la détrempe ou la peinture à l'éponge, les effets crépis ou mouchetés sont associés au Ch'i de l'eau et créent une atmosphère plaisante, sereine et détendue. Les tons crème, bleus et verts accentuent cet effet.

Le papier peint mis à part, les motifs que l'on trouve sur les murs peuvent être appliqués au pochoir, imprimés au tampon ou peints à la main. Les dessins précis et alignés de manière répétitive sont plus yang que les motifs de forme mal définie ou irrégulièrement disposés. S'ils sont figuratifs (fleurs, fruits, animaux, etc.) ou ont une signification symbolique (étoiles, soleil ou lune), choisissez des sujets qui évoquent pour vous quelque chose de positif.

Avant de repeindre ou de tapisser une pièce, prenez soin de déterminer son orientation, définissez les couleurs en harmonie (voir p. 123) et reportez-vous au tableau ci-contre pour choisir vos motifs.

LES TISSUS D'AMEUBLEMENT

Pour choisir les motifs de vos tissus d'ameublement, procédez de la même manière que pour vos murs. Déterminez la position de vos rideaux, coussins ou canapés par rapport au centre de votre pièce et demandez-vous si vous voulez dynamiser le Ch'i ou au contraire l'atténuer. Reportez-vous aux différents tableaux pour décider des motifs et des couleurs. Si votre canapé est au nord du salon, par exemple, et que vous souhaitez obtenir une ambiance plus chaleureuse, des motifs ronds en divers tons de rouge, de rose, de gris et de blanc, conviendront pour son revêtement. Si les formes du meuble sont elles-mêmes arrondies, un rose uni sera sans doute suffisant.

Du bon usage des formes et des motifs

Déterminez l'orientation de la pièce à décorer ou le futur emplacement du meuble que vous voulez acheter, puis consultez le tableau des pages 32 et 33 pour décider si vous souhaitez augmenter ou atténuer l'influence du Ch'i ambiant. Le tableau ci-dessous vous permettra de choisir les motifs en conséquence. Procédez de la même manière pour placer un objet d'une forme particulière.

DIRECTION	AUGMENTE LE CH'I		MAINTIENT LE CH'I		ATTÉNUE LE CH'I	
NORD		cercles arcs de cercles ovales		formes irrégulières nuages vagues	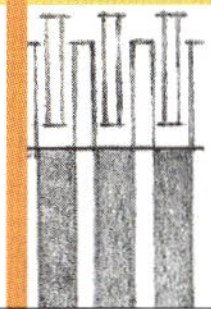	formes longues et fines rayures verticales
NORD-EST		formes pointues étoiles zigzags		larges rectangles rayures horizontales damiers	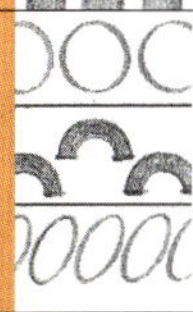	cercles arcs de cercles ovales
EST		formes irrégulières nuages vagues		formes longues et fines rayures verticales		formes pointues étoiles zigzags
SUD-EST		formes irrégulières nuages vagues	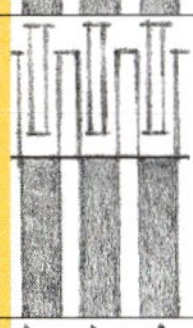	formes longues et fines rayures verticales		formes pointues étoiles zigzags
SUD	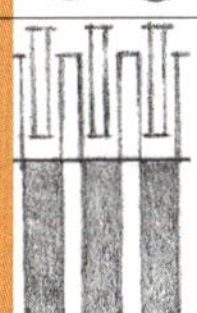	formes longues et fines rayures verticales		formes pointues étoiles zigzags	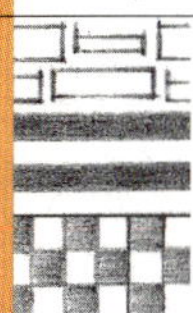	larges rectangles rayures horizontales damiers
SUD-OUEST		formes pointues étoiles zigzags	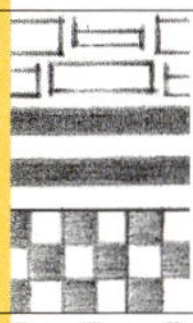	larges rectangles rayures horizontales damiers		cercles arcs de cercles ovales
OUEST		larges rectangles rayures horizontales damiers		cercles arcs de cercles ovales		formes irrégulières nuages vagues
NORD-OUEST		larges rectangles rayures horizontales damiers		cercles arcs de cercles ovales		formes irrégulières nuages vagues

Matériaux à la carte

Les matériaux qui entrent dans le mobilier et le décor de votre maison affectent la nature du Ch'i. Les relations entre l'énergie inhérente à chaque matériau et celle qui règne dans les différentes pièces de votre appartement peuvent augmenter celui-ci ou au contraire l'atténuer. Par exemple, le bois est associé au Ch'i de l'arbre, et il renforcera ce dernier dans les pièces situées à l'est et au sud-est de votre maison ; au sud, il dynamisera l'énergie du feu ; au nord, il atténuera le Ch'i de l'eau. Le tableau de la page 130, qui résume ces correspondances, vous aidera à choisir les bons matériaux pour chaque pièce de votre maison.

Le bois

Son effet sur le Ch'i est généralement neutre, mais les bois lisses et très durs comme l'acajou accélèrent son flux, alors que les essences plus tendres comme le pin naturel le ralentissent. Le bois s'entretient facilement et crée une atmosphère chaude et relaxante, sans risque de stagnation. Il convient mieux aux pièces situées au nord, à l'est, au sud-est et au sud, mais il peut être utilisé partout dans la maison.

Le métal

L'acier inoxydable, les métaux émaillés, la fonte, le chrome, etc., sont yang et accélèrent la circulation du Ch'i. Ils sont particulièrement indiqués dans les pièces exposées à la stagnation comme les salles de bains, notamment au nord.

Le verre

Comme le métal, il accélère le flux de Ch'i, surtout lorsqu'il s'agit de surfaces planes comme les vitres des fenêtres, un plateau de table ou un grand sous-verre.

Les textiles

Les rideaux, moquettes, tapis et tous les tissus d'ameublement ralentissent le Ch'i et augmentent le confort des pièces. N'en abusez pas cependant pour éviter la stagnation. Préférez les fibres naturelles comme le coton, le lin, la laine ou la soie ; une moquette à 80 % de laine est pourtant acceptable, sur une thibaude de feutre plutôt que sur une base synthétique. Les synthétiques ont un effet néfaste sur le Ch'i.

Les fibres végétales

Les tapis de paille tressée, de sisal ou de coco ralentissent le Ch'i. Ce sont les revêtements de sol les plus yin, car ils sont à la fois souples et texturés. Ils sont cependant difficiles à entretenir.

Outre la nature même des matériaux, leur texture influence la manière dont le flux de Ch'i circule dans les pièces. En principe, les surfaces dures, lisses et brillantes – par exemple les carreaux vitrifiés, le verre, la pierre ou le bois dur – accélèrent le flux de Ch'i et créent une atmosphère yang.

Les matériaux mats, souples ou texturés – comme la céramique non polie, la pierre brute, les tissus, les tapis, la paille ou la fibre de coco – ralentissent le Ch'i et favorisent une ambiance plus yin. Plus les surfaces sont importantes, plus grande est leur influence sur la circulation du Ch'i.

Lorsque vous choisissez le mobilier et le décor de votre maison, achetez autant que possible les matériaux en fonction de leur influence sur les courants d'énergie qui circulent dans les différentes zones de votre maison, tout en évitant au maximum les plastiques et autres matières synthétiques.

La céramique et la terre cuite
Les carreaux de céramique brute ou de terre cuite ont tendance à ralentir le Ch'i, créant une atmosphère plus douillette et paisible. Les carreaux vitrifiés à la surface lisse sont plus yang et ont les mêmes effets que le marbre ou le verre.

Le plastique et les synthétiques
Ils bloquent le flux de Ch'i, l'empêchant de circuler librement à travers la maison et doivent être évités.

Osier, bambou, rotin
Utilisés pour les meubles (plus rarement pour tapisser les murs), ces matériaux ont les mêmes propriétés que les fibres végétales et les bois tendres (voir page ci-contre).

La pierre
Les pierres polies, à la surface dure et lisse comme le marbre ou le granit, favorisent un déplacement très rapide du Ch'i et créent une atmosphère excitante. Elles ne sont pas conseillées pour les chambres à coucher où ces turbulences perturbent le sommeil. Les pierres plus tendres, comme l'ardoise ou le calcaire, ont les mêmes propriétés, mais leurs surfaces rugueuses dispersent le flux de Ch'i. Cela peut être bénéfique dans des pièces obscures, comme les salles de bains et les débarras, où le risque de stagnation est important.

Du bon usage des matériaux

Déterminez l'orientation de votre pièce et consultez le tableau des pages 32 et 33 pour décider si vous souhaitez maintenir le Ch'i ambiant, l'augmenter ou l'atténuer. Reportez-vous ensuite au tableau ci-dessous pour choisir vos matériaux ou placer au mieux les objets que vous possédez. Le plastique est associé au Ch'i du feu, mais le Feng Shui recommande d'éviter son usage.

	AUGMENTE LE CH'I	MAINTIENT LE CH'I	ATTÉNUE LE CH'I
NORD	métal pierres dures	verre	bois osier, bambou, rotin fibres végétales
NORD-EST	(plastique)	céramique et terre cuite pierres tendres textiles	métal pierre dures
EST	verre	bois osier, bambou, rotin fibres végétales	(plastique)
SUD-EST	verre	bois osier, bambou, rotin fibres végétales	(plastique)
SUD	bois osier, bambou, rotin fibres végétales	(plastique)	céramique et terre cuite pierres tendres textiles
SUD-OUEST	(plastique)	céramique et terre cuite pierres tendres textiles	métal pierres dures
OUEST	céramique et terre cuite pierres tendres textiles	métal pierres dures	verre
NORD-OUEST	céramique et terre cuite pierres tendres textiles	métal pierres dures	verre

L'éclairage

La lumière apporte l'énergie dans une pièce et rend le Ch'i plus actif. Dans l'idéal, les fenêtres devraient être assez grandes pour que la lumière naturelle suffise pendant la journée, réservant l'éclairage électrique aux soirées. Si c'est nécessaire et si cela vous est possible, faites percer de nouvelles fenêtres ou installez des verrières dans votre toit. Des murs peints de couleurs pâles et des miroirs judicieusement placés peuvent également augmenter la luminosité d'une pièce.

LES TYPES D'ÉCLAIRAGE

LES AMPOULES INCANDESCENTES utilisées pour l'éclairage général de la maison diffusent une lumière uniforme. Elles augmentent le Ch'i d'une pièce de manière relativement homogène.

LES SPOTS sont dirigés sur une zone précise. Vous pouvez ainsi stimuler le Ch'i dans un endroit particulier comme un coin sombre, pour éviter la stagnation. Dans certaines pièces, ils permettent d'éclairer une zone d'activité, par exemple un bureau, alors que le reste de la pièce bénéficie de la lumière naturelle ou d'un éclairage plus doux.

LES LAMPES DIRIGÉES VERS LE PLAFOND font monter le flux d'énergie ; elles sont utiles si vos plafonds sont bas ou mansardés.

LES LAMPES À HALOGÈNE produisent une lumière puissante, idéale pour réveiller le Ch'i dans les zones de stagnation. Elles peuvent être encastrées dans les plafonds et sont souvent sur pied, la lumière étant dirigée vers le haut ou vers le bas.

LES NÉONS émettent une lumière d'une couleur particulière et produisent beaucoup de radiations électriques. Cela peut provoquer des maux de tête, une perte de concentration et une fatigue mentale, même si les tubes sont de faible voltage.

LES AMPOULES COLORÉES permettent de créer une ambiance particulière. Reportez-vous au tableau de la page 124 pour harmoniser leurs couleurs à l'orientation de la pièce.

APPRIVOISER LA LUMIÈRE

La lumière d'une ampoule nue est dure ; les abat-jour, les écrans de papier ou les plantes la filtrent agréablement. De même, les éclairages indirects sont plus doux : orientez vos lampes vers les murs ou le plafond plutôt que vers l'intérieur de la pièce. Enfin, les tons clairs réfléchissent bien la lumière et créent une atmosphère plus yin.

Les abat-jour
Le métal, le verre et toutes les surfaces réfléchissantes créent une atmosphère plus yang; le tissu et le papier sont plus yin.

Les appareils

LES FOURS À MICRO-ONDES

Ces appareils émettent des radiations électriques, surtout lorsqu'ils vieillissent et perdent leur étanchéité. Le débat reste ouvert quant aux risques qu'ils font réellement courir, mais le fait est que la nourriture y est soumise à des radiations de haute intensité. Les personnes qui mangent régulièrement des plats cuisinés dans ce type d'appareil peuvent à la longue se sentir mal à l'aise ou désorientés.

Atténuer les effets des radiations électriques
Pour limiter les effets néfastes des radiations émises par vos appareils, placez à proximité des plantes d'appartement. Les spathiphyllums sont particulièrement efficaces.

Les appareils électriques produisent leurs propres champs de radiations qui interfèrent avec votre Ch'i personnel et peuvent dans certains cas provoquer à long terme des troubles de santé. Or, si l'on sait que les lignes à haute tension sont responsables de maladies graves, on se soucie moins de l'influence des appareils électroménagers. Vous avez intérêt à vous tenir le plus loin possible de ceux-ci car l'intensité des champs électriques diminue rapidement avec la distance. En outre, les transformateurs émettant des radiations même lorsque les appareils sont éteints, prenez soin de débrancher ces derniers après usage. Enfin, les plantes peuvent vous aider à limiter les effets néfastes des radiations (voir illustration ci-contre).

LES CUISINIÈRES ÉLECTRIQUES Les radiations qu'elles émettent affectent votre Ch'i personnel aussi bien que celui des aliments que vous préparez, aussi est-il conseillé de préférer une cuisinière à gaz.

LES RÉFRIGÉRATEURS Les aliments y sont plongés dans un champ électromagnétique de faible intensité. Si c'est possible, entreposez la nourriture dans un placard frais, dans un cellier ou à l'extérieur.

LES TÉLÉVISEURS Les tubes cathodiques émettent des radiations dont l'intensité diminue à mesure que l'on s'éloigne de l'appareil ; regardez la télévision à bonne distance.

LES ORDINATEURS Ils ont les mêmes effets que les téléviseurs ; si vous travaillez sur ordinateur, équipez ce dernier d'un écran destiné à réduire l'intensité des radiations. Choisissez de préférence un portable muni d'un écran à cristaux liquides.

LES FAX ET TÉLÉCOPIEURS Installez ces appareils hors du salon et des chambres à coucher.

LES COUVERTURES ÉLECTRIQUES Les radiations émises affectent directement votre corps ; débranchez-les lorsque vous vous couchez.

LES SÈCHE-CHEVEUX Les radiations sont directement dirigées sur votre cerveau ; laissez vos cheveux sécher naturellement.

LES RADIATEURS ÉLECTRIQUES Ils émettent leurs radiations dans la pièce. Préférez le chauffage central, les radiateurs à gaz ou les cheminées.

LES TÉLÉPHONES PORTABLES Ils soumettent votre cerveau à des émissions d'ondes courtes qui peuvent affecter votre santé de la même façon que les fours à micro-ondes (voir encadré ci-contre). Préférez les téléphones traditionnels.

LES FILS ÉLECTRIQUES Ne les faites pas courir sous votre lit ou sous la tête de lit.

Plantes et fleurs

Les plantes occupent une place à part dans le décor d'une maison, car ce sont des organismes vivants qui génèrent un type de Ch'i particulier. Les plantes vertes vivaces créent dans un appartement une atmosphère fraîche et vivifiante. Elles compensent en partie les effets néfastes observés dans la plupart des appartements modernes – radiations émises par les appareils électroménagers, électricité statique due aux plastiques et autres synthétiques. Elles ont également l'avantage de produire de l'oxygène au cours du processus de photosynthèse. Occupez-vous bien de vos plantes car un feuillage flétri ou desséché a un effet négatif sur le Ch'i.

Les plantes ont des effets différents en fonction de leur aspect général, de la forme de leurs feuilles et de leurs fleurs, ainsi que de leurs couleurs. Elles sont associées aux Huit Directions, aux Cinq Éléments, au yin et au yang.

Les plantes aux feuilles pointues sont yang et accélèrent le flux de Ch'i. Celles dont les feuilles sont rondes et molles, plus yin, atténuent l'énergie. Les feuillages touffus ralentissent le Ch'i et peuvent être utiles dans les longs couloirs ou à côté des portes. Les espèces les plus hautes favorisent le Ch'i de l'arbre, alors que les variétés à épines ou au feuillage hérissé correspondent à celui du feu ; les plantes basses et rampantes sont en relation avec le sol, celles dont la forme générale est ronde ou qui possèdent de petites feuilles rondes sont liées au métal, et les espèces retombantes à l'eau.

Le vert des feuillages renvoie également au Ch'i de l'arbre, mais lorsqu'une plante porte des fleurs, la couleur de ces dernières a une influence dominante (voir p. 136 et 137).

LES FLEURS

Les fleurs fraîches apportent aussi leur vitalité à l'atmosphère d'une pièce. Leurs couleurs et dans une moindre mesure leurs formes ont leur influence sur le Ch'i, et d'autant plus si elles sont vigoureuses et joliment arrangées. Les fleurs fanées ont un effet néfaste sur le Ch'i. Changez l'eau des vases chaque jour et retirez les fleurs flétries.

Bien qu'elles constituent de très jolis bouquets, les fleurs séchées ne sont pas particulièrement bénéfiques en termes de Feng Shui ; cependant, elles ne sont pas non plus néfastes. Les fleurs artificielles en soie ou en papier peuvent avoir une influence favorable, mais les plus efficaces restent bien sûr les fleurs fraîches.

VASES ET POTS

Selon leur forme et le matériau dont ils sont faits, ils concourent à l'influence des plantes ou des fleurs qu'ils contiennent.

LES VASES DE VERRE AUX FORMES RONDES correspondent au Ch'i tranquille de l'eau ; placez-les au nord de la maison ou d'une pièce.

LES HAUTS CACHE-POT DE BOIS sont liés au Ch'i de l'arbre qui peut vous aider à développer votre carrière ; placez-les à l'est ou au sud-est.

LES VASES DE FORME PYRAMIDALE favorisent le Ch'i du feu, associé à la renommée, à la reconnaissance publique et à la passion.

La couleur violette augmente cette influence. Placez-les au sud.

LES JARDINIÈRES OU LES POTS D'ARGILE, s'ils sont bas, sont liés au Ch'i du sol qui favorise l'harmonie familiale ; placez-les au sud-ouest ou au nord-est.

LES POTS DE MÉTAL RONDS correspondent au métal, à la vie amoureuse, au plaisir et à la prospérité. Les tons rouges et argentés peuvent intensifier leur effet. Placez-les à l'ouest ou au nord-ouest.

Les plantes

Il est bon de décorer sa maison de diverses variétés de plantes, car leurs influences se mêlent pour produire un flux d'énergie très équilibrant. Il existe des zones où leur influence est particulièrement bénéfique (voir encadré page ci-contre), mais certaines plantes peuvent avoir un effet néfaste dans des positions particulières. Les plantes aux feuilles pointues ou les espèces « piquantes », comme les yuccas, les palmiers ou les cactées, ne doivent pas être placées près des sièges ou des lits. Tenez également compte des relations de vos plantes avec le yin et le yang, ainsi qu'avec les Cinq Éléments lorsque vous choisissez l'endroit où les installer.

Lierre

YANG

LE DRACAENA (*Dracaena marginata*)
Son tronc vigoureux et ses feuilles pointues combinent le Ch'i de l'arbre à celui du feu. Idéal pour réveiller le Ch'i dans un angle ou sous un plafond mansardé, il faut le tenir éloigné des sièges ou des lits. Placez-le à l'est, au sud-est, au sud et au sud-ouest.

YIN

LE CHLOROPHYTUM (*Chlorophytum comosum*)
Ses longues feuilles étroites retombent en cascadant, créant une atmosphère yin très paisible. Idéal pour le nord.

LE PHILODENDRON (*Monstera deliciosa*) Ses grandes feuilles molles créent une lénifiante ambiance yin. Il convient à toutes les zones où le Ch'i est trop actif, particulièrement au sud, au sud-ouest et au nord-est.

EAU

LE LIERRE (*Hedera helix*)
Son feuillage dense et tendre qui grimpe sur tous les supports fait du lierre une plante vivifiante. Mais ses longues tiges retombantes expliquent qu'on l'associe généralement à l'eau. Il convient aux zones qui manquent de lumière, comme les salles de bains, car contrairement à la plupart des plantes, il se plaît à l'ombre. Placez-le de préférence au nord.

Dracaena

Chlorophytum

Jacinthe

Poinsettia

ARBRE

LA JACINTHE (*Hyacinthus orientalis*) Les plantes qui poussent ainsi très droites sont associées au Ch'i de l'arbre. Parmi les variétés roses, blanches, bleues ou crème, choisissez celle qui est en harmonie avec sa position. Idéale pour l'est et le sud-est.

FEU

LA VIOLETTE DU CAP (*Saintpaulia*) Ses fleurs pourpres en forme d'étoile associent cette plante au feu. Elle vous aidera à vous faire connaître et à obtenir la reconnaissance d'autrui. Idéale pour l'est, le sud-est, le sud et le sud-ouest.

LE PALMIER (*Phoenix roebelenii*) Cette grande plante aux feuilles découpées correspond au Ch'i du feu et crée une atmosphère yang très active. Elle est idéale pour meubler les angles. Évitez de la placer au nord-est où le Ch'i est déjà stressant.
L'est, le sud-est, le sud et le sud-ouest lui conviennent bien.

POINSETTIA (*Euphorbia pulcherrima*) Ses fleurs en étoiles groupées en bouquet peuvent être rouges, roses, jaunes ou crème : choisissez la couleur qui correspond à votre orientation. Il est associé au feu.

SOL

LE CYCLAMEN (*Cyclamen persicum*) Son feuillage bas l'associe au sol. Choisissez des fleurs violettes pour la passion, rouges ou roses pour la romance et blanches pour la stabilité. Les positions idéales pour cette plante sont le sud, le sud-ouest, le nord-est, l'ouest et le nord-ouest.

LE BÉGONIA (*Begonia bowerae*) Cette plante aux fleurs blanches et au feuillage bas est associée au sol et crée une atmosphère yin, très stable et sécurisante. Placez-la au sud, au sud-ouest, au nord-est, à l'ouest ou au nord-ouest de votre maison.

MÉTAL

LE CRASSULA (*Crassula ovata*) Ses feuilles rondes et épaisses correspondent au Ch'i du métal et apportent stabilité et prospérité. Placez cette plante à l'ouest, au nord-ouest ou au nord.

LE SPATHIPHYLLUM (*Spathiphyllum wallisii*) Cette plante atténue les radiations des ordinateurs. Ses fleurs blanches renforcent le Ch'i du métal.

Cyclamen

Crassula

DES REMÈDES VERTS

Selon les principes du Feng Shui, les plantes constituent des remèdes simples à bien des problèmes, notamment dans les situations suivantes.

LES COINS ET RECOINS Les plantes dynamisent le Ch'i et permettent d'éviter la stagnation. Choisissez des variétés yang aux longues feuilles pointues, associées au Ch'i du feu.

LES ANGLES EN SAILLIE Disposez une plante touffue face à l'angle pour atténuer le Ch'i négatif (voir p. 14). Les plantes aux feuilles rondes et très denses sont les plus efficaces.

LES LONGS COULOIRS Disposez des plantes au feuillage fourni de part et d'autre du couloir pour ralentir le Ch'i.

LES SALLES DE BAINS Les plantes favorisent la circulation du Ch'i ; elles augmentent l'influence du Ch'i de l'arbre et atténuent celui de l'eau, surtout au nord.

LES CUISINES Les plantes apportent leur propre énergie à la pièce, ainsi que celle de l'arbre, qui harmonise le Ch'i de l'eau et celui du feu.

LES CHAMBRES Les plantes y apportent leur énergie naturelle. Les variétés aux feuilles tendres, plus yin, créent une ambiance calme.

DISSUASION Les plantes piquantes comme les cactus émettent un Ch'i qui peut décourager les voleurs. Alignez-les sur l'appui des fenêtres.

Fleurs coupées

Selon leur forme et leur couleur, les fleurs stimulent le Ch'i de différentes directions. Si vous pensez que l'ambiance d'une pièce a besoin d'être réveillée, procédez de la manière suivante : placez des fleurs crème au nord, blanches au nord-est, un grand bouquet de feuillage à l'est, la même chose au sud-est ou bien de longues fleurs bleues, des fleurs violettes très découpées au sud, des fleurs jaunes basses au sud-ouest et au centre, des fleurs rondes et rouges à l'ouest, enfin d'autres rondes et blanches au nord-ouest.

Clématites
Ces grandes fleurs violettes en étoile augmentent le Ch'i du feu et favorisent la passion ainsi que la réussite sociale.

Bleuets
Le bleu est la couleur des voyages et de la communication, la forme en étoile favorise la reconnaissance d'autrui et la sociabilité. Placez-les au sud-est si vous souhaitez vous faire de nouvelles relations. Des delphiniums ont le même effet. Leurs longues tiges stimulent l'énergie de l'arbre.

Pensées
Les variétés jaunes sont associées au Ch'i du sol. Au sud-ouest, elles apportent le bonheur et l'harmonie familiale. Les primevères conviennent également bien dans cette position.

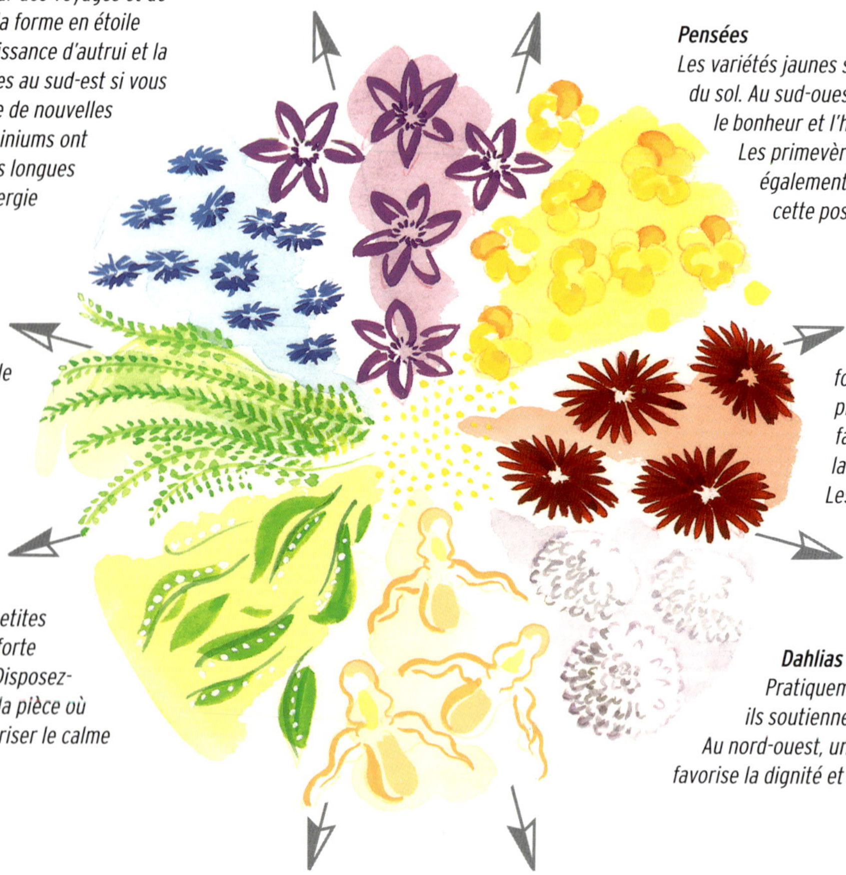

Fougères
Leur vigoureux feuillage vert stimule le Ch'i de l'arbre ; à l'est d'une pièce, il est rafraîchissant et vivifiant.

Chrysanthèmes
Dans les tons rouge foncé, ces fleurs placées à l'ouest favorisent l'amour et la prospérité. Les dahlias et les roses en boutons ont le même effet.

Muguet
La sérénité de ces petites fleurs blanches conforte le Ch'i du nord-est. Disposez-les dans un coin de la pièce où vous souhaitez favoriser le calme et la concentration.

Dahlias pompons
Pratiquement sphériques, ils soutiennent le Ch'i du métal. Au nord-ouest, une variété blanche favorise la dignité et la sagesse.

Orchidées
Les formes contournées et les couleurs douces de certaines orchidées stimulent le Ch'i de l'eau au nord. Mêlées à des fleurs rouges ou violettes, elles peuvent réveiller une vie sexuelle un peu paresseuse.

Tulipes

Ces fleurs en forme de coupe renforcent le Ch'i du métal. À l'ouest, le rouge favorise l'amour et le rose le plaisir ; le blanc apporte la motivation au nord-est, la dignité au nord-ouest et la paix au nord.

Œillets

Avec leurs formes rondes, ils favorisent l'amour et le plaisir lorsqu'ils sont rouges et roses ; blancs, ils assurent dignité et sérénité.

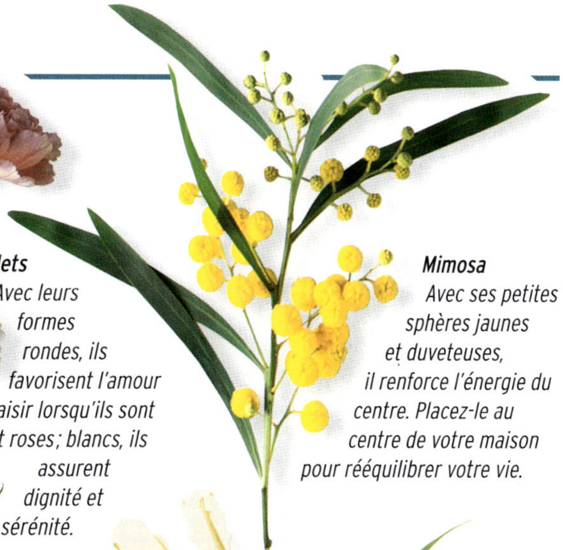

Mimosa

Avec ses petites sphères jaunes et duveteuses, il renforce l'énergie du centre. Placez-le au centre de votre maison pour rééquilibrer votre vie.

Iris

Ces fleurs existent en différentes couleurs, dont le jaune, le bleu et le violet. Elles sont associées à l'énergie de l'arbre ainsi qu'au centre et au sud, mais leur forme délicate leur donne un petit côté yin. Elles augmentent la vitalité et favorisent la passion.

Anémones

Leur forme les associe au métal et leurs couleurs vives fixent l'énergie d'une pièce. Des anémones rouges dans une salle de bains revitalisent le Ch'i.

Lis

Malgré leurs longues tiges, les fleurs de lis sont apaisantes avec leurs têtes penchées. Utilisez-les pour créer une ambiance plus calme dans une pièce.

Tournesols

La forme découpée des pétales correspond au Ch'i du feu, mais les couleurs sont associées au sol. Elles stabilisent le Ch'i et ont une influence apaisante.

Marguerites

Ces fleurs blanches sont en harmonie avec le nord où elles renforcent la tranquillité. Au nord-ouest, elles favorisent la dignité, et augmentent la motivation au nord-est.

Roses

Les boutons de rose sont associés à l'énergie du métal, mais quand ils s'ouvrent, le Ch'i devient plus ardent. Les roses rouges favorisent l'amour et une certaine sophistication, surtout à l'ouest.

Les meubles

LES ESPACES VIDES

Le Ch'i circule plus facilement dans les espaces ouverts, aussi est-il conseillé de garder vides certaines zones de votre maison. Évitez d'entasser les meubles et d'accumuler le désordre pour ne pas favoriser la stagnation. Cela serait néfaste pour votre santé et vous empêcherait d'opérer les changements nécessaires dans votre vie. Il est préférable de posséder peu de choses mais de bonne qualité plutôt que de s'encombrer d'un véritable bric-à-brac.
Le désordre vous affecte différemment selon la position de la pièce où il sévit. Au nord, par exemple, il peut être préjudiciable à votre santé, à votre vitalité, à votre sexualité, et vous aurez du mal à trouver le calme. Faites votre possible pour garder le centre de toutes vos pièces propre et bien rangé. Il y va de votre équilibre.

Les endroits où vous disposez les chaises, les lits, votre bureau, sont aussi ceux où vous vous tiendrez le plus souvent. Il est donc important de trouver la bonne place pour chaque meuble et de faire en sorte qu'il soit tourné dans une direction favorable (voir p. 98 et 116). La couleur, la forme et, dans le cas des objets anciens, l'histoire de tel ou tel meuble influencent également le Ch'i d'une pièce.

CHOISIR SES MEUBLES

Parfois, un meuble que vous avez trouvé superbe dans le magasin ne vous plaît plus une fois arrivé à la maison. Le Feng Shui peut vous aider à choisir des meubles en harmonie avec la position que vous leur réservez. Vous comprendrez pourquoi certains d'entre eux ne semblent pas à leur place chez vous ; vous apprendrez à aménager les espaces à problèmes et trouverez l'emplacement idéal pour chaque élément de votre mobilier (voir les tableaux des p. 123, 127 et 130).

Dans certains cas, ils vous sera cependant impossible de respecter à la lettre les préceptes du Feng Shui et il vous faudra faire des compromis. Nous vous conseillons par exemple de privilégier le bois dans toutes les pièces de votre maison, car son effet sur le Ch'i est neutre. Ainsi, si vous recherchez un fauteuil pour le nord-ouest de votre chambre, vous écarterez les matériaux en harmonie avec cette direction (le métal ou la pierre) au profit du bois, mais vous choisirez un modèle recouvert d'un tissu aux motifs circulaires dans les tons roses et gris.

Les meubles neufs font entrer un air de renouveau dans une maison, alors que les objets anciens ont davantage de présence. Le Ch'i qu'ils véhiculent dépend de l'usage qui en a été fait. Une table ayant servi à la découpe de la viande chez un boucher n'aura assurément pas le même Ch'i qu'une autre sur laquelle on aura exposé des porcelaines. Lorsque c'est possible, essayez de vous renseigner sur l'histoire des meubles que vous achetez. Beaucoup d'entre eux se fondent très rapidement dans leur nouvel environnement, mais évitez les objets utilisés dans les abattoirs, les funérariums, les hôpitaux, etc.

ATTENTION AU CH'I NÉGATIF

Disposez vos meubles en évitant qu'un angle vif soit pointé sur vous. Cela peut perturber votre Ch'i et vous risquez de vous sentir désorienté, voire de connaître des problèmes de santé.

LES DIFFÉRENTS TYPES DE MEUBLES

LES LITS Dans les chambres à coucher qui possèdent une bonne hauteur de plafond, vous pouvez installer un lit surélevé pour renforcer le Ch'i de l'arbre. Si le plafond est bas, choisissez un lit à ras du sol ou un futon. L'énergie du sol sera amplifiée (voir aussi p. 97).

LES SIÈGES Les sièges ronds et capitonnés sont plus yin que ceux à l'assise dure et au dossier droit. Mélangez les deux types de sièges pour créer un équilibre et n'hésitez pas à jouer sur les contrastes, par exemple avec un coussin rouge, très yang, sur un fauteuil douillet. La disposition des sièges a aussi son importance (voir p. 84 et 85).

LES TABLES La forme de la table a une grande influence sur l'atmosphère d'un coin-repas (voir p. 89). Elle doit être en harmonie avec la pièce. Si vous pensez que votre salle à manger gagnerait à avoir une ambiance plus détendue, achetez une table ovale. Cependant, si la table où vous mangez est installée dans un coin du salon, vous pouvez préférer une forme plus yang et choisir un plateau rond ou carré. Cela vous aidera à concentrer le Ch'i sur la zone destinée aux repas. Les dessertes et les tables basses doivent posséder des angles arrondis, notamment lorsqu'elles sont à proximité des sièges. Pour les plateaux des tables, les matériaux très yang comme le verre accélèrent le flux de Ch'i et favorisent une atmosphère stimulante. Le bois créera un effet plus relaxant.

LES TIROIRS Tout dépend de la forme du meuble qui les contient. S'il est haut et étroit, le Ch'i de l'arbre est renforcé. S'il est bas et que les tiroirs sont larges, c'est le Ch'i du sol qui est favorisé. Les boutons ronds, particulièrement s'ils sont en métal, sont associés au Ch'i du métal et donnent une impression de solidité.

LES COIFFEUSES Elles se trouvent souvent dans les chambres à coucher, et leurs angles doivent être arrondis pour ne pas dispenser un Ch'i négatif sur les dormeurs. Le miroir ne doit pas faire face au lit ; couvrez-le éventuellement pour la nuit. Il est plus agréable de se maquiller devant un miroir de forme ovale.

LES PLACARDS Ils doivent être conçus pour éviter la stagnation. Les surfaces dures, lisses et brillantes assurent une bonne circulation du Ch'i. Si possible, la forme de la pièce doit être préservée. Placez-les par exemple dans une alcôve : vous supprimerez ainsi le renforcement sans introduire d'angles vifs dans la chambre à coucher. Les meubles d'angle constituent une excellente solution car ils occupent les coins de la pièce sans présenter eux-mêmes d'angles en saillie. Veillez à ce que vos placards soient toujours propres et bien rangés. Videz-les à chaque saison pour un grand nettoyage.

Les sièges yang
Parfaits pour un bureau, où vous devez être alerte et bien éveillé, ce type de siège possède des éléments durs et lisses ; il peut être en métal ou en bois sombre verni.

Les sièges yin
Les sièges capitonnés aux lignes arrondies, recouverts de tissu, sont plus yin ; ils conviennent aux salons et aux chambres à coucher, et favorisent la détente et le repos.

Les portes

Une allée sinueuse
Si l'orientation de votre porte d'entrée n'est pas favorable, ralentissez le flux de Ch'i par une allée sinueuse bordée d'arbustes touffus. Ils absorberont le Ch'i négatif et le disperseront avant qu'il ne vous atteigne.

Le Ch'i peut traverser les murs, mais il est évident qu'il circule plus facilement par les ouvertures. Les portes extérieures ont une influence sur le Ch'i dans la maison et aux alentours ; celles qui sont à l'intérieur affectent celui qui baigne les différentes pièces.

Quand vous franchissez le seuil de la porte principale d'une maison, vous déplacez un flux d'énergie important. Votre Ch'i personnel agit sur le Ch'i ambiant comme si vous repoussiez de la main une masse d'eau par une ouverture. C'est vrai lorsque vous entrez, c'est vrai également lorsque vous sortez, et plus nombreuses sont les personnes qui empruntent une porte, plus grande sera l'influence de cette dernière sur le Ch'i d'une maison.

LA PORTE PRINCIPALE

Sa position détermine la nature du Ch'i dominant de votre maison. Si votre porte est située à l'est par rapport au centre, par exemple, vous serez soumis au vivifiant Ch'i de l'arbre associé à cette direction, et d'autant plus que vous ouvrirez fréquemment la porte.

La direction à laquelle la porte fait face est également importante. Si elle est à l'est de la maison et tournée également vers l'est, le Ch'i de ce dernier sera intense. Cependant, c'est toujours la position par rapport au centre qui a le plus d'influence. Une porte située à l'est d'une habitation et tournée vers le sud-est sera surtout soumise au Ch'i de l'est et dans une moindre mesure à celui du sud-est. Le schéma ci-contre vous indique les effets des différentes positions d'une porte et les remèdes à envisager en cas de problème.

L'ENVIRONNEMENT EXTÉRIEUR

Pour profiter au maximum d'une bonne orientation, les abords de votre porte doivent être dégagés. Si elle est au nord-ouest et fait face au nord-ouest, par exemple, cette position est favorable si vous élevez une famille et occupez un poste à responsabilité ; une aire relativement vide devant la maison est alors conseillée.

En revanche, si votre porte est au nord-est et tournée vers le nord-est, sa position vous est en principe défavorable. Dans ce cas, une allée sinueuse et des arbustes touffus ralentiront et disperseront le Ch'i aux abords de votre porte. Une longue allée droite l'amènerait directement à votre seuil, alors qu'un arbre, un mur ou une autre construction l'empêcherait d'y accéder.

La position de la porte d'entrée

Déterminez la position de votre porte d'entrée par rapport au centre de votre maison pour connaître le type de Ch'i auquel elle est exposée. S'il vous est favorable, peignez votre porte dans une couleur qui le renforce, et choisissez un matériau en harmonie. Sinon, appliquez les solutions indiquées ci-dessous.

Sud
C'est une position très active, excellente pour être en vue, mais qui peut être trop stimulante et conduire aux querelles et aux séparations.

Solutions Le vert vif ou foncé, le bleu et le violet, ainsi qu'une poignée en bois conviennent ici. Le noir atténue le Ch'i, ainsi qu'un pot d'argile empli de charbon de bois derrière la porte.

Sud-est
C'est une bonne position, qui favorise la communication et permet de progresser.

Solutions Le vert foncé, le bleu ou le crème et une poignée de bois sont tout indiqués.

Sud-ouest
La maison est exposée à un Ch'i lent et calme, mais la porte est située sur un axe instable.

Solutions Le noir, le rouille ou le gris, et une poignée de métal brillant sont indiqués. Un petit bol de sel de mer stabilisera le Ch'i.

Est
C'est une bonne direction, surtout pour les jeunes qui débutcnt une carrière.

Solutions Le vert vif ou le crème et une poignée de bois conviennent ici.

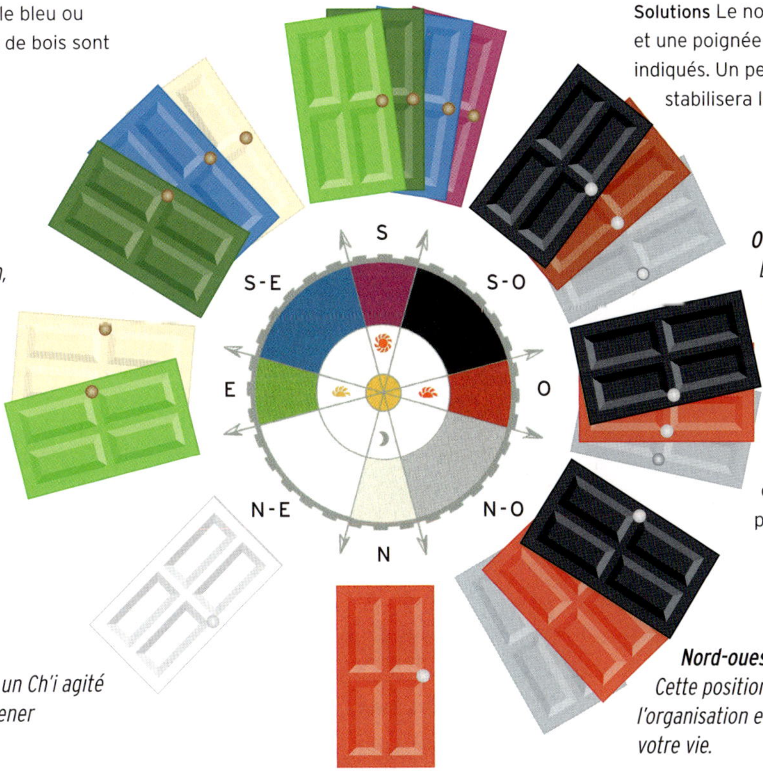

Ouest
Le Ch'i est associé au plaisir, à l'amour et à la prospérité; il peut cependant favoriser une certaine paresse.

Solutions Le noir, le rouge et le gris sont conseillés, ainsi qu'une poignée de métal brillant.

Nord-est
La maison est exposée à un Ch'i agité et stressant qui peut amener des problèmes de santé.

Solutions Une porte laquée de blanc ou une poignée de métal brillant repousseront le Ch'i loin de la maison. Un petit bol de sel juste derrière la porte l'atténuera également.

Nord
Cette position est trop tranquille et isolée pour une porte d'entrée.

Solutions Réveillez le Ch'i avec une peinture rouge, une poignée de métal brillant, des lampes et un carillon.

Nord-ouest
Cette position favorise l'autorité, l'organisation et vous aidera à diriger votre vie.

Solutions Le noir, le rouge et le gris conviennent ainsi qu'une poignée de métal brillant.

Un miroir dans votre hall
Suspendez un miroir dans un hall étroit ou dans un long couloir pour ralentir le Ch'i et le diriger vers les autres zones de la maison.

LES ESCALIERS

Un escalier extérieur situé juste en face de votre porte peut faciliter ou freiner la circulation du Ch'i dans votre maison. Tout dépend du nombre de marches par rapport à la hauteur de la construction, ainsi que de l'environnement.

Un grand manoir à la campagne possédant une large porte à double battant face à une longue allée rectiligne supportera parfaitement un perron desservant l'entrée, tout comme n'importe quelle maison dont la porte est à l'est ou au sud-est et profite du Ch'i bénéfique de l'arbre. En revanche, une petite maison entourée d'arbres à laquelle on accède par un sentier sinueux sera gravement affectée par un escalier devant la porte, notamment si cette dernière est étroite. Cet effet négatif sera amplifié si la porte est située au sud-ouest, à l'ouest ou au nord-ouest car le Ch'i n'y est guère actif.

Certains appartements situés à l'entresol sont accessibles par quelques marches. Dans ce cas, le Ch'i stagne sur le seuil, et pénètre dans la maison lorsque la porte est ouverte (voir les solutions page ci-contre).

LE HALL D'ENTRÉE

S'il s'agit d'un hall dans lequel débouche un escalier descendant de l'étage supérieur, le Ch'i a tendance à emprunter la porte pour sortir de la maison. Il est alors difficile au Ch'i de l'extérieur d'y pénétrer et l'énergie dominante de la maison en sera affaiblie (voir aussi p. 146).

Si la porte s'ouvre sur un long couloir, le Ch'i peut s'engouffrer rapidement dans ce dernier, déstabilisant l'énergie ambiante. Un autre problème peut survenir s'il existe dans cette zone une seconde porte donnant sur l'extérieur. Le Ch'i risque d'entrer par une porte et de sortir par l'autre sans circuler davantage dans la maison (voir les solutions page ci-contre).

LES PORTES EXTÉRIEURES

LA TAILLE Le Ch'i pénètre plus facilement par de grandes ouvertures. Les portes doivent être suffisamment grandes pour que chacun puisse les emprunter sans problème, et d'autant plus si elles sont situées dans des positions favorables.

LA COULEUR Choisissez une couleur qui corresponde à l'orientation de la porte (voir p. 141). Si cette position est défavorable, une peinture laquée ou une surface réfléchissante éloignera le Ch'i négatif.

LES MATÉRIAUX Les portes vitrées ou à demi vitrées permettent à la lumière et au Ch'i de pénétrer dans la maison. Pensez-y si vous avez un hall ou un couloir obscur derrière votre porte.

LES REMÈDES DU FENG SHUI

Il existe des remèdes simples pour certains problèmes posés par les portes. Essayez chacun d'entre eux et attendez quelques semaines pour juger du résultat avant d'en utiliser un autre.

Les poignées de porte
Comme des miroirs, les poignées de laiton éloignent le Ch'i de votre porte. Elles peuvent être utiles si un flux d'énergie arrive directement sur votre maison depuis la route, ou si l'angle d'une construction est dirigé vers votre porte. De même pour les appartements à l'entresol, où elles permettent d'éviter la stagnation.

Les plantes
À l'extérieur, arbres et buissons peuvent être plantés à proximité de la porte pour ralentir la circulation du Ch'i à travers la maison. À l'inverse, de grandes plantes peuvent aider le Ch'i à franchir l'obstacle des escaliers. À l'intérieur, des plantes installées entre la cage d'escalier et la porte limitent la fuite du Ch'i vers l'extérieur ; elles ralentissent le flux d'énergie le long des couloirs.

Les carillons
Accrochez un carillon métallique dans le hall ou au chambranle de la porte pour stimuler un Ch'i stagnant ou bloqué par un immeuble voisin (voir aussi p. 153). Une vraie cloche aura le même effet si elle possède un joli son.

Les miroirs
Lorsque la porte d'entrée est en face de la cage d'escalier, utilisez un miroir convexe pour renvoyer le Ch'i vers l'intérieur de la maison. Accrochez un miroir à angle droit face à la porte pour fluidifier la circulation du Ch'i et pour avoir une vue d'ensemble de l'intérieur du hall dès que vous entrez. Si votre maison comporte un long couloir ou que votre porte fait face à une autre ouverture, les miroirs diffuseront l'énergie vers les autres zones de la maison (voir aussi p. 148 et 149).

Les lampes
Lorsque la porte d'entrée est située dans une direction très calme, le nord, par exemple, ou encore si elle est située sur un palier ou dans un cul-de-sac, installez une lampe extérieure pour stimuler la circulation du Ch'i à l'intérieur de la maison.

LES PORTES INTÉRIEURES

LA TAILLE Les grandes portes permettent au Ch'i de se répandre librement dans la maison. Elles conviennent bien au salon, mais les pièces plus intimes demandent des portes plus petites.

LES MATÉRIAUX Le bois naturel est préférable aux matériaux synthétiques ou à l'aggloméré.

LES ORIENTATIONS L'orientation d'une porte par rapport au centre de la pièce influence le Ch'i. Ses effets sont les mêmes que ceux d'une porte extérieure (voir p. 141), mais leur intensité est moindre ; les solutions en cas de problème sont identiques.

LES POSITIONS Les portes en enfilade accélèrent le flux de Ch'i et déstabilisent l'atmosphère de toute la maison.

OUVERTURES ET FERMETURES Vos portes doivent s'ouvrir vers l'intérieur des pièces. Ainsi, le Ch'i y pénètre plus facilement et la personne qui entre voit immédiatement l'ensemble de la pièce tout en étant vue de chacun. Laissez ouvertes les portes des pièces à vivre pour favoriser la circulation du Ch'i, mais fermez celles de la salle de bains et des toilettes, ainsi que celle de votre chambre lorsque vous dormez.

Les fenêtres

Les vitres
Lorsque les fenêtres sont grandes et la lumière abondante, les vitraux constituent une alternative intéressante. Choisissez des couleurs en harmonie avec l'orientation (voir p. 123). Les vitres transparentes laissent entrer à la fois la clarté et le Ch'i. Préférez-les lorsque la lumière est faible. Le verre dépoli ou le verre cathédrale sont utiles pour préserver l'intimité d'une pièce.

Comme les portes, les fenêtres permettent au Ch'i d'entrer et de sortir de votre maison, mais comme vous ne les empruntez pas vous-même, leur influence est moins importante. Elles laissent cependant pénétrer la lumière, ce qui transforme le Ch'i ambiant de différentes manières, tant il est vrai que deux pièces situées à l'est et à l'ouest n'auront pas la même atmosphère. Pour déterminer quel type de Ch'i entre par chaque fenêtre, appliquez votre roue des Huit Directions sur le plan de votre maison et définissez les différentes orientations.

Dans l'idéal, vous devriez avoir des fenêtres qui vous permettent de bénéficier de la clarté de chacune des directions (voir aussi p. 55 et 56). Si ce n'est pas le cas, envisagez d'installer des verrières dans le toit. Elles apportent une bonne luminosité dans une maison.

Faites en sorte que vos fenêtres s'ouvrent facilement. Aérez chaque pièce chaque jour pour renouveler le Ch'i et nettoyez régulièrement vos vitres. Remplacez bien sûr les carreaux cassés ou fêlés.

Enfin, évitez de vous asseoir le dos tourné vers une fenêtre et fermez soigneusement vos double-rideaux pour la nuit. Faute de quoi, vous auriez du mal à vous détendre ou à vous endormir.

LES DIFFÉRENTS TYPES DE FENÊTRES

Les grandes fenêtres favorisent la circulation du Ch'i, mais trop d'ouvertures créent une turbulence qui ne favorise pas la détente. À l'inverse, des fenêtres trop petites ou en nombre insuffisant ralentissent le Ch'i et induisent un risque de stagnation. Il faut trouver un compromis entre le nombre de fenêtres et leur taille, en sachant que le type de vitrage a son importance (voir ci-contre à gauche). La forme des fenêtres est associée aux Cinq Éléments.

Les hautes fenêtres étroites correspondent au Ch'i de l'arbre et créent une atmosphère vivifiante dans la maison. Elles sont en harmonie avec l'est, le sud et le sud-est.

Les fenêtres triangulaires sont associées au Ch'i du feu ; elles sont cependant fort rares dans les maisons d'habitation.

Les fenêtres carrées ou plus larges que hautes créent une atmosphère paisible et sont associées au Ch'i du sol. Le sud, le sud-ouest, l'ouest, le nord-est et le nord-ouest leur conviennent.

Les fenêtres rondes sont associées à l'énergie du métal. Elles favorisent la concentration et correspondent au sud-ouest, à l'ouest, au nord-ouest, au nord et au nord-est.

Habiller les fenêtres

Le type d'habillage favorise ou freine la circulation du Ch'i à travers une fenêtre. Lorsque son orientation est positive, facilitez l'entrée du flux d'énergie ; dans d'autres cas (pour dormir ou dans une pièce donnant sur une rue bruyante), vous chercherez à la masquer au mieux. Les rideaux constituent le plus souple des habillages ; il ralentissent plus ou moins le flux de Ch'i selon qu'ils sont épais ou légers et selon leur texture. Choisissez-les en fonction de vos besoins et lavez-les régulièrement.

Les rideaux
Dans les grandes pièces où le Ch'i circule librement, ils créent une atmosphère tranquille et douillette, mais ils peuvent provoquer une stagnation dans les pièces plus petites. Si les fenêtres sont de taille réduite, ils réduisent la clarté de la pièce, et il est préférable de choisir des stores. Dans une chambre à coucher, ils favorisent un bon sommeil; si votre lit est à côté de la fenêtre, fermez hermétiquement vos rideaux la nuit pour atténuer le flux de Ch'i.

Les stores à lamelles suspendues
Associés au Ch'i de l'arbre, ils semblent augmenter la hauteur de plafond.

Les stores vénitiens
Leurs lamelles laissent bien passer la lumière; ce type d'habillage convient bien aux petites fenêtres. Les stores en bois ont un effet neutre sur le Ch'i, le métal accélère son flux et le plastique l'empêche de circuler.

Les stores à enrouleur
Ils ont les mêmes effets que les stores vénitiens, mais sont plus douillets du fait de leur texture. Choisissez une couleur en harmonie avec l'orientation.

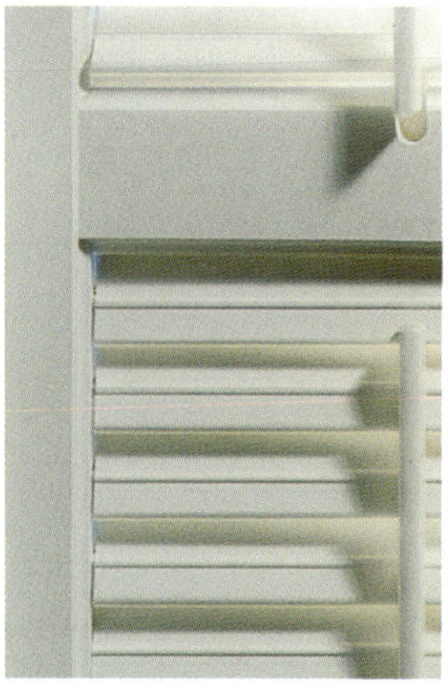

Les persiennes
Elles masquent le jour et ont un effet sur le Ch'i identique à celui des murs. Certaines d'entre elles possèdent les claires-voies mobiles, ce qui les rapproche des stores vénitiens.

Les escaliers

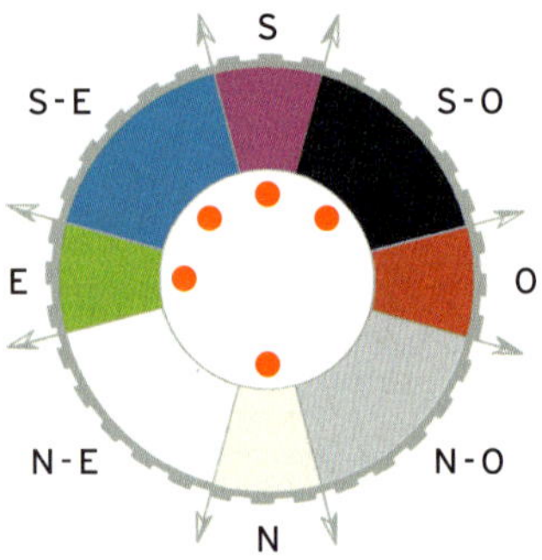

Les meilleures orientations
Ce sont le nord, l'est, le sud-est, le sud et sud-ouest par rapport au centre de votre maison.

Le Ch'i circule, d'un étage à l'autre d'une maison, essentiellement par le biais des escaliers. Lorsque vous montez ou descendez ces derniers, vous créez un courant d'énergie qui se déplace rapidement le long des degrés.

Les escaliers raides, longs et droits accentuent ce phénomène. En revanche, les escaliers en ellipse ralentissent le flux de Ch'i, ce qui est préférable dans la plupart des cas. Quant à ceux qui sont disposés en colimaçon, ils ont pour effet de faire tournoyer le Ch'i, ce qui rend l'atmosphère des paliers extrêmement instable. La pierre et le métal notamment accélèrent cette circulation, alors que le bois naturel a un effet neutre et que les moquettes et revêtements de fibres la ralentissent. Un escalier en colimaçon constitué de pierre ou d'acier inoxydable cumule donc les inconvénients. Si vous en avez un chez vous, recouvrez-le de moquette.

L'EMPLACEMENT DE L'ESCALIER

La position de la cage d'escalier par rapport au centre de votre maison influence les mouvements ascendants et descendants du Ch'i. Les zones situées en haut et en bas en sont affectées. Le courant d'énergie prend de la vitesse tout au long de l'escalier, et lorsqu'il parvient dans le hall, il a tendance à s'engouffrer par la porte pour sortir de la maison, diminuant le taux d'énergie dans l'habitation. Quant aux pièces situées juste en haut d'un escalier, elles ne conviennent pas pour dormir, pour travailler ou pour se détendre.

L'est, le sud-est, le sud, le sud-ouest et le nord de votre maison sont les meilleures positions pour une cage d'escalier. Au nord-est, le flux de Ch'i serait instable, alors qu'à l'ouest et au nord-ouest, le Ch'i est très concentré, ce qui entrave ses mouvements. Enfin, une cage d'escalier placée au centre d'une maison la divise en deux, ce qui peut avoir un effet néfaste sur la famille : manque de communication, de cohésion, entraînant un risque de séparation. Il est toujours préférable que l'escalier soit situé près d'un mur extérieur.

Pour combattre les effets d'une mauvaise position, disposez des statues, des bols de sel marin ou des plantes au feuillage fourni en haut et en bas de votre escalier. Un objet de métal sera efficace à l'ouest ou au nord-ouest de votre maison, du sel au sud-ouest ou au nord-est, et des plantes au nord, à l'est ou au sud-est ; un pot d'argile rempli de charbon de bois sera utile au sud.

Les bibelots

Le Ch'i qui baigne votre maison et votre jardin subit l'influence de chaque sculpture, œuvre d'art ou bibelot que vous possédez. Cela concerne les peintures ou reproductions aussi bien que les objets en trois dimensions. Cette influence dépend en grande partie de la forme et du matériau de chaque objet. Les dessins peuvent aussi avoir un effet lié à ce qu'ils représentent et donc affecter votre Ch'i personnel. Par exemple, la vue d'un couple s'embrassant peut éveiller en vous des pulsions romantiques.

Les influences des différentes formes, couleurs et matériaux sont détaillées des pages 122 à 130. En les combinant, vous choisirez les objets qui vous aideront à atteindre vos buts (voir encadré ci-contre).

Les boîtes
Elles renforcent le Ch'i du métal et favorisent la stabilité au sud-ouest.

Le verre
Placé au nord, il a pour effet d'adoucir l'ambiance.

La céramique
Les formes rondes aident à concentrer l'énergie à l'ouest et au nord-ouest.

DES STATUES BÉNÉFIQUES

POUR TOMBER AMOUREUX Placez une statue de métal figurant un sujet romantique à l'ouest de votre maison.
Elle doit avoir un socle rond et comporter des touches de rouge.

POUR FAIRE CARRIÈRE Placez une haute statue de bois avec une touche de vert ou entourée de plantes à l'est de votre maison ou de votre jardin.

POUR L'HARMONIE FAMILIALE Placez une petite statue d'argile ou de plâtre de couleur jaune, blanche ou noire au sud-ouest de votre maison.

POUR TROUVER LA PAIX Placez au nord de votre maison une statue de verre de forme irrégulière.

POUR VOIR VOS MÉRITES RECONNUS Placez une étoile violette ou une pyramide supportant une bougie au sud de votre maison.

La terre cuite
Au nord-est, les figurines de terre cuite créent une ambiance calme.

Les animaux de bois
Ils renforcent la vitalité inhérente à l'est et au sud-est.

Les objets de métal
Ils renforcent la solide énergie du métal au nord-ouest et à l'ouest.

Les figurines de pierre
Les thèmes romantiques renforcent l'énergie de l'ouest.

Les miroirs

Les miroirs convexes
La surface convexe de ce miroir diffuse le Ch'i dans plusieurs directions. Cela permet de réduire les effets d'un Ch'i négatif ou trop rapide et de maintenir l'énergie à l'intérieur de la maison au bas d'une cage d'escalier *(voir page ci-contre).*

Les miroirs ont une grande importance pour le Feng Shui car ils accélèrent et redistribuent les flux de Ch'i. Leur surface dure, lisse et brillante renvoie l'énergie dans de multiples directions. Ils ont d'ailleurs le même effet sur la lumière et peuvent ainsi être utilisés pour améliorer l'éclairage dans une pièce où le Ch'i est stagnant. Ils permettent également de détourner le courant d'énergie lorsque celui-ci est trop puissant, trop rapide ou néfaste.

Si les miroirs sont les plus efficaces, toutes les surfaces réfléchissantes ont plus ou moins la même influence sur le Ch'i. C'est le cas par exemple des heurtoirs, des boutons de porte et des poignées, des boîtes aux lettres de métal brillant, des sous-verre qui protègent les gravures, des pots de métal poli, etc. Les surfaces planes agissent comme des miroirs courants, celles qui sont incurvées ont les mêmes effets que les miroirs convexes (voir ci-après). Plus le pouvoir réfléchissant est important, plus le Ch'i en est affecté. Comme les miroirs, les objets lisses et brillants peuvent être placés dans les angles pour augmenter la circulation d'énergie.

Pour détourner le Ch'i provenant d'un angle saillant ou d'une rue encombrée, des accessoires brillants sur une porte constituent une bonne alternative aux miroirs (voir p. 62 et 63).

LES FORMES DES MIROIRS

Le Feng Shui utilise deux types de miroirs, dont la surface est plate ou convexe. Les premiers renvoient le Ch'i dans une seule direction, alors que les seconds diffusent l'énergie dans tous les sens. Les miroirs convexes sont généralement ronds, alors que les autres peuvent être aussi de forme rectangulaire, carrée, ovale, octogonale ou plus fantaisiste. Les miroirs octogonaux ont une signification particulière pour le Feng Shui car leurs huit côtés sont en harmonie avec les Huit Directions ; les autres formes sont en relation avec les Cinq Éléments ; les matériaux et les couleurs des cadres peuvent avoir aussi une influence sur le Ch'i.

Les miroirs ronds et ovales sont associés au métal, cependant les premiers sont plus yang et concentrent le Ch'i, alors que les seconds, plus yin, ont tendance à le disperser. Les hauts miroirs rectangulaires renforcent l'énergie de l'arbre. Les miroirs larges et plats sont associés au sol et créent une atmosphère sécurisante. Ceux dont la forme est carrée ou compacte concentrent également le Ch'i.

L'art d'utiliser les miroirs

Les miroirs apportent des solutions à bien des problèmes. Ils peuvent harmoniser le flux de Ch'i dans votre maison, et atténuent entre autres les inconvénients dus aux longs couloirs, aux pièces en L ou trop petites, ou encore à une porte d'entrée située au bas d'un escalier.

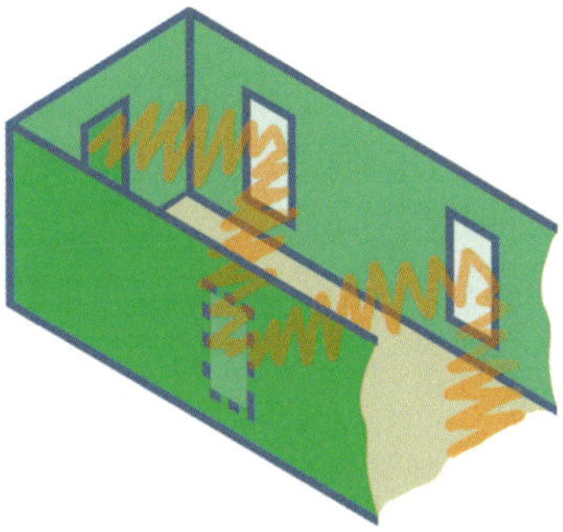

Les longs couloirs
Des miroirs décalés de part et d'autre d'un couloir se renvoient le Ch'i et ralentissent son flux. Le corridor semble également plus large. Dans un couloir sombre et sinueux, un miroir convexe dans un angle élargira le champ de vision, surtout s'il bénéficie de la lumière du jour, et facilitera la circulation du Ch'i.

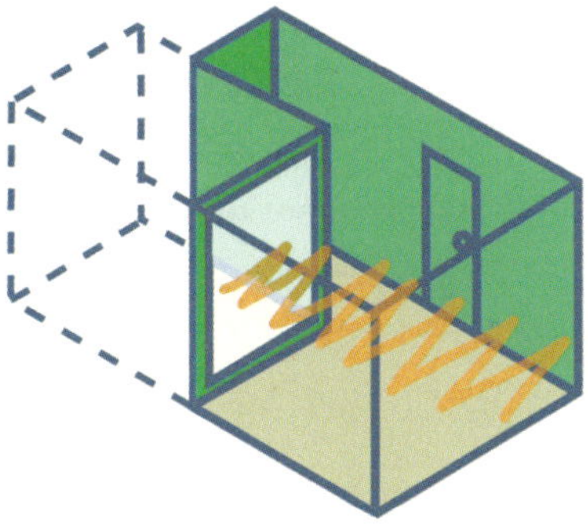

Les pièces en L
Utilisez un grand miroir pour donner l'impression que votre pièce se prolonge dans un renfoncement. Ce procédé stimule également le flux de Ch'i à travers la pièce et cette dernière semble plus vaste. Pour être efficace, le miroir doit être assez grand pour couvrir si possible le mur dans son entier.

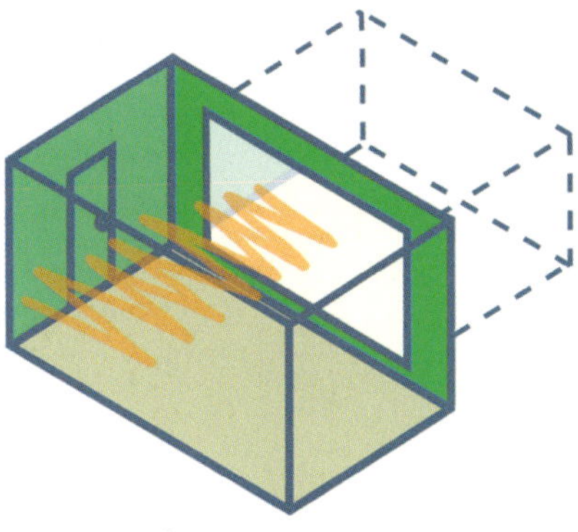

Les petites pièces
Un grand miroir plat sur un mur agrandira une petite pièce. Il favorisera également la circulation du Ch'i vers l'autre mur, ce qui donne une impression d'espace.

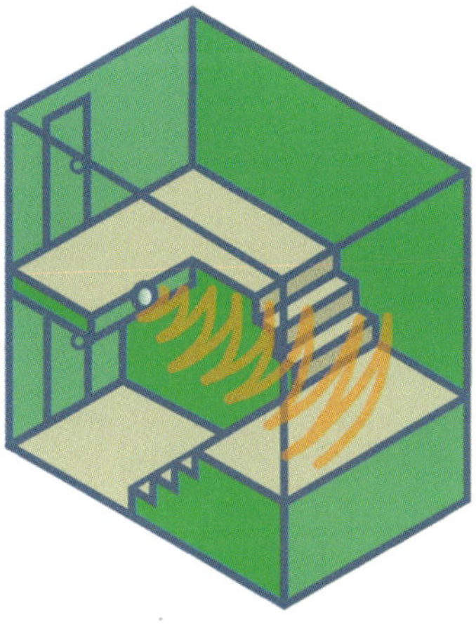

Les halls d'entrée
Si l'escalier est situé face à la porte, disposez un miroir convexe pour renvoyer le Ch'i vers l'intérieur. Placez un grand miroir plat à côté de la porte pour voir derrière celle-ci lorsque vous l'ouvrez.

QUELQUES CONSEILS

LES JOINTURES Dissimulez la ligne séparant deux miroirs accolés avec un ruban, une baguette de bois ou des plantes. Elle produit une distorsion qui peut rendre le Ch'i stressant. Évitez les miroirs en damier : une image fragmentée rend le Ch'i chaotique.

LA TAILLE Les miroirs doivent être assez grands pour refléter tout le visage, ou tout le corps s'il s'agit d'un miroir en pied. Accrochez-les assez haut pour voir le sommet de votre tête.

LES CHAMBRES Évitez d'accrocher un miroir en face de votre lit. Pendant votre sommeil, vos pensées et vos émotions négatives sont évacuées de votre corps par le biais du Ch'i. Un miroir vous renverra ce Ch'i néfaste.

À ÉVITER N'accrochez pas deux miroirs face à face ; ils se renvoient le Ch'i. De même, ne posez pas de miroir sur le bord des fenêtres : cela perturbe les mouvements du Ch'i. Enfin, ne disposez pas de miroirs face à une porte ou une fenêtre car ils renvoient le Ch'i dehors.

ATTENTION Gardez vos miroirs propres et remplacez-les vite lorsqu'ils sont cassés ou fêlés.

Les points d'eau

La piscine
L'eau a une grande influence sur le Ch'i ambiant et une piscine peut revitaliser l'atmosphère de votre maison si elle est installée dans une bonne direction - l'est ou le sud-est. Le dessin aux lignes arrondies de cette piscine et les plantes qui la bordent ont également un effet favorable.

L'eau constitue la solution à bien des problèmes car elle est étroitement associée à la vie (voir aussi p. 64 et 65). En installant un bassin dans votre jardin ou en plaçant un récipient d'eau en un point particulier de votre maison, vous pouvez améliorer de manière significative votre état de santé et votre destinée.

Il peut s'agir d'un bassin, d'une fontaine, d'une piscine, d'une vasque pour les oiseaux, d'un aquarium, etc. Même un simple bol d'eau fraîche peut être efficace. Il faut évidemment qu'elle soit pure et non polluée. L'eau doit être placée à l'est ou au sud-est par rapport au centre de votre maison, à l'exclusion de toute autre position.

LES FONTAINES ET LES BASSINS

La forme la plus favorable est ronde ou présente des lignes arrondies. Pour éviter la stagnation, peuplez votre plan d'eau de poissons, de grenouilles, et installez des plantes aquatiques. Vous préserverez ainsi l'équilibre écologique et l'eau restera fraîche et propre.

L'eau qui s'écoule, comme celle d'une fontaine au milieu d'un bassin ou une cascade artificielle, permet d'éviter la stagnation. Les fontaines en particulier créent un flux de Ch'i extrêmement vivifiant, dont vous amplifierez la puissance en plaçant au fond de l'eau des lampes orientées vers le haut. Elles sont très efficaces pour protéger votre maison du courant d'énergie rapide provenant d'une rue ou du Ch'i négatif dû à l'angle d'une autre construction. Bien sûr, la fontaine doit être située entre votre maison et la source de nuisance (voir aussi p. 14). Si vous avez un cours d'eau, un ruisseau par exemple, dans votre jardin, le courant ne doit pas s'éloigner de votre porte, car c'est mauvais pour vos finances. Il est préférable que l'eau coule en méandres vers votre maison. De plus, l'eau qui coule dans un lit rocheux ou rocailleux peut avoir une excellente influence sur votre comportement général face aux coups durs de l'existence. Comme le flux d'un ruisseau qui contourne les obstacles sur son passage, vous apprendrez à surmonter les difficultés de la vie.

Les cascades génèrent également un Ch'i très puissant et stimulant. Une chute d'eau a toutefois un effet plus apaisant que le flux ascendant d'une fontaine.

Le bruit de l'eau qui s'écoule a aussi une influence sur votre Ch'i personnel. Le chant d'un petit cours d'eau est plus yin que le crépitement d'une cascade ou le ruissellement d'une grosse fontaine, dont l'effet est très yang et vivifiant. L'eau dormante, à condition qu'elle soit claire, est très apaisante. L'eau stagnante est néfaste.

LES PISCINES

Faites creuser votre piscine dans une direction favorable – à l'est ou au sud-est de votre maison. Ne l'installez pas trop près des murs ni d'une porte et prohibez les angles vifs ; un bassin dont la forme générale est rectangulaire, dont les angles sont ronds ou ovales et qui comporte des courbes irrégulières sera hautement bénéfique. Cependant, l'eau des piscines est additionnée de produits chimiques contre les bactéries et la prolifération des algues, ce qui constitue une forme de pollution.

Les piscines intérieures doivent également être situées à l'est ou au sud-est de votre maison. Elles doivent être bien aérées et conçues de manière à limiter les risques de condensation pour que l'humidité n'envahisse pas votre maison. Les portes entre la piscine et les pièces d'habitation doivent rester fermées.

L'EAU DANS VOTRE MAISON

L'aquarium constitue la façon la plus courante de faire entrer l'eau dans les pièces à vivre. Placez-le à l'est ou au sud-est de votre maison et si possible à l'est ou au sud-est de la pièce. Décorez-le de galets et de coquillages plutôt que d'éléments de plastique, et ajoutez des plantes aquatiques qui apporteront leur propre Ch'i tout en gardant l'eau propre.

Les fontaines d'intérieur peuvent avoir des formes très élaborées ou consister en un petit rocher sur lequel l'eau ruisselle grâce à une pompe. Dans tous les cas, placez-les dans l'une des deux positions recommandées pour l'aquarium.

Si vous manquez de place, un simple bol d'eau claire à l'est ou au sud-est de votre maison est suffisant. Remplacez l'eau chaque jour. Si possible, celle-ci doit provenir d'un robinet situé à l'est ou au sud-est de votre maison et ce doit être la toute première eau tirée de ce robinet le matin.

LES POISSONS

Les poissons que vous mettez dans votre bassin ou votre aquarium ont un effet sur le Ch'i ambiant ; en fonction de leur forme, de leur couleur et de leur comportement, ils peuvent être yin ou yang. Les poissons agressifs qui filent d'un bout à l'autre de l'aquarium sont très yang, tout comme les espèces aux couleurs vives. Les sujets lents et pacifiques, ou dont les couleurs sont neutres, créent une atmosphère plus reposante.

FENG SHUI PRATIQUE

Hydrothérapie

L'une de mes clientes était malheureuse : depuis son divorce, trois ans auparavant, elle n'avait fait aucune rencontre amoureuse.

Je lui conseillai de poser un bol d'eau devant la fenêtre sur l'axe est-ouest de sa maison, de façon qu'il soit exposé au soleil l'après-midi. Elle devait changer l'eau chaque matin en se levant.

En quelques mois, elle fit trois rencontres prometteuses.

Un autre de mes clients, travailleur indépendant, connaissait des difficultés professionnelles. Sur mon conseil, il installa un aquarium peuplé de poissons rapides aux couleurs vives à l'est de sa maison.

En peu de temps, son chiffre d'affaires augmenta de 70 %.

Il était devenu plus sûr de lui et capable d'affronter ses problèmes.

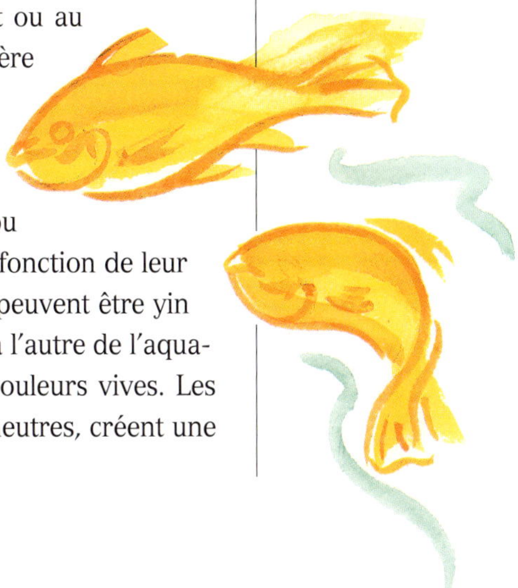

Stimuler le Ch'i

Les cristaux
Suspendu au cadre d'une fenêtre, un morceau de cristal draine le Ch'i dans les recoins sombres ou humides de votre maison.

Certains objets ont la propriété de stimuler le flux de Ch'i de manière très efficace, quel que soit le contexte. Ce sont les cristaux, les bougies, les objets qui produisent certains sons et le sel de mer.

LES CRISTAUX

Lorsqu'un rayon de soleil traverse un morceau de cristal, celui-ci reflète les couleurs de l'arc-en-ciel. Des rayons de lumière colorée irradient dans toutes les directions, chaque couleur étant porteuse d'un Ch'i particulier. Le vert, par exemple, est associé au Ch'i de l'arbre et à l'est.

Les cristaux sont généralement ronds et présentent de multiples facettes qui réfléchissent la lumière dans toutes les directions. Ils sont souvent percés d'un œillet dans lequel on enfile un cordon pour les suspendre. Les cristaux de forme irrégulière peuvent également être utilisés, mais ils risquent de créer une atmosphère stressante. Si vous en possédez un, placez-le à côté de quelques plantes dont l'influence yin atténuera le Ch'i.

LES BOUGIES

Les bougies apportent le Ch'i du feu dans une pièce ; lequel favorise la passion, l'expression des sentiments et aide à fixer son attention ; si vous méditez en fixant une bougie, les idées vous viendront plus facilement. Si vous vous sentez d'humeur amoureuse, placez deux bougies côte à côte. Choisissez de préférence de hautes bougies : leur forme est associée au Ch'i de l'arbre qui soutient l'énergie du feu.

Les meilleures positions pour les bougies sont l'est, le sud-est, le sud, le sud-ouest, le centre et le nord-est de votre maison et des différentes pièces. Vous pouvez laisser vos bougies allumées en permanence quand vous êtes chez vous, ou uniquement quand le Ch'i est le plus actif dans la direction concernée (voir p. 30 à 33).

Les bougies conviennent bien aux pièces sombres. Disposez plusieurs bougies au sud de la pièce ou dans les angles. En cas d'humidité, elles assèchent l'atmosphère.

La forme, la couleur et le matériau du chandelier ont également une influence sur le Ch'i d'une pièce. Un haut chandelier noir en fer forgé, par exemple, est associé à l'arbre, au sol et au métal ; un grand chandelier de bois de couleur verte est associé à l'arbre ; enfin, un petit chandelier de porcelaine blanche correspond au Ch'i du sol. Préférez les bougies blanches aux bougies de couleur.

LES SONS

Les sons, qui se transmettent sous forme de vibrations dans l'air, stimulent le Ch'i de toute la maison. Les carillons, les cloches et les gongs, le tic-tac des horloges et le bruit de l'eau qui court ont souvent des effets positifs.

LES CARILLONS Vous pouvez les suspendre dans la maison ou au jardin. Leur son a un effet purificateur sur le Ch'i, à condition qu'il soit clair et mélodieux. Ils sont souvent faits de métal, de bois ou de terre cuite, qui correspondent respectivement aux éléments du métal, de l'arbre et du sol. Lorsque vous avez décidé de l'endroit où suspendre votre carillon, déterminez sa position par rapport au centre de votre maison avant de choisir un matériau (voir p. 130). Pour réveiller le Ch'i à côté d'une porte au nord de votre maison, par exemple, accrochez un carillon de métal qui tintera lorsque vous ouvrirez. Pour atténuer le Ch'i du sud, les carillons de terre cuite sont plus appropriés.

LES CLOCHES ET LES GONGS Ils sont traditionnellement utilisés pour purifier le Ch'i et il est conseillé de les faire sonner dans les zones où l'atmosphère est lourde ou stagnante. Un gong suspendu dans un couloir près du centre d'une maison résonnera dans toutes les pièces chaque fois qu'on le frappera. D'autres tintements ont le même effet, comme celui des anciens téléphones ou certaines sonneries de portes d'entrée. Ils sont stimulants et assainissent l'atmosphère.

LES HORLOGES Le tic-tac rythmique des anciennes horloges crée une atmosphère yang et austère qui peut vous aider si vous avez besoin de mettre de l'ordre dans votre vie. Le carillon intermittent de l'horloge purifie en outre l'atmosphère.

LE SEL DE MER

Le sel est l'élément le plus yang de notre alimentation. Notre corps en contient sous forme de sodium dans le sang et il a une influence directe sur notre Ch'i personnel. Il nettoie l'atmosphère des moisissures et en termes de Feng Shui, il possède une influence purificatrice et stabilisante sur le Ch'i. Il est associé au Ch'i du métal, ce qui justifie son usage dans les directions en harmonie avec cet élément. Versez une ou deux cuillerées à soupe de sel dans une coupelle de porcelaine blanche, et posez cette dernière sur le sol, ou encore sur une étagère ou une table si vous avez des enfants ou des animaux. Vous pouvez aussi le mettre hors de vue derrière un meuble.

Le sel est très efficace au nord-est et au sud-ouest de la maison, où le Ch'i du métal stabilise celui du sol. Il vous sera d'une grande aide si vous avez une porte, des escaliers, une salle de bains, des toilettes ou une cuisine dans ces directions.

Les sons

Selon qu'ils sont vifs ou doux, ils peuvent stimuler ou purifier le Ch'i, notamment dans les zones où existent des risques de stagnation, comme les coins sombres, les couloirs ou les pièces mansardées. Les carillons, les cloches et les horloges sont efficaces ; choisissez-les avec soin, car leur son doit être agréable.

Choisir sa maison

Pour la plupart d'entre nous, emménager dans une nouvelle maison est un événement important de la vie, qui peut être très positif mais comporte aussi certains risques. Souvent, vous vous apercevrez rétrospectivement que votre déménagement a coïncidé avec un tournant de votre carrière ou de votre vie personnelle. Dans tous les cas, vous devez choisir très soigneusement votre nouvelle habitation.

Avant de prendre votre décision, vérifiez bien que la maison que vous envisagez d'habiter vous permettra de réaliser vos rêves et d'atteindre vos objectifs ; vous devez pour cela tenir compte à la fois de la date et de la direction de votre déménagement.

Lorsque vous aurez déterminé une direction qui vous est favorable et sélectionné quelques maisons, prenez le temps d'observer l'extérieur des bâtiments,

LA DIRECTION *Dans quelle direction déménagez-vous ? Est-ce la bonne période selon les critères du Nine Ki ? (Voir p. 40.)*

LES PRÉCÉDENTS OCCUPANTS *Que sont-ils devenus ? Étaient-ils heureux et prospères dans cette maison ? S'il s'avère que non, le Ch'i de la maison est peut-être néfaste. (Voir p. 13.)*

LES MATÉRIAUX *Quels sont les matériaux de construction ? Quels sont leurs effets probables ? (Voir p. 49.)*

LA FORME *Quelle est la forme de la maison ? Possède-t-elle des caractéristiques indésirables (endentements ou extensions) ? (Voir p. 51.)*

LE VOISINAGE *Quel genre de constructions trouve-t-on dans le quartier ? Leur forme est-elle compatible avec celle de votre maison ? Peuvent-elles poser des problèmes, et si oui, sont-elles très proches ? (Voir p. 56.)*

L'ENSOLEILLEMENT *Quelle est l'exposition de la maison ? Si elle n'est pas idéale, est-il possible de percer de nouvelles fenêtres ? (Voir p. 54.)*

LA FORME DES IMMEUBLES ENVIRONNANTS *Quelles formes ont les immeubles du voisinage ? Sont-elles compatibles avec celle de votre maison ? (Voir p. 56).*

L'OMBRE *La maison est-elle à l'ombre d'un immeuble voisin ? Si oui, de quelle direction provient-elle ? (Voir p. 60.)*

LA CIRCULATION *Comment est située la maison par rapport aux rues ou routes alentour ? Cela risque-t-il de perturber le Ch'i ? (Voir p. 63.)*

L'EAU *Y a-t-il des cours d'eau dans le voisinage, de quelle nature et dans quelle direction sont-ils situés ? (Voir p. 64.)*

LES COLLINES *Si la maison est bâtie sur une colline, à quel endroit, et à quelle direction fait-elle face ? (Voir p. 66.)*

LES ARBRES *Y en a-t-il près de la maison ? Quelles sont leurs variétés ? Sont-ils vigoureux et plantés dans une direction favorable ? (Voir p. 66.)*

LA PORTE D'ENTRÉE *Est-elle bien placée ? Dans le cas contraire, peut-elle être déplacée ou existe-t-il une autre solution ? (Voir p. 140.)*

leur architecture et leur environnement. Renseignez-vous sur leur histoire et sur les occupants précédents (tous ces conseils sont également valables pour les appartements). Enfin, tracez un plan de chaque maison et établissez la direction des pièces principales. Dressez la liste des éléments auxquels vous ne pourrez apporter de changement, comme l'emplacement de la porte principale, de la salle de bains ou de la cuisine. Il est peu probable que vous trouviez la maison qui corresponde point par point aux préceptes du Feng Shui, et vous devez être prêt à faire quelques compromis. Sachez que si certains problèmes sont sérieux, voire rédhibitoires, d'autres peuvent être corrigés relativement facilement. Gardez à l'esprit que cette maison doit vous aider à réaliser vos ambitions personnelles et qu'elle n'est pas censée représenter l'idéal en termes de Feng Shui.

Nous avons dressé ci-dessous la liste des points à vérifier et des questions à vous poser avant de choisir votre nouvelle maison, en évoquant les éventuels problèmes et les solutions possibles dans chaque cas.

L'ACCÈS À LA PORTE *Est-il bien agencé ? Que peut-on faire pour l'améliorer ? (Voir p. 140.)*

L'ESCALIER PRINCIPAL *Est-il bien placé ? Est-il possible de remédier à un mauvais emplacement ? (Voir p. 146.)*

LE SALON *Sera-t-il possible de disposer fauteuils et canapés en accord avec les préceptes du Feng Shui ? (Voir p. 84 à 86.)*

LES CHAMBRES *Sera-t-il possible de trouver une orientation favorable pour votre chambre et celles de vos enfants, ainsi que pour les lits ? (Voir p. 93, 98, 99.)*

LE BUREAU *Vous sera-t-il possible de placer votre bureau dans une orientation favorable, ainsi que ses meubles ? (Voir p. 111, 116.)*

LA CUISINE *Est-elle dans une direction favorable ? Dans le cas contraire, peut-elle être déplacée ? La position de l'évier et l'emplacement de la cuisinière sont-ils en harmonie ? (Voir p. 103.)*

LA SALLE DE BAINS *Quelle est sa position par rapport au centre de votre maison ? Peut-on éventuellement la déplacer ? (Voir p. 107.)*

AVANT D'EMMÉNAGER

Pour débarrasser la maison de l'éventuel Ch'i néfaste laissé par des événements anciens ou les précédents occupants, nettoyez-la à fond avant de vous y installer. Refaites la décoration, changez moquettes et rideaux et jetez tous les objets oubliés par vos prédécesseurs.

Ce nettoyage sera plus efficace au printemps et en été car le Ch'i est plus yang durant ces saisons. Choisissez un jour sec et ensoleillé, il vous sera plus facile de chasser le Ch'i négatif.

Si vous emménagez en automne ou en hiver, prévoyez par la suite un grand nettoyage de printemps, et attendez cette saison pour redécorer la maison.

Index

ILLUSTRATIONS D. Brown, Peter Campbell, Karen Cochrane
RÉALISATION DES MAQUETTES Robert Bradshaw, peintre et miniaturiste
RECHERCHE ICONOGRAPHIQUE Sandra Schneider
INDEX Madeline Weston

CRÉDITS PHOTOGRAPHIQUES

Jean-Paul Bonhommet (EWA), pages 47, 76 (*à droite*), 117 ; Michael Dunne (EWA), 77 (*à gauche*) ; EWA, 140, 144, 148 ; Brian Harrison (EWA), 6 (*à gauche*), 8-9 (*en bas, à gauche et à droite*), 67 ; Rodney Hyatt (EWA), 8-9 (*en haut*) ; Andrew Kolesnikow (EWA), 142 ; Tom Leighton (EWA), 8-9 (*en bas à droite*) ; Neil Lorimer (EWA), 7 (*à gauche*), 76 (*à gauche*), 150 ; Spike Powell, décorateur – Sethna & King (EWA), 69 ; Science Photo Library 13, 18 (*en bas*) ; Tony Stone Images, 49 (*à l'extrême gauche*), 57 (*2e illustration, à gauche*) 64 ; Jerry Tubby (EWA), 77 (*à droite*) ; Zefa, 18 (*en haut*).

EWA: Elizabeth Whiting Associates

À PROPOS DE L'AUTEUR

SIMON BROWN commença à étudier les médecines orientales en 1981, avant de devenir spécialiste du shiatsu et consultant en macrobiotique. Il fut amené à cette occasion à s'intéresser au Feng Shui. Après avoir dirigé pendant sept ans la *London's Community Health Foundation*, dont le champ d'action couvrait de nombreuses thérapies orientales, il se consacre désormais au Feng Shui, et donne des consultations privées et des conférences tant aux États-Unis qu'en Europe. Parmi ses clients, on compte des célébrités, comme Boy George, mais aussi de grandes sociétés, comme British Airways et les magasins Body Shop.

Dépôt légal : septembre 2011
ISBN : 978-2-01-230551-9
23.28.0551-01-4